JN059820

LOUIS I. KAHN
LECTURE SERIES

ルイス・カーン研究連続講演会活動記録

いま語り継がれる
カーンの霊気

東京工業大学 TIT 建築設計教育研究会議運営委員会 編

安田幸一＋平 輝＋香月 歩＋佐々木 啓＋長沼 徹

建 築 技 術

イェール・アートギャラリー　Yale Art Gallery（1950-1953）

いま語り継がれるカーンの霊気

リチャーズ医学研究棟　Rechards Medical Research and Biology Laboratories（1957-1964）

ソーク生物学研究所　Salk Institute for Biological Studies（1959-1965）

いま語り継がれるカーンの霊気

ファースト・ユニタリアン・チャーチ　First Unitarian Church（1958-1968）

いま語り継がれるカーンの霊気

エクセター・アカデミー図書館　Phillips Exeter Academy Library and Dining Hall（1965-1971）

いま語り継がれるカーンの霊気

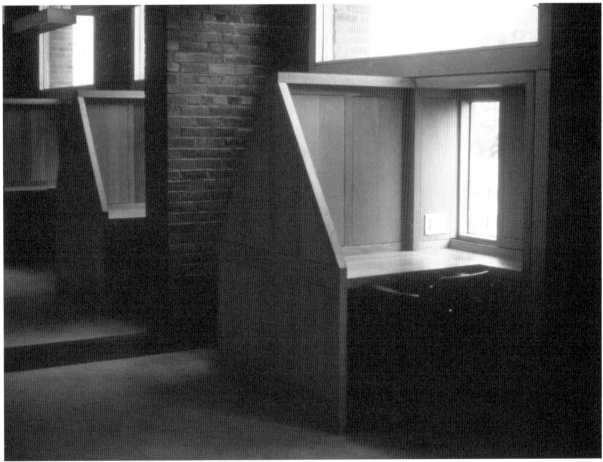

キンベル美術館　Kimbell Art Museum（1966-1972）

いま語り継がれるカーンの霊気

ブリティッシュ・アート・センター　Yale Center for British Art and Studies（1969-1974）

LOUIS I. KAHN
LECTURE SERIES

ルイス・カーン研究連続講演会活動記録

いま語り継がれる
カーンの霊気

目次

前書き
安田幸一
―――――― 012

01
建築と闘う現場 事務所におけるカーン
志水英樹 × 工藤国雄
―――――― 016

02
問いかけ、思索する教育者カーン
香山壽夫 × 藤本壮介
―――――― 046

03
イェール大学におけるカーンの作品と思想
工藤国雄 × 安田幸一
―――――― 078

04
カーンの現在性
西沢立衛 × 塚本由晴
―――――― 104

05
近代建築史におけるカーンの位置付け
新居千秋 × 松隈 洋
―――――― 132

06
カーンの構造
金箱温春
―――――― 164

関連年表
―――――― 177

総括
平 輝, 香月 歩, 佐々木 啓
―――――― 184

ルイス・カーン研究連続講演会
『いま語り継がれるカーンの霊気』発刊にあたって

安田 幸一　東京工業大学教授

　ルイス・カーンが残した建築は、半世紀以上も経過した現代社会においても私達に鮮烈な感動やインスピレーションを与え続けてくれる。米国を代表する建築家であるカーンが残した建築作品は、国境を超えて世界中で未だに高い評価を得ており、その評価は下がることがない。1953年にイェール・アートギャラリーが発表され「建築家」として世界に名前が出てから、1974年の没年に完成したブリティッシュ・アート・センターまで、わずか20年という短期間に、リチャーズ医学研究棟、ソーク生物学研究所、エクセター・アカデミー図書館、バングラデシュ国会議事堂、キンベル美術館等々、珠玉の名作群を次々と世に送り出した。

　カーンという人物像についての逸話も数多く語られている。カーンの発言や著作の中で、難解ともいえる建築理論や概念が彼の「言葉」で残されており、さまざまな解釈がなされてきた。カーン以降、この半世紀間にも多くの名建築が生まれたが、時が経つにつれて色褪せて、消費の対象になってしまった建築も多い。「言葉」は偉大である。そして、「教育者」としてのカーンの存在も大きかった。日本においても多くの弟子達が活躍している。

　カーンの「建築」と「言葉」が、時代を超えて現代の私達に力強く語りかけ続けている理由は一体何なのか……。

　カーンの「言葉」が誰に向けて発信されていたのかを、いま一度時代を振り返って、探ってみたいと思った。

　カーンの魅力を探るため、まずはペン大やカーンの事務所で直接カーンと接し、建築作品が出来上がっていく過程に立ち会っていた方々に話を伺うことを考えた。カーンが設計段階でスタッフ達とどのような対話をして、どのように最終案を作っていったのか、その設計プロセスにとても興味が湧いた。幸いにも、ペン大でカーンのスタジオを履修したり、カーン事務所で働いたり、カーンと共に案を作ってきた日本人建築家達の顔がすぐに頭に浮かんだ。彼等はカーンについての著書を書き、カーンの「言葉」を解釈している。「直弟子としてカーンから聞いた生の言葉」を語ってもらい、若い世代へ直接「語り継ぐ」機会となる。直弟子達がカーンと時間を共有していた"生の興奮"が伝わっ

てくれることを期待した。彼等が事務所に滞在した時から、何十年という時間が経過した。カーンと接していた当時は直弟子達も若かった。今や彼等も当時のカーンの年齢に近づき、改めてその時代を振り返った時にカーンの考えていたことがより理解できるのではないか、そのことによって新たな発見が生まれるチャンスになるのではないかと期待した。学生達と同じような年齢の頃、カーンとどのように接していたかを現在の学生達へ伝えて欲しかった。「語り部」達の記録を後世へ伝えることをめざして、2020年夏から本格的に企画・構想が開始された。

　まず、東工大の先輩でもあり、『私のルイス・カーン』『ルイス・カーン論』等のカーンに関する多くの著作がある工藤国雄氏に相談し、企画立案にも参画いただいた。講演者を策定するにあたり、研究テーマを設定し、講義と討論を行う形式として毎回2名の講演者を選定、出演依頼を行った。また、カーンが時代を超えて訴えかける理由を多角的に考察するためにも、直弟子達のみならず、一回り程度若い世代にもカーンをどう捉えているかを語ってもらうことも必要ではないかと考えた。そこで、カーンと同時代や事務所での空気感を共有こそしていないが、カーンの「建築」と「言葉」からカーンの思想に共感している方々、またその論評を建築専門誌に発表している方々であり、現代の第一線をひた走る現役の建築家、建築史家、構造エンジニアにも講演会への参画をお願いした。

　本企画を遂行するにあたり、東京工業大学建築学系のOB会が組織・運営するTIT建築設計教育研究会（金箱温春委員長）の下、「TIT建築設計教育研究会議運営委員会」を立ち上げた。企画から実施にわたり、研究会事務局の私と平輝、佐々木啓、香月歩の3名の助教が中心となり、講演予定者の著作の調査・研究、データ収集および整理を建築学系の大学院生有志と行った。学生達が積極的に運営に参画することで、より身近にカーンの思想に触れられることを意図した。運営委員会メンバーは講演者と事前に打合せを幾度となく行い、毎回の講演に関わる資料を作成し、講演本番に臨んだ。ルイス・カーン研究連続講演会は、2022年9月から12月にかけて、東工大百年記念館フェラ

イトホールにおいて、計6回にわたり実施された。各回の前半はそれぞれの登壇者に独自の視点でカーンの「建築」と「言葉」について語っていただき、後半は対談形式で講演内容を振り返ると共に、要点をより深く掘り下げる狙いがあった。

第1回は、「建築と闘う現場 事務所におけるカーン」と題し、東工大建築学科出身でのちに本学の教員も務めた志水英樹氏と工藤国雄氏に登壇いただき連続講演会の口火を切っていただいた。志水氏は、噴水公園の国際コンペで選ばれてトロントで、カーン設計のリチャーズ医学研究棟を雑誌で見てペンシルベニア大学に進むことを決めた。ペン大でカーンのスタジオで学び、卒業後カーン事務所に勤務した。志水氏はカーン事務所での最初の日本人スタッフであった。ペン大からカーン事務所での当時の体験は著書『回想123』にまとめられている。志水氏以後カーン事務所に勤務した日本人スタッフのほとんどは、志水氏から紹介を受けて入所を許可されたと聞く。いかにカーンが、志水氏を信頼していたかが伺えるエピソードである。企画の第1回目の講演を依頼したところ、身体の都合で会場で講演することが困難であることを理由にお断りの返事であった。そこで、志水氏と長年の友人でもある工藤国雄氏と運営委員会数名が彼の自宅に出向き、インタビュー形式で録画させていただくことで承諾を取り付け、ビデオ対談が実現した。企画段階で志水氏から「対談と言っても『回想123』に書かれていることを話すだけですけど、よいですか」と問われたのだが、対談当日に彼は、付箋紙がたくさん貼られた『回想123』を手に持ちながら、丁寧に話をなさっていた。おそらく、ご自分が書かれた著書を何度も再読なさって、ビデオ対談に臨まれたのだろう。真摯に取り組む姿勢は、カーンが認めた誠実さなのだと思った。旧知の工藤氏が対談相手であったためか、後半は記憶が蘇ったように新しいエピソードを思い出し、楽しそうに話してくださったことが印象的であった。なお、重要な記録として、志水英樹氏著の『回想123』から一部抜粋して本書に再録した。

第2回は、「問いかけ、思索する教育者カーン」と題し、建築家の香山壽夫氏と藤本壮介氏をお招きした。香山氏は『建築家の講義 ルイス・カーン』やアン・ティン著の翻訳書『ビギニングス ルイス・カーンの人と建築』等、カーンに関する多くの著作・翻訳を手掛け、ペン大でカーンに師事し、事務所での勤務も経験しておられるカーンを語る上で欠かせないメンバーの1人である。講演を依頼したのは2021年10月、建築家会館大ホールにて催された香山氏の「ドローイング展」の会場である。展示の中でも特に太陽光を自然に内部空間へ誘うように描かれた断面図は、ボザールからの影響とともに、カーンの思想をご自身の建築で再解釈しているようにも見受けられた。また、同会場には香山氏自身の旅のスケッチも展示され、パステルで描かれた欧州の街の風景には、その色使いや光の捉え方にカーンからの強い影響が感じられた。その会場で香山氏に講演をお願いしたところ、即答でご快諾いただいた。カーンの直弟子達は、建築の設計者と同時に建築学生の教育者の両方の立場を持っている方が多いが、その中でも特に香山氏は特に建築設計教育の現場に深く関わられ、プロフェッサーアーキテクトという立場で数多くの建築家を育てている。その中でも世界中で活躍する藤本壮介氏は、学生時代に香山氏の授業で初めてカーンを知ったという。藤本氏自身、カーン建築のランドスケープ性に関心を持っていると、海外の雑誌でのインタビュー記事で答えている。確かに藤本氏の建築は開放的でランドスケープのようでもある。対談では、香山氏から発せられた重要なカーンの言葉である "What is your question?" から "What was has always been　What is has always been　What will be has always been" まで、香山氏の解釈をさらに明確化していただき、理解を深めることができた。藤本氏も指摘するように、香山氏の丁寧な解説は「カーンがまるでそこに居る」ような、終始熱い語り口調であった。香山氏のアトリエで事前打合せを行った際、ペン大時代のカーンの言説を説明している途中で中座なさることがあった。すると会議室の隣の図書室から大型の歴史本をかかえて戻ってきて、さっとページを開けて、図面を指差しながら説明する姿は、ペ

ン大でカーンが建築の図書館から歴史の本を持ってきて学生達へ説明する姿と重なって見えた。建築を抱きしめるように語る様子がとても印象的であった。

　第3回は、「イェール大学におけるカーンの作品と思想」と題し、再び工藤国雄氏と私が担当した。私は、カーンの50歳を過ぎてからのデビュー作品であるイェール・アートギャラリーを取り上げた。そこで、特にこの建築の最大の特徴であるコンクリート・スペース・フレームがどのように生まれたか、その設計過程を探るため、スペース・フレームの出現した時期について異なる4つの説が存在したことの説明を行った。また、共同設計者であるアン・ティンの関与については、工藤氏が出版する予定であるアン・ティン著の翻訳書『ローマ書簡』でのカーンから届いたレターの紹介と、スペース・フレーム構築にまつわるエピソードを示された。また、工藤氏からは、改めてカーンの建築理論や言葉の詳細な解説が述べられた。それぞれの講演の後、質問形式でカーンの人物像について、興味深い解説も聞くことができた。カーンの生い立ちについて、20世紀初めに東欧エストニアのサーレマー島に、ユダヤ系の家に生まれ、米国へ移住し、その後フィラデルフィアに定住したこと、幼少期から音楽と絵画の才に恵まれ、ペン大美術学部に入学し建築の道に進んだこと等が語られた。工藤氏の示したユダヤ教寺院には、カーン建築のほのかな匂いが感じられた。「カーンの語り口が、旧約聖書の影響を受けている」という説明にも納得がいった。

　第4回は、「カーンの現在性」と題し、建築界の最前線を直走る2人の建築家、西沢立衛氏と塚本由晴氏に登壇いただき、カーンの言葉について自由に語ってもらった。西沢氏は、建築専門誌においてカーンの言葉についての多数の投稿があり、大学での授業や講演会でもカーンの言葉とその思想について語ってきた。講演では、前田忠直氏訳の『ルイス・カーンの建築論集』を参照しながら、カーンが発したいくつかの言葉を丁寧に解説した。「元初／Beginnings」は、存在論の根拠になっており、スタートで

はなくむしろゴールに近い存在であること、心の出現を示唆していることとし、「測り得ないもの unmeasurable ／測り得るもの measurable」の整理を会場の白板に板書しながら数々の例を示し、「存在 existence ／ presence」の違いを「居る／有る」というように、わかりやすい言葉に置き換えて説明した。最後は「沈黙／光」「ルーム room」の考え方まで、難解なカーンの言葉を明快に解説していた。塚本氏は「ふるまい学」「コモナリティーズ」「クラブ」といった自身のキーワードと現在行っている「里山再生」「震災復興」「道具連関」等のいくつかの活動をハイデガーとカーンの言葉の間に挟んで解説した。現在の経済至上主義における how の問題より、what で問われる存在論的な人間性が重要であると説いた。カーンの言葉の意味を現代から見た視点で客観的に捉えることが主眼であったが、塚本氏の発言にあるようにカーンの「建築」と「言葉」はまさにタイムレスであり、そのことは、カーンが色褪せずに現代の私達に力強く語りかけ続けている疑問への答えにもなっていると感じた。

　第5回は、「近代建築史におけるカーンの位置付け」と題し、新居千秋氏と松隈洋氏に講演いただいた。新居氏は、カーンが亡くなった日に事務所で働いていた。つまり、カーン最後の弟子である。新居氏から「カーンはねぇ、かつて僕にこう言っていた……」と、カーンとの個人的な「会話」をひそひそと私へ時折披露してくれた。コンペに明け暮れるご自身の設計活動は多忙であり、新居氏の膨大なカーンとの記憶を書き留めておくことは困難であったと理解している。しかし、今回の連続講演の企画に賛同いただき、カーンとのさまざまな「会話」も紹介している。これらの「会話」こそ、どこの書物にも書かれていない、新居氏が直接耳にした貴重な「会話、記録」である。また、新居氏はカーンの「言葉」である「beginnings」「始まりにある共有する何か commonness」「アンビュラトリー ambulatory」「ルーム room」等の言葉も解説し、新居氏が留学していた時代の建築や建築家、建築史家、評論家を歴史的な視点で位置付けてくださった。同時代の周辺の建築家達を語ることで、

よりカーンの存在が強く位置付けられた。松隈洋氏は、1992年の「ルイス・カーン展」で応募した懸賞論文が最優秀賞となったことがきっかけで、97年に『ルイス・カーン 構築への意志』を著している。設計者から近代建築史の研究者へ転身したため、設計者の心を掴んだ歴史観を書くことができる稀有な存在である。講演は、オンラインレクチャーを会場で流す形式で行われた。フィラデルフィアという都市の中で培って「ストリート」という概念が生まれたこと、無名時代の住宅問題解決のための設計・研究のこと、「サーブド・スペース／サーバント・スペース」等の独自の秩序構築を行っていた一方で、ソーク生物学研究所の中庭では、ソーク博士やルイス・バラガンの意見を取り入れる柔軟さも兼ね備えていたこと等が論理立てて解説された。カーン建築に関するさまざまなエピソードの他、カーンが活動していた社会状況の中で影響を受けたであろう同時代の人とのつながり、前川國男等のモダン建築との共通性等の魅力的な概説がなされた。最後に「今の時代にカーンの眼差しを借りて建築が人間にとってどういう存在であればみんなの拠り所になるような場所をつくれるのか……問い続けなければいけない」という言葉が胸に響いた。

第6回の前半は、「カーンの構造」と題して金箱温春氏に講演いただいた。本企画を行ったTIT建築設計教育研究会の代表でもある金箱氏は、構造設計のエンジニアとして、自身の設計概念と重ね合わせながら、5つの建築作品をとりあげ具体的な考察を論じた。特にカーンと数多く協働した構造家であるオーガスト・コマンダントが手掛けたリチャーズ医学研究棟、ソーク生物学研究所、ファースト・ユニタリアン・チャーチ、キンベル美術館についての詳細な解説がなされた。カーンとコマンダントの関係については、構造を光の形成者と捉え、工学的な側面には興味が薄かったカーンとの協働において、構造的合理と合致しないためのある種の確執についても触れ、「構造の合理性をある程度抑制することが良い建築につながる」と自らの結論としているところが、金箱氏も懐の深い設計者であると感じた。後半は、平輝氏、香月歩氏、佐々木啓氏の3人の幹事による連続講演会のまとめがなされた。

志水英樹氏との事前打合せにおいて、この連続講演会を通して「カーンを語る上で重要なキーワードは何か」と尋ねたところ、即座に返ってきた答えが"霊気(aura)"であった（auraについては平輝氏が総括でカーンの発言を整理している）。カーンが何をめざして建築に取り組んでいたか、"霊気"が連続講演会の隠れたテーマとなっている。講演者からはカーンの「建築」や「言葉」に対するさまざまな「解釈」を提示していただいた。それらが正しいか、正しくないかは誰にも判断できないが、講演者の全員がカーンを心から尊敬していることがよく分かり、まるでカーンの代わりに発言することが畏れ多いというように、慎重に言葉を選んで語っていたのが印象的であった。

折しも新型コロナウイルス感染症の影響もあり、当初の予定より1年遅らせて連続講演会は実現した。コロナの影響が小さくなってきた時を見計らって実施したが、それでも対面形式のみでは感染の恐れが払拭できないため、会場には講演者、学内の幹事と学生に限定して開催し、同時にオンラインにて学外へも発信した。全6回の講演会で、総計2,300名ほどのオンライン参加者を数えた。

カーンについては、今まで世界中で数多くの著作・論文が出版されており、もはや語り尽くされてきた感もある中で、カーンの事務所でカーンと同じ空気を吸い、カーンの「生の声」を聞いた方々に話を伺えたのは大変貴重な機会であったし、これらの講演記録を後世に残しておくことはとても重要と認識し、本書をまとめる機会をいただいた。出版に賛同くださった、（株）建築技術の橋戸幹彦さんにはこの場をお借りして感謝の意を表したい。記録誌発行にあたっては、平輝氏から引き継いだ助教の長沼徹氏が出版原稿の調整役を務めた。この本が出版される2024年3月は、奇しくもカーンがこの世を去って半世紀になるタイミングと重なった。本書を通して、「語り部」達によるカーンの「言葉」が若い学生や建築家達の心の奥底に永く刻まれ、将来、さらに彼等／彼女等の後輩たちへ「語り継がれて」行くことを期待したい。

志水英樹
SHIMIZU Hideki

1935	大阪府生まれ
1954~58	東京工業大学建築学科
1958~62	大成建設
1961	シアトル万博の中心広場と噴水のための設計競技 一等当選
1962~64	ペンシルベニア大学修士課程
1964~67	ルイス・カーン建築設計事務所
1967~87	神奈川大学建築学科　助教授・教授
1977	工学博士
1987~95	東京工業大学建築学科　教授
1993	日本建築学会賞
1995~02	東京理科大学建築学科　教授
2002~05	駒沢女子大学文学部空間造形学科教授

主な著書

1979	『街のイメージ構造』（技報堂出版）
2014	『回想１２３』

工藤国雄
KUDO Kunio

1938	北海道生まれ
1959~63	東京工業大学建築学科
1963~69	東京工業大学社会工学科 博士課程
1969~70	ペンシルベニア大学地域科学科
1970	工学博士
1970~71	ルイス・カーン建築設計事務所
1971~72	渡欧
1972	東京工業大学社会工学科助手
1972~81	名古屋工業大学建築学科 助教授
1977~78	ブラウン大学 客員助教授
1982	ニューヨーク移住
1984~16	コロンビア大学 教員

主な著書

1972	『方法の美学』（井上書院）
1975	『私のルイス・カーン』（鹿島出版会）
1980	『ルイス・カーン論 - 建築の実存と方法』（彰国社）
1981	『講座 - ルイス・カーン』（明現社）

LOUIS I. KAHN
LECTURE SERIES

ルイス・カーン研究連続講演会

講演日：2022 年 9 月 16 日
会場：東京工業大学
百年記念館フェライトホール

01

建築と闘う現場
事務所におけるカーン
Kahn in the Office where Architecture is Realized

志水英樹×工藤国雄
SHIMIZU Hideki, KUDO Kunio

志水氏のご自宅でのインタビューの様子

講演会概要

　第1回となる本講演会は、ペンシルベニア大学でカーンに師事、その後カーン事務所に勤務した志水英樹氏、そしてカーン事務所に勤務したのちコロンビア大学で教鞭を執られた工藤国雄氏に登壇いただき、事務所という建築と闘う現場で、2人の東工大OBが身近に見聞きしたカーンの姿を伺った。

　志水氏はシアトル万博の噴水の設計競技で一等当選、実施設計で渡米、その後1962年にペンシルベニア大学の修士課程に入学し、カーンのスタジオに参加し、1964年に修了。その後、カーン事務所に入所し、フィラデルフィア美術大学やエクセター・アカデミー図書館などのプロジェクトを担当、3年間勤務された。志水氏はカーン事務所に勤務した最初の日本人であり、また『国際建築』誌でのカーン特集号の編集に携わるなど、日本でのカーン紹介に大きな貢献をされてきた。

　工藤氏は、東工大社会工学科の博士課程在学時にペンシルベニア大学へ留学し、学位取得後1970年にカーン事務所に入所、バングラデシュのダッカ国会議事堂やスターン邸等のプロジェクトを担当し、1年半にわたり勤務された。その後、日米で教鞭を執られながら、カーンに関する著作、言説を数多く発表し、日本でのカーン評価に多大な影響を与えられた。

　なお、志水氏は講演会当日に会場で講演されることが難しく、事前に工藤氏と企画メンバーでインタビューへ伺った。そのため2022年9月16日の講演会当日は、7月6日に志水氏の自宅で行ったインタビューを上映し、続いて工藤氏による講演、質疑応答が行われた。

This lecture featured Hideki Shimizu, studied under Kahn at the University of Pennsylvania and worked at the Kahn office, and Kunio Kudo, worked at the Kahn office and then taught at Columbia University. The two Tokyo Tech alumni talked about what they saw and heard about Kahn at his office, the field where he fought with architecture.

Mr. Shimizu won the first prize in the competition for the fountain at the Seattle Expo and moved to the United States. He thereafter enrolled in a master's course at the University of Pennsylvania in 1962, joined Kahn's studio, and completed his course in 1964. He then began working in the Kahn office, was in charge of projects including the Philadelphia College of Art and Exeter Academy Library, and worked there for three years. Mr. Shimizu was the first Japanese to work in the Kahn office and has made a major role in introducing Kahn to Japan, for exapmle by contributing to the special issue on Kahn in the "Kokusai Kenchiku" magazine.

Mr. Kudo studied at the University of Pennsylvania when he was a PhD student in the Department of Social Engineering at Tokyo Tech. After completing his degree, he joined the Kahn office in 1970, was in charge of projects including the Dhaka Parliament building in Bangladesh and Stern House, and worked there for one and a half years. Thereafter, he taught in Japan and the United States and published many books and essays on Khan, which have had a significant impact on the evaluation of Khan in Japan.

As it was difficult for Mr. Shimizu to be at the lecture, Mr. Kudo and the project members interviewed with him at his home on 6 July. On the lecture on 16 September 2022, the interview was screened, then Mr. Kudo gave a lecture and a

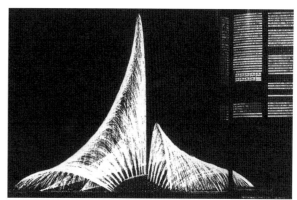

Fig.01　シアトル万博大噴水国際設計競技一等当選案（1961）

志水英樹とカーンの出会い

安田：志水先生がカーンを初めて知ったのは日本にいるときですか？

志水：ペンシルベニア大学に行って授業で最初に出てきた時、ちんまりした男で「これがカーンか」と思いました。

安田：では、カーンを知らないでペン大で初めてお会いしたのですか、それはラッキーですね。

志水：だけど、結局カーンの事務所で働くための準備に、ペン大で2年かけました。

安田：ペン大に行くことをお決めになったのは、日本にいるときですか？

志水：アメリカです。シアトル万博の噴水のコンペをやっていた頃です。

安田：噴水のコンペに当選した後に、ペン大へ行くことにしたのですね。他の大学を選択することは考えなかったのですか？

志水：なかったです。

工藤：ハーバード大学とかイェール大学は目の中に入らなかったですか？

志水：最初にカーンの作品を見たときのショックがあまりにも激しくて、カーン以外考えられなかったからです。

工藤：何を見たのですか？

志水：手前に学生寮があって、その間の門を抜けて向こうへ行くと、タワーが立っているリチャーズ・メディカル・センターでした。あの建物を見て自己問答しました、このタワーは構造（支持体）ではなく、フェイク（見せかけ）であるというけれど、なぜ良いと思うのかと。見ているときにある学生が紙を持ってきて、「この建物を見てどう思うか」と聞かれました。「It's wonderful, but…」と答えに困っていると、「そうだろう」と言われました。使っている人達でこの建物を褒める人は誰もいなかったですね。その時

にこの建物を建築学科で引き取ったらどうなるかと考えました。5〜6人が協働で1つの部屋を使うならば、建築のスタジオとしてはうまく使えると思うんですよ。

工藤：それが実際には、ノーベル賞をめざす最先端の分子生物学の研究者の巣だったのです[注1]。あの建築に触発されて、志水さんはペン大に来たわけですか？

志水：そうです。工藤さんはあれをどう思った？

工藤：僕は丹下派で、メタボリズムジュニアと呼ばれていたんです。リチャーズ・メディカルは黒川紀章さんが大変誉めていました。「これからはカーンの時代だ！」と言って、ヨタヨタと空に昇るカーンのシティ・タワーの写真を見せられたのです。このリチャーズ・メディカルは14m × 14mの研究室ユニットが連結されて成長していくので、プランは美しいのですが、エレベーションに雄大さが感じられなかった。特に、南端の階段室が何か古代の城のようで好きになれなかった。裏に見える雄大な後姿を見ていなかったんです。細かく文節されたプレハブの構造は、あまり印象に残らなかった。また、マスター・スペース、サーバント・スペース、訳せば主人スペース、召使スペースという階級社会的仕分けにも当惑しました。後ろに見えるシャフトがサーバントで、サーバントの方が雄雄しく立ち上がっているわけです。当時の僕には散文的な建物に思えて、まったく理解できない建築でした。学生寮のゲートを出るなりこの建物の本質を感じ取って、カーンをめざした志水先輩は相当に目が肥えていたと思います。あれはとてもポスト・モダーンです。

ペン大 大学院の話

工藤：志水先生はカーンの事務所には、何年いましたか？

志水：事務所に3年いました。学校は大学院の2年間です。僕は建築科に入ったのですが、Civic Design Courseを修了しました。Civic Designに変えたのは、カーンと話ができないと思ったからです。Civic Design Courseは2年間のコースで、建築だと1年、都市計画だと2年で学位をも

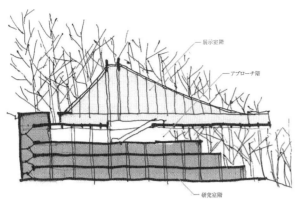

Fig.02　ペンシルベニア大学時代にカーンスタジオで描いた断面図を
志水氏が思い出しながら描いた図面（1962）

Fig.03　カーンの事務所（4階，5階）

らえるところを、2年間で両方くれたんです。

　それで建築から Civic Design に移籍する前の初めの1学期にカーンのスタジオがあったので、それを一番最初に取りました。あとはリコレ（Robert Le Ricolais）の講義です。それとイタリアの建築家で、見ているだけでうっとりするようなすごいスライドの授業をしてくれた、ボストン市庁舎のコンペで2位になったジョゴラ（Romaldo Giurgola）だったと思います。

工藤：ジョゴラの講義も取ったんですね？[註2]

志水：そうです。それで1学期で3つの授業を取って、僕の成績がどうだったかを聞いたら、良かったんですよ。カーンがA、ジョゴラがAでした。それからもう1つのリコレの授業ではテンション構造の模型を作られて、それはうまくいきませんでした。でも、試験の方が良かったらしくB+でした。それで、3つ単位をくれたもんですから、移籍願を出して、パーキンス学部長（G. Holmes Perkins）に会いました。その頃は学部長の権限はすごいもので、学部長に言うと二つ返事でOKがでました。心配になって「後で駄目になったらどうなるんですか」と聞いたのですが、「いやそんなことはない」と。その代わり、夏休みの間に1学期の Civic Design Course の内容を勉強しておけと言われました。1つは確か統計学で、難しい問題ではなかったです。もう1つはパターンのデザインというか、「Urban Pattern」という都市計画論を1冊読んでおけと言われました。それと夏休みは、ヴィンセント・クリング（Vincent Kling）の事務所でアルバイトをしていました。

工藤：カーンのライバル、というわけではないけれど大手の設計事務所ですね。

カーンのスタジオ

安田：大学でのカーンのスタジオはどんな課題でしたか？

志水：ロサンゼルスの広い山裾に博物館を作るというものでした。稜線の流れていく敷地の周りが針葉樹の林で、針葉樹の形に合わせたデザインにしました。丹下健三に合わ

せとは言わなかったですね（笑）。森が深いので、博物館の準備室を下の方に階段状に置いて、一番高いところから低いところまでマストを立てました。最初にみんなはスケッチやプランを描くけれども、私は断面図で平面図の代わりに説明しますと言ったら、カーンが僕の言葉に「Beautiful presentation!」と言ってくれたんです。講評でその一言……。僕の話すことをよく聞いてくれましたね。

工藤：なるほど、考えが明瞭に出ている。彼（安田幸一）もセクションだけのプロジェクトでイェール大学を卒業しましたね。カーンのアートギャラリーと、それとグッゲンハイム美術館ともう1つ。

安田：ミースのナショナルギャラリーです。ブリティッシュ・アート・センターとイェール・アートギャラリーの間にチャペル・ストリートが通っていて、その奥にポール・ルドルフの美術・建築学部棟があって、アパートから毎日カーンの建物を見て大学に2年間通ってました。

志水：それは何年頃ですか？

安田：1987年から88年で、35年も前です。

志水：僕が卒業したのは1958年か59年頃です。

工藤：僕が事務所にいたのは1970年から71年です。

志水：工藤さんは事務所にいたのは1年間ですか？

工藤：1年半です。カーンの事務所では1年目は勉強、2年目は退屈、3年目は死（リタイヤする）という伝説がありました。カーンと協働した構造家のコマンダント（August Komendant）は『18 Years with Architect Louis I. Kahn』という本を書きましたが、僕の場合は『18 Months with Louis I. Kahn』です。

大学のカーンとオフィスのカーン

工藤：僕は、カーンがオフィスでは野獣のようで、大学に行くと聖者になるというように推察していたのですが、志水さんにとって、学校のカーンとオフィスのカーンはどう違っていましたか？

志水：違わなかったですね。学生はいつも言いたいことを

Fig.04　図面を検討しているカーン

Fig.05　カーンとコマンダントとの打合せ

言うし、それに対してカーンも分けて考えなかったです。

工藤：カーンは椅子に座って、リコレとかノーマン・ライス（Norman Rice）とかも車座を作って、床に座った生徒とディスカッションしている写真を見ましたが、あのようにスタジオでやっていたんですか？

志水：そうですね。ただカーンもニューヨークから来たばかりで、インドに行くニューヨークからの便に乗って、もう十何日間も帰ってこなかった出張の直後とか、眠たい日はコックリコックリしていました。

安田：カーンがニューヨークから帰ってきた時に、機嫌がいいことはありましたか？

志水：行き先が分からない時は機嫌がいい時ですよ。どこから帰ってきたか分かるときの方が珍しくて、帰ってきたことを悟らせる顔はしなかったし、疲れもあまり見せなかったですね。

講演 - 工藤国雄からみた事務所でのカーン

　ペン大にいた頃、私はちょうど建築学科の建物に対してキャンパスの反対側にあるウォートン・スクールという商学部でゲーム理論をやっておりました。カーンはちゃんと週３回学校に教えに行くんです。それが僕には不思議で、「どうして偉い先生なのに毎週行かなきゃいけないんだ、日本では偉くなればなるほど学校で教えないんだよ」と言った覚えがあります。

　しかし、オフィスに帰ると現実との対決です。それはまるで聖人が獰猛な野獣に変わったかのように、事務所では大抵朝から夜まで怒鳴っていました。志水さんにはそうではなかったようですね。これが驚きなんです。僕はダッカのプロジェクト（ダッカ国会議事堂）ではもう怒涛のような状況の中で作っていたと思っていたら、案外静かにやっていたと志水さんが仰っていて、これは志水さんと私の

キャラクターの違いであると同時に、カーンが状況に対して絶えず変わっていたということだと思えるんです。僕はずっと年長者の多いカーンの事務所の５階だったのですが、ダッカのシュレット（追い込み）の時に４階に行ったら、まったく雰囲気が違うのでビックリしました。

　しかし、その変化の中に一貫性がありました。スタディの途中でどうしてそんなに間違った案をしつこくやるんだと僕が聞くと、カーンは「サイコロジカル・コンシステンス、心理的一貫性のためだ」と僕に言ったんです。その他の人には、そう説明していないと思います。

　アメリカの事務所では大抵秘書が３、４人いて、その関所を次々に突破しないと本人に会えないんですけれど、カーン事務所では入るとすぐ右手にカーンがいました。アメリカの事務所にしては珍しく事務所が綺麗ではなく、大変散らかっていました。長老たちと私達のようなドラフトマンがいましたが、基本的には全員がドラフトマンの扱いでした。

　私がヨーロッパに旅行に行った時にルドゥのショーの製塩所の絵葉書を送って、「Louis Kahn and Associates」と宛先を書いたら、１年後事務所に寄るとその絵葉書がボードにピンナップされていて、「Associates」をバッと赤で消してありました。つまり、ここは「Office of Louis Kahn」なんです。彼以外に建築家はここにいないということですね。それくらい自分の建築家としての存在を確固と守っていたのだと思いました。愛弟子（全員そう思っている）のクニオすらその認識の誤りを許さない凄さに心打たれました。

Fig.06　フィラデルフィア美術大学　一次案の模型

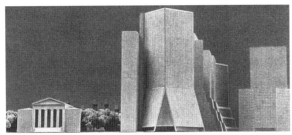

Fig.07　フィラデルフィア美術大学　二次案の模型

Fig.08　MoMA展覧会でのフィラデルフィア美術大学案模型写真（1966）

インタビュー動画2

フィラデルフィア美術大学

志水：この計画案ができる前に、1次計画というのがありました。（『回想123』p.91）。これはシティ・ホールやカーペンター・ホールなど市が指定したものですが、カーンはこれらを一切認めていませんでしたね。

工藤：ウィリアム・ペン（フィラデルフィアの市庁舎の頂部にある William Penn の像）よりは高く作ってはいけないとありました。

志水：作っちゃいけないというよりも尊重するべきだという感じでしたが、カーンにとってはファーネスの建築（The Pennsylvania Academy of the Fine Arts）が大事だったんです。この歴史的な建築の後ろにあって、煙突がある古びた宿舎です。これは絶対に残して、それにスケールを合わせて新たに3棟を作る。この案がすんなり受け入れられて、プレゼンの帰りに事務所の近くのホテルへ「ビールを飲みに行こう」と、カーンが初めて誘ってくれました。

あくる日にエドモンド・ベイコン（Edmund Bacon）が私達のミーティングを聞きつけて、カーン事務所に来たんです。すると大喧嘩がはじまり、「あんな子供のように小さいやつは駄目だ、再開発計画に乗らなきゃ駄目だ」とカーンに迫っていました。ベイコンはお金が十分出せると思っていたんでしょうね。その時にベイコンから、「志水って奴にやらせろ」と言われました。

安田：すごいですね。

工藤：ベイコンは志水さんに入れ込んだんです。志水さんを彼の事務所に欲しいって言ったんですよね？

志水：そうそう。ベイコンが都市計画事務所に来て、僕をスタッフとして雇いたいと。カーンに会ってカーンの事務所で働くことになった直後でしたから、ベイコンの事務所には行くに行けず、しょうがなかったです。でも、いつかベイコンとカーンが衝突する時もあるだろうと、期待はしていました。

工藤：予想はしていたんですね。

志水：その前のシビックデザインコースの時にベイコンが来ていて、僕の設計を見て「これは jewel だ（素晴らしい）」って褒めてくれたんです。

工藤：すごい、「珠玉の傑作」だと褒めたんですね。

安田：ベイコンの考え方はカーンとはずいぶん違ったけれども、志水先生は真ん中に入ってプロジェクトをまとめざるを得ない。その時、当然カーン事務所にいるとカーン側につくことになる。でも、ベイコンの気持ちも十分に分かった。そこのところの本音はどうだったんですか。

志水：カーンの第1次案の時には、小さな芸術家村風なものになりかけていたので、僕としてはベイコンがこの場に居てもっとスケールの大きいヴィジョンを語ってくれたらいいなと思っていたら、本当にそこに居てくれたので、天にも昇る思いでした。

安田：案は次第にカーンの方へ寄って行きましたが、最後はベイコンはあまり賛成ではなかったのですか？

志水：逆に、ベイコンは全然出てこなくなりました。しかし、構想自体はベイコン寄りのスケールの大きいものになっていきました。先述のベイコンに対する私の発言は、どちらかといえば社会主義的なもので、アパートの向かいに保養所があって、保養所をもっと学校に開放したらいいのではないかと話すと、ベイコンはそれを気に入ってくれて「jewel だ（素晴らしい）」と言ってくれたのです。しばらくしてカーンの所へ行くと、カーンとベイコンが大激論していて、最終的にカーンが「You are right.」とか「Sometimes, you can be right.」と言って芸術家村的なものから都市的で規模の大きな建物としての計画に移ったのです。その時、大幅にスケールアップされたアーティスト・ビレッジ計画案が、ニューヨークのMoMAで展示されたあの大きな写真の計画案につながっていきました。

安田：カーン自身が選んだのか、MOMAのキュレーターが選んだのかは分かりませんが、相当衝撃的な写真だったわけですね。今でもこの強烈なシルエットは頭に残ります。

Fig.09　エクセター・アカデミー図書館のダイゴナルな十字梁が作る採光

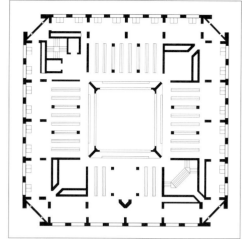
Fig.10　エクセター・アカデミー図書館　平面図
大開口の端部を支える斜めの控え壁とレンガでできた外壁

エクセター・アカデミー図書館

工藤：志水さんがチーフだったエクセターは、いつ頃から始まったのですか？

志水：ちょうど仕事がなくなった時にエクセターが入ってきて、全部1人でやらされました。

工藤：その頃は、ダッカのプロジェクトもありましたか？

志水：ダッカは、頭の部分を松下一之さんが担当しました。

工藤：頭の部分と言うのは屋根ですね。真偽のほどは定かでありませんが、噂ではカーンがコマンダントと仲違いしてカーンに物申す人がいなくなって、基礎を打ち終わってからカーンが壁をドンドン重くして屋根の重量の分まで使ってしまったので、基本設計時の豪快な屋根をのせられなくなったようです。

志水：松下さんはほとんどそればかりで、30個ほど模型を作ったそうです。

工藤：そうそう、4階の倉庫に模型がたくさんありました。特に上の方は結局シェルで軽い屋根にしたけど、上にも丸い穴があって、あれはカーン自身も納得いっていないと思うんです。なんかおかしいですよね。

志水：あの屋根は無理やり付けたように見えます。よくこれでカーンが納得したもんだと思います。

工藤：基礎計算以上の物を建てちゃったから、傘みたいなシェルの屋根しか荷重が乗らなくなったわけです。エクセターの中央吹抜け壁面の巨大な丸い開口部は、志水先生が提案したものですか？

志水：いやぁ、あれは最初から決まっていたと思います。そして、丸い形をできるだけ大きくしろと。スタディに出てくるのがあまりに早い段階なので、僕がそう思ったのか、カーンが思ったのか分からないです。フィラデルフィア美術大学をやった後の次の仕事がエクセターで、初期に描いたスケッチには既にあの丸はあったのですが、それをカーンは「good!」と言ったような気がします。

工藤：そうなると、カーンか志水さんか分からないくらい一体化している感じですね。万巻の重みに耐える書庫の構造体（サーバントスペース）はコンクリートで、外のキャレル（読書机）の並んでいる人間の空間（マスタースペース）はブリック（レンガ）というように明確に分節されています。

志水：そうそう。真ん中のコアの部分がコンクリートで固まっていて、外縁空間はブリックで、地下も同様です。

安田：志水先生の断面模型によると［Fig.12］、第1次案は大きな丸は無いように見えますね。

志水：まだ四角ですね。

安田：初期は四角だったのが、案が進むとだんだんと大きな丸になっていきますよね？この辺になると、完全に丸が出てきます。

平：当時は、志水先生が1人でエクセター・アカデミー図書館を担当されたのですか？

志水：はい、1人です。僕らの時は、1人のスタッフが1つのプロジェクトを担当する体制でした。

工藤：ブリティッシュ・アート・センターの場合は、4～5人かかってやっていました。その時の事務所のお金の状態によりますね。

志水：仕事の過程としてまだ初めの段階だったので、そんなに大勢はいらなかったですね。事務所の状態もあったのでしょうけど、1人で十分だったんです。

工藤：プロポーザルの時や契約を取れる自信がある場合は、スタッフの数も増えていたと思います。自信があったから図書館にも、後でたくさん集めたのではないでしょうか。

志水氏が関わったプロジェクトについて
（学生からの質問）

小倉：大学では古典主義の建築を参考として、ボザールの図集を見る機会が多かったようですが、事務所でも「これを参考に見なさい」と言われたことはありましたか？

志水：あまりなかったと思います。僕が担当した仕事の場合は、新しいテーマというより美術大学の都市再生がテーマでした。途中でベイコンが来て、こんな小さなものじゃだめだ、もっと大きなもの作れと言われて、書き直す所か

Fig.11 志水氏が考えるカーンの霊気のベルト（外壁部分）

Fig.12 志水氏が作成に携わったエクセター・アカデミー図書館の模型

ら始まりました。カーンはベイコンとやることが多かったからか、学校に関することばかりでしたね。

平：フィラデルフィア美術大学ですか？

志水：そうです。ちなみにエクセターでは、相手は1人だけで、カーン以外は誰も口を挟まなかった。1年くらいで終わらせましたから全部上手く行きすぎていて、このまま終わることはないだろうと思っていました。従来のカーンの仕事からいうと終わるはずがない。2年後に再び行った時に、僕の次に担当した人がカーンに「お前は英樹と一緒にやってもらうけどいいか」と確かめられたそうです。プレゼンテーションをしたのも1回きりでした。

工藤：1回のプレゼンテーションで決まったのですか？

志水：ほとんどそうですね。

工藤：カーンにしては珍しいんじゃないですかね。あれは非常に良いから成功したんでしょうね。

志水：僕としては久しぶりに行ったら、色々設計変更があるだろうと思って、楽しみにオフィスの2階に上がってみたら、ほとんど変わってなかったので、がっかりしました。しかし、あの円の両側の構造をどうやって細くしたのかと気になりました。

工藤：そうですね、応力がそこ［Fig.09 丸印部分］に集中しますよね。

志水：それを見事に解決したのは、後ろの控え壁を斜めにすることで見付けをギリギリまで細くできて、後ろ側に控え柱として下がっているところがよかったですね。ゴシックみたいだなって言ったのを覚えています。

工藤：ゴシックみたい……。そうか、バットレスですか？

志水：バットレスが後ろについて、円の開口もゴシックのあの大きな薔薇窓のようですね。そこがうまく表現されていて、それだけで嬉しかったです。

模型について

工藤：学生の質問の中に、「模型材料として木を使用することがアメリカでもありますか？」とありましたが、アメ

リカではバルサで作るのが一般的で、発泡スチロールでやる人はいないです。

安田：カードボード（硬質の厚紙）みたいなものもありましたよね？

工藤：それもあります。グレーっぽい色のものです。

志水：木をジェッソで白く塗って磨きました。それで、ガラスみたいにピカピカにするんです。

工藤：磨き方によって、ガラス風に見せたりコンクリートに見せたりするんです。日本人は器用だと言われていますが、彼らの方がはるかに器用で写実的でリアルです。

安田：ガラスとコンクリートを、ジェッソと磨き方だけで表現するのはすごいですね。

工藤：だから日本人のように安直ではないんです。日本人の模型はすぐ壊れますが、アメリカ人の模型は壊れないんですよ。

平：こちらの模型（『回想123』表紙）は、MoMAの展覧会のために新しく作ったのですか？

志水：そうだったかもしれないです。しかし、展覧会のためだったのかどうかは忘れました。

安田：この写真が（1965年のMoMAの展覧会で）巨大なパネルになったと書いてありました。

志水：それはカーン事務所で初めて木で作ったのです。

工藤：写真家はどなただったんですか？

志水：ジョージ・ポールという名前の写真家で、カーンの模型撮影は大体彼が撮っていました。

平：展覧会に出典された模型や図面、写真の選定については、カーンは常に関わっていましたか？

志水：僕は知らないです。模型の写真が入口に大きく飾ってあって、僕自身がびっくりしました。その際、イサム・ノグチが一緒について来たんですよ。

安田：カーンとノグチは相当親しかったんですね。

工藤：2人で公園のプロジェクトをやっていましたね[注3]。

志水：毎回、お互いが一週間自分なりに作業をして持ち合うんです。「これはすごい。しばらくうちに置いておけ」とカーンが言うんです。そしたらまたイサム・ノグチが来

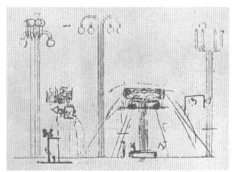

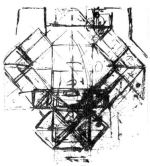

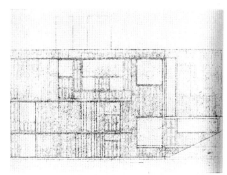

Fig.13　シビック・プラッツァ・シャンデリア
デザイン過程（ハードラインは工藤氏による図面）

Fig.14　Temple Beth El のスケッチ

Fig.15　スターン邸　南面立面図

て褒めるんです。そのうち、公園計画の委員会から連絡が
あって、全て中止になってしまいましたが。
安田：あの公園計画は素晴らしかったですね。プロジェク
トはどれくらい続いたのですか？
志水：1年ぐらい続いていました。あれは僕が関わらなく
てよかったと思います。
安田：打合せ場所はカーンの事務所ですか？
志水：カーンの事務所やノグチのブルックリンのアトリエ
でもやっていましたね。

講演 - 工藤国雄が関わったプロジェクト

　僕は、志水さんのように1つの作品に携わったわけでは
なく、事務所経験がないから一兵卒として、なんでも勉強
と思っていました。小さいことばかりですが、カーンはそ
れが面白くてしょっちゅう僕の机に立ち寄るし、僕もしつ
こくスケッチして返す。僕が描いて彼が描いて、彼が描い
て僕が描くということを繰り返していたのです。そうやっ
てジャコメッティと矢内原伊作の関係みたいな、極めて濃
密な設計過程が小さいところで繰り返されていきました。
　ダッカ国会議事堂では「シャンデリアはクニオにやらせ
ろ」ということで、突然引っ張り出され見知らぬ4階に回
されたのです。「照明のデザインなんかやったことない」
と言っても、「誰でも“最初”はあるんだ」ということで
した。ですから、そんな私がスケッチしたものが本当に現
実に作られるとは思ってもみなかったのです。それがある
日、建築の写真集を見ていたらダッカの広場に建っている
のです。その衝撃はとても大きいものでした。僕には何の
連絡もないんですが。シングルラインで描いてあるものは
私で、スケッチ風に描いているものはカーンの線です
［Fig.13］。これが1週間くらいでしょうかね、付けたり取っ
たりしながら発展していきました。最初は私としては壊さ

れるとか、電球が盗まれるという心配が先になって、非常
に背の高いものを作るわけですが、彼はまるでりんごの木
のように人々を癒す憩いの場所にしてしまいました。ス
ケッチでは、二段構えのシャンデリアを設けていますが、
多分コストの面で、上だけになりました。
　Temple Beth El はあまり知られていない建物で、ニュー
ヨークのチャパクアにあります。基本的な構成は［Fig.14］
のようになっているのですが、私の担当した部分は上の窓
の部分だけです。これは大きい四角や小さい四角、長細い
四角になったりして、真ん中のキャノピーが尖っていて、
その下が広場になり、その周囲が学校になるのです。学校
と教会が一緒になったものを作る必要があったのです。こ
れもすったもんだしたのですが、意外にシンプルで分かり
やすいものになりました。
　スターン邸は最終的に建ったのか分からないですが、週
末住宅です［Fig.15］。国も性格も違う4人のスタッフが集
められて、私が南面で、その他各自に1つずつエレベーショ
ンを与えられ、お互い相談してはいけないというルールで
各自の立面を描いて完成させました。これも予算がオー
バーして流れてしまいました。これは南面の立面で、カー
ン特有の木製パネルで情趣を付けていることが特徴です。
同様の木製パネルで有名なのはソークのパネルで、その応
用です。もう1つは、足の下に窓を作るというリチャーズ・
メディカル・センターでも使われたアイデアです。なぜ足
元に窓を作るのか、これは納得のいく理解はできないので
すが、カーンのランゲージに出てくる不思議な窓です。

Fig.16　国際建築第３４巻第１号ルイスカーン特集号（1967 年発行）

インタビュー動画 3

国際建築のカーン特集号について

小倉：カーンにとっては、言葉、あるいは出版物も大事だと思います。特に志水先生の本『回想 123』でもかなり印象的なエピソードとして、国際建築の特集号に志水先生が関わったことが書かれています。掲載図面の選定は、全部志水先生が担当されたのですか？

志水：いや僕ではなく、松下さんと編集長の宮内嘉久さんの２人が担当しました。僕は全部資料として見繕って、いいやつを全部日本へ送ったんです。記事の構成については日本に送ってからでした。

安田：それはオリジナルを送ったんですか？

志水：そうです。だから僕は、保険をどうするかカーンに聞いたら、「お前に全部任せるよ」と言われて困っちゃいました。とにかく日本の郵便事情を信用して、もう祈る気持ちで送りました。

平：送る前には、こちらの図面や、模型写真、竣工写真の選定には、カーンが関わっていましたか？

志水：カーンが決めたというわけではないですね。もし彼が選定していたら、それなりに時間がかかっていたと思います。彼は、僕に任せればいいだろうと思ったか知らないですが、僕は日本にいる松下さんに任せました。本の構成が出来上がった時は、これならいいなと思いました。

講演 - 工藤国雄によるカーンの捉え方

　カーンを捉える上で大切なことは、50 歳にして、意図せず、思いがけず、一作（イェール・アートギャラリー）にして、一夜にして世界の頂点に立ったことです。それは努力の積み重ねではなく、奇跡によるものです。そして、男の成功の影には可憐な女性がいたのです。カーンは、地方のちょっと革新的な普通の建築家・都市計画家が突然世界の若者を魅了する形と思想を掲げて登場してきました。ある意味、建築のビートルズでした。そして、その名声の頂点における突如の劇的な断絶的な死は、まさにギリシャ悲劇を彷彿させるものでした。

　彼の成功は「努力の積み重ねによるものではない」と言いましたが、決して努力しなかったというわけではありません。カーンは切ないほど毎日、毎時間、土曜も日曜も祭日も全身全霊で道を開く努力し、芸術に心を寄せ、音楽に心を寄せ、愛に心を寄せ語り続けたのです。そして思い返し、気を取り直し、ひっきりなしにポテンシャル・クライアントや、国務省の大物にも臆することなく電話をし続けた。彼は切実に真剣に人生を生きたのです。一刻も無駄にせず、身を捧げて努力した。誠実過ぎる故、その努力はどこかチャップリンの主人公、あるいはドン・キホーテを彷彿とさせます。人は、彼を Loony Lou（夢見るルー）と呼んだのです。

　僕自身、『私のルイス・カーン』を書いた時点で、カーンについてはまったく分かっていませんでした。高まる世評にも無関心でした。ただカーンの死がショックで、1 か月で書き上げました。2 番目に書き上げた『ルイス・カーン論』は、心臓を病む松田という生徒と、カーンの言葉を一語一語調べ続けた結果です。カーンがぼやっと分かってきました。カーンは建築を生命体と捉えていたのです。建築を物質の塊ではなく、生命や動物（アニマル）として捉え、その成長過程として設計を考えていたんです。その間に、秩序（オーダー）が出来上がっていくわけです。それを確かめるために、あくせくと考え続けていたんです。でも、志水さんの場合は、そういう設計の方法が表れていないというのも私にとっては興味深いです。カーンは、人を見る目がありました。他人の才能に敏感で、それぞれの人の才能を引き出して使いました。

　カーンを図式的分析的に捉えても無駄です。同じような

3-2「霊気」について

「霊気（アウラ）」

Fig.17　霊気について説明する志水氏
「事前インタビュー時の記録」2021年7月6日　志水氏自宅にて

ものが作れるかもしれないが、そこには命がない。だから、分解ではない方法をカーンの中に見つけてほしいんです。3番目の本『講座ルイス・カーン』は、相田武文さんが自分の事務所の下に「ギャラリーA」という建築家の溜まり場を作った際に、柿落しに実作がまだない私のために『建築家工藤国雄展』（1979）というのを企画してくれた際に書き上げました。そのオープニングには佐々木宏さんという評論家もいました。その後、ギャラリーAでルイス・カーンについて4回の連続ゼミを開くことになり、本ができました。コロンビア大学のWednesday Lectureと、それを次々に出版したGSAPP機関誌『D』のようなものかもしれません。そうやってエッセイ体、口語体、論文体の異なる言説スタイルで、同じ主題を論じる機会を得ました。同じカーン像がどう変わってくるかがお分かり頂けると思います。

カーンがギャラリーを完成させ、世界のトップに立った瞬間にそれを支えたアン・ティンはカーンの子供を宿して、1人小さな貨物船でローマに渡ります。ショックを受けたカーンは毎日手紙を書き続け、その手紙の中で、Form, Design, Orderという概念が出来上がります。僕にとっては、それがカーンの実態、正体であると分かりました。「建築の実存と方法」という副題を付けたのは、彼の建築は実存主義的な思考の流れが実体化しているからです。誰もそのような言葉を使わなかったのですが、私はあえて「実存」と「方法」としました。その実存を支えている方法というのがデザインです。

カーンは分析すればするほど、皆さんは損をすると思います。一を知って百を失う可能性があります。それではダメなんです。カーンをやるには、バシっと来る何かがないといけない。カーンは、たった一作のイェール・アート・ギャラリーで、スペース・スラブとオープン・スペースという建築のlanguageを持ち込んで、世界の建築家になったんです。それが成功するまでの葛藤は、凄まじいものがあります。

インタビュー動画4

「霊気」について

安田：志水先生にとってカーンはどういう存在でしたか？
志水：香山さんの訳した『ビギニングス：ルイス・カーンの建築と思想』の第1章の最後に出てくる言葉なんですが、やっぱりこの人は「霊気」だと思います。
安田：「アウラ（Aura）」ですね。
志水：カーンはこれを説明しようとしたけれど、ビギニングスだけでも話が伝わらない。この本もorder、designという発想の過程という外にある基本的なものとして、「霊気」という言葉を発明するか、何かだったと思います[注4]。
小倉：カーンは講演録も多く、言説が特徴的ですね。カーン自身がその原稿を修正したり、書かれたものを読んだりはしていたのでしょうか？
志水：それはわからないですね。
工藤：自分の原稿に対しては手を加えたと思います。カーンは、特に初期のものは非常によくやったはずです。『Perspecta』というのはイェールの出版物だから、『Ka』（東工大建築学系機関誌）のようなもので、あれは徹底的にやったと思います。アン・ティンが材料を用意して、カーンがベーシックに書いて、それをまた推敲したと思います。
志水：「霊気」といえば、特にエクセターの外壁が「霊気のベルト」だと思います。中心に納めている本は霊気ではなく、この周りの霊気のところをあくまでも「自然のもの（レンガやカシといった材料）」で作ることに徹しています。この場合、周りの石を自然のものに変えたことで、予算が倍かかっていますが、それが霊気で周りを囲ったということだと思います。
安田：一般的な見方からするとこのエクセターは吹抜の丸い円形の方が特段に印象的で、カーンのイメージを作り上げているように感じますが、志水先生にとっては周りのレンガ外壁の方がカーンを感じるのですね。

Fig.18 工藤氏が執筆した書籍

志水：はい。それを感じてあげないと、カーンは文句を言うだろうなと思っています[註5]。

講演 - 工藤国雄からみたカーンの「霊気」

　動物の巣と同じで、カーンの建築には霊気が立ち上がっているように思うのですが、この言葉が長いインタビューでお疲れになっていた志水さんの口から最後の元気を絞り出すように出てきた時は、とても感動しました。オーラと言ってしまえば簡単ですが、生命が生き抜いた後にはそのバイブレーションが立ち上がってきます。それが建築の評価のポイントです。逆に、オーラが立ち上がらない正確に垂直水平の柱梁で固めた真面目を絵に描いたような今日の近代建築、経済と時間とモジュールに閉じ込められた当代建築の中では生命は枯渇します。

　そうやって鉄骨とパネルで「お綺麗なもの」が次々できますが、霊気が立ち上るものはできません。カーンはとても欠点の多い人間でしたが、その欠点を隠すことはありませんでした。「建築は美しく作ろうとしないほど、美しくなるから困る」と、私に言っていました。

　カーンはどこかで宇宙と遭遇したんでしょう。写真で見ただけですが、カーンの故郷のエストニアには月面のように沢山の隕石が降り注いでできたクレータが池や湖になっています。

　「建築は存在しない」というカーンの言葉を発見した時、誤植ではないかと思いました。しかしその先を読んで、この人が何を考えているのかということがはじめて分かりました。それまで僕は、カーンの言葉を読んだこともなかったし、知らないまま『私のルイス・カーン』を書いていました。僕はカーンの世界的有名度をまったく知りませんでした。まったく無縁でした。カーン崇拝症にまったく感染していませんでした。カーンも事務所では世界的著名建築家であることを、所員にまったく感じさせませんでした。私の目からは常時怒り狂っている男、怒ることで正気を保ち、元気を保っているドン・キホーテ、凡庸が死ぬほど嫌いな男、しかも飾ること、「虚偽のデザイン」を憎み戦った男でした。しかし嘘のない懸命なこの男を所員は全員心から愛し、心から信頼していました。どんなに叱られても、金を払ってもらえなくなってもついて行きました。

　作品も推薦状もなく、ある寒い日突然飛び込んでこの事務所で働かせてくれと頼んで、受け入れられた私にとっては、彼がいる時は毎日毎時間が、男対男の闘いのつもりで過ごしていました。だから気がつかなかったのですが、彼が物を考える人間だと分かったのはこの言葉です。

　「この世で可能なのは、建築への意志だけ、建築に対する献身だけ」

　真の建築は存在しないのです。この世で可能なことは、それに向かってできることを全てなすことです。人の献身が形となってオーダーを立ち上げていくのです。存在しない建築にどれだけ尽くしたか、頭を使ったかの総体が目指すところの建築であって、尽きて「ゴールデンダスト（光り輝く塵）」なのです。それが私達の手にするのは「建物」、すなわち「＜建築＞を目指し未だ＜建築＞ならざるもの」なのです。

註1) ノーベル賞受賞者リチャードとカーンは、志高き男同士は臆面もなく現実離れした理想を語り合い、発見や発明は研究者が開襟を開き、共に最新の根本的問題を語り合う中で発展するものとし、それは数人の研究者が壁なきオープンな空間で互いに啓発しあう『スタジオ』の概念だ！と喜びあったと洞察される。その結果、心を開くような四方ガラス張りの無柱の重箱が積み重ねられた。結果的に、コントロールされない自然光は微生物や細菌の研究には弊害があるという事実が顕在化し、研究者は窓に銀紙や黒い紙を貼り、内部にはパーティションを立て始めた。そのため2期工事では窓は消え、机下に足元窓が現れる。（工藤）

註2) 工藤は『SD』誌で、数度「なぜジョゴラか？」という論評を書いている。最後は、本人とファックス交換による誌上対談を行った。コロンビア大学建築学部の隣に彼のデザインした工学部の校舎があったし、最後の大作はシドニーのオーストラリア国会議事堂だ。彼の設計は確かにうまいしソツがない。それが不思議で「なぜジョゴラか？」となったのだと思う。（工藤）

註3) セントラルパークに建設予定だった児童公園は、カーンとイサムがあまりに議論に夢中でのめりすぎて、計画が長引いている間に政権が変わり一挙に計画中止となった。その経緯とドラマは、ドウス昌代著『イサム・ノグチ：宿命の越境者』に詳しく記載されている。（工藤）

註4)『ビギニングス：ルイス・カーンの建築と思想』という本は、アン・ティンとカーンの娘アレキサンドリアによって、カーンの死から10年後の1984年に出版された。アレキサンドリアは自由な古典的画家としてロングアイランドの孤島に住んでいる。その4年前の1980年に出版された工藤氏の『ルイス・カーン：建築の実存と方法』（1980.2.14）と比べると、トピックと構成の類似点が多い。（工藤）

註5) エクセター・アカデミー図書館は33m×33mの平面で、地上9階建、高さ24m、地下1階の外見上この地域のランスケープになじむようにレンガ造りです。カーン建築の特徴の1つとして"エントランス"がセレモニアムに明示されず、"正面"玄関がない。それらしく大きな開口を持つ四隅のコーナーにも、ドアはない。建物脚部の回廊をグルグル回らせられ、諦めた瞬間、横入りの入口に突然出くわして、そこをくぐると、思いがけない反モダニズムなトラバーチンの回り階段に迎えられる。基準階に出ると、圧倒的に巨大なスケールの直径9mの『丸』窓を持つ4枚の壁で囲われた巨大な内庭とも呼べる背高20mのアトリウムに導かれ、万巻を収める書架がバラ窓の絵のように輝く。この中空の筒を眺めると、丸窓を超えたその上に5mほどの背高の梁が対角線状にXを描いて見える。その常軌を逸したスケールに度肝を抜かれる。これは、カーンが松下氏に描かせ模型を作らせていたダッカの天井の構想なのだ。コマンダントと仲違いして彼の協力が得られなくなった後の構造計算のミスから、この豪快な天井梁はダッカ国会議事堂では実現しなかったが、エクセター・アカデミー図書館で少しスケールを落として実現されている。また「人間の手作りの跡」を残して、この「建物が如何に造られたか」を記念として残すのが真実の「装飾」とするカーンの一貫した意思によって、

現場打ちのコンクリートの太めの打ち継ぎ目地と細めのパネル目地をジャンクを含め残している。あたかも彼の右頬に誇らかに遺された幼少の重火傷のケロイドさながらである。特に、巨大な丸窓の下の5mのビームの脚部の打ち継ぎ目地は、応力の事実を表示して目に美しい。このような生活や建設の「細部の事実」を丁寧に拾い出して、「デザインの契機」とするのは彼の得意と特権なのだ。巨大なスケールをこなす一方でこれほど細部に恣意的装飾でなく、細部の真実を誠実に表現できる建築家は、建築史上ではゴシックの職人とカーン以外に無い。この建物は巨大な手造りのロココビューロ（ロココ調洋ダンス）であり、心地よい交響曲である。これを約6m幅の書庫の四角い筒が取り囲む。16万巻の重さを支える「力持ち」は鉄筋コンクリート構造のサーバント・スペースなのだ。そして、そのさらに外側の「人間のスペース」が、この地の伝統的工法、レンガの二重壁、松材の床構造、カシの読書机、チーク材の窓枠が本を読む窓、広く部屋を明るくするための窓という風にアーティキュレート（分節化）された意味の構成を示している。そして外の景観に供するレンガの壁がマスタースペースのエレメントである。この幅4.5mの四角いダブルレンガ壁の構造に収められた人間、生命のための空間こそ志水さんがいうオーラの源泉なのだ。その内側の書庫を支えるRC構造は、万巻の書を担ぎ日々人間に奉仕している巨人のサーバントなのです。巨人の巨大な丸い口に圧倒され、もっと繊細でヒューマンな外側のレンガ構造（RCは使っていない）のゾーンを忘れてはならない。ここにこそカーンは眠っているのです。志水先生が言うように「それが分からなければ、カーンに怒られる」のです。

平面の四隅を切り取ったのは、ここに集中する応力を排除するための免震的配慮と思われるが、周辺レンガ構造帯（人間スペース）がフリー・スタンディング・ストラクチャー（自立構造体）になっていることが外からもよく分かり、「この建物が如何に造られているか」をよく示している。そのことを「理性が理解する以前に、感性が直感する」。これが「傑作の秘密」、「天才の秘密」なのです。（工藤）

天澤唯氏
志水英樹氏
是永美樹氏　Mr.Fisher

Fig.19　フィッシャー邸での記念撮影

質疑応答

志水英樹のカーンへの思い

安田：これが 1995 年に志水先生が学生たちと一緒にカーンの建物を見て回った時の記念写真で［Fig.19］、写真に写っている是永美樹さんは今京都女子大学准教授に就かれており、今回貴重な写真をお借りしました。

是永美樹：志水先生にとっては私が最後の修士の学生で、志水先生と一緒に大学を卒業した学年になります。安田先生からご紹介いただいたカーンのツアーですね。その時は、修士 2 年生の時に 3 週間アメリカに連れて行っていただきました。ツアーの印象をお話すると、エクセターに向かうバスの中で、志水先生が外壁についてバスの中で説明されていました。志水先生もおっしゃっていましたけれど、模型を作ってアメリカから帰国されて、志水先生も実物を見るのが初めてで、非常に興奮されている感じでした。外壁をよく見ると上に向かうに従って、柱というか外壁のラインが細くなっているんです。それが構造とも一致していて、非常によく考えられているというようなことをお話になっていたのを覚えています。あとは模型ですね。先ほどアメリカの模型は壊れないとおっしゃってましたが、まさに本当に壊れていなくて、エクセターの 1 階の地下の資料スペースだったと思うんですが、そこに志水先生が作られた模型が綺麗に保存されてあって、それを非常に嬉しそうにご覧になっていたのをよく覚えています。

　ツアーの前半がライトで、後半がカーンを巡るようにスケジュールが組まれており、志水先生が「もうカーンを見たらライトは吹っ飛ぶよ」とツアー中に何回もおっしゃっていました。当時は真夏で非常に光が強烈で、カーンの建築を見るには非常にいいコンディションで、力強いコンクリートとか非常に重量感のある構造体、その構造体と光のバランスが非常に印象的でした。エクセターのホールの丸い開口部もそうですけれども、裏を見上げた時の梁のシス

テムとか、ファースト・ユニタリアン・チャーチの屋根のようなコンクリートと光の塊とか、そういう構造と光の関係が非常に印象に残っています。

カーンの時代性

杉山俊一：私は 89 年〜 92 年の 3 年間、志水先生にお世話になって東工大を卒業しました。当時、研究室ではあまりカーンのことを長く語られることはなかったんですけれども、一緒にコンペやらせていただく中で、端々にカーンの事務所での思い出とか、カーンのロジックみたいな話を、「あまり知的になると何か逆に遠くに行ってしまう」というようなニュアンスで話されていて、そういう印象を受けていたんです。それを今回、動画内のお言葉で聞いて、ああそうだったんだなと改めて感じた次第です。もう少しお伺いしたいことがあります。志水先生と工藤先生がアメリカに渡られた時代は、ジョンソン大統領時代、ベトナム戦争の混乱の中でした。アメリカで、例えば人種問題や経済問題など激動の時代において、カーンも建築を制作されていたと思うのですが、アメリカの当時の動きが作風や作るものに何か影響されていたんでしょうか？

工藤：彼は民主党ではなくて共和党なんです。あまり政治的なところはないんですね。ダッカは宗教が多様な場所ですが、彼の保守性、建物の保守性があり、理論をボザールから引っ張ってくる必要があります。彼自身の政治的な面が、作品に影響することはなかったと思います。ただ、彼の作品を保守的なものとして評価しようとする人達は、彼のバックグラウンドを言うのかもしれませんね。やはりカーンについて話すにはオーラが一番重要で、カーンがコルビュジエを超えたとするならばどの時点で超えたのか、それが志水さんはオーラじゃないかといったのがすごく僕には印象的でした。

杉山：色々な建築家がいらっしゃって、その時代性や社会との関係で作る作品が変わっていくというケースがよくありますが、ルイス・カーンからはあまりそういうことは感じ

Fig.20　質疑応答の様子

なかったんですよね。今のお話を聞いて、やはりそうだったのかなという気がしました。

エクセター・アカデミー図書館の考察

杉山：それからオーラの話でもう少しお聞きできればと思います。私も70年代半ばに、エクセターの図書館を訪れたことがあるんですが、やはり第一印象にあるのは真ん中の吹抜の大きな開口部で構成された円形の部分なんですが、今日志水先生からオーラが1番感じられるのは実はその外壁の煉瓦の部分だというお話がありました。それを成り立たせているのは、キャレルの周りにあるコンクリートの四角い四隅にあるコア上のものが構造を成り立たせていて、その周りを直接構造と関係ない煉瓦の壁で作ることができたというような記載を志水先生がされていたんですけれど。

工藤：それも1つのテーマになっていまして、1つの主題として残っているんですよ。本をたくさん積んでいる部分がコンクリートになっていて、人間がそれを読む、あるいは使う行為、その部分が周辺で、レンガで作っているんです。そこに人間的な場所を作っていて、私が訪れた時も、建物の中に入ると必ず泣いちゃう私の息子が、あの建物の中では泣かなかったですね。ずっと遊んでいて帰ろうっていっても、帰らないって言ったくらいの建物ですね。それは非常に不思議な感動でしたね。

再録

Fig.21 『回想123』表紙

Fig.22 『回想123』裏表紙

『回想123』抜粋

留学への希望 (p.26-29)

1960年頃のある建築雑誌の海外ニュースの小さなコラムに、当時話題となっていたペンシルベニア大学の「リチャード・メデカル研究所」が紹介されていた。建築家は当時日本では未だ無名な存在であったルイス・カーンであったが、「建築会議」のために来日したこともあって、6ヶ月のアメリカ滞在の間にだんだんと身近な存在となって来ていた。

当時のアメリカ建築といえば、ミース・ファンデル・ローエの「シーグラムビル」や、レイクショア・ドライブ等のいわゆるインターナショナルスタイルと呼ばれるものであった。その中にあって、この「リチャード・メデカル研究所」は、直立する数本のレンガ造りのタワーの深く刻まれた陰影に富んだ形態がやたらに格好よかった。その後、ポストモダンという新しい潮流が生れることを予見することはまだできなかった。

また、雑誌『Time』に、エドマンド・ベイコン氏の特集があって、フィラデルフィアの再開発事業について熱く語る彼に興味をそそられたことも事実である。

したがって、ペン大に行けばこの両者のぶつかり合いが見られるかもという虫のいい期待もあった。

そんなことから、9月に帰国する直前に、奨学資金の申請書を提出して来たのである。そして翌年3月、再渡米する際に、会社に対してペン大に留学することを要請した。会社からは2年以内に帰国するという約束をするのならば、授業料、生活費を支給してくれるという意向が示された。

それは大変ありがたい回答ではあったが、2年以内の帰国の約束は大変厳しい条件であった。ペン大留学後は、カーンの事務所で働きたいという強い希望があったからである。当時、いくつかのゼネコンで、このような留学生の派遣が始まったばかりの頃で、その中には、期限切れになっても約束通り帰国できないで退社してしまい、その経費について

ての清算が非常に難しくなるケースを耳にしていたからである。

そして、再渡米の直前、退社届をしたため、私の大学の先輩である、当時の専務取締役の本間嘉平氏の所へ持参した。氏から、ペン大の奨学資金はすでに決定しているのかと聞かれた。「まだ決っていません」と答えるより他はなかった。しばらくして氏は、「今は"上を向いて歩こう"がはやっているが、上ばかり見ていると、そのうちにけつまづくぞ」と忠告して頂いたうえに、「この退職届は、決定が出るまで預かっておこう」と言って頂けた。

大変ありがたかった。

700 建築 カーン、コメンダント、ル・リコレ (p.50-57)

(前略)

数週間経って、いよいよ発表の日となった。Jury（審査員）の先生方は、カーン、ライス、ル・リコレ、コメンダントを始め、主任教授のパーキンス、ジオゴラ等の面々である。また、その他に、外部の建築家達も集って来た。

当時の私にとっては、英語の大きなハンデキャップを負っている身にとって図面や模型で表現できるということは、これ以上ない自由な翼を得たようなものであった。だから、図面の描き方は、できるだけ言葉による説明の必要ない方法を心がけた。

研究部門を斜面の中に埋め込み、その屋上空間をアプローチ部分、さらに、その上に、展示場空間を森の上に浮かぶ船のように、大屋根によって吊り上げた。私は、その説明をまず断面図から始めた。この急斜面をどう生かし、展示場のあり方が森の斜面の上にどう浮かぶかが、私の一番提案したいポイントであったからである。その説明のストーリーをどう運び、そのために図面をどう配置し、どうすれば、英語の説明を最少限にするかを考えた。

もちろん、一般的にクライアントに建築プロジェクトの説明する時の方法としては英語

か日本語を問わず、当然考えるべき条件であるが、当時の私の英語能力からいって、そこに集中して準備する必要があった。

説明が終るとカーン氏が即座に、私のPresentationのやり方が設計主旨に最も沿った方法であり、「most beautiful」とほめてくれた。

その後、ジオグラ氏から、「大屋根を支える周囲の壁が構造的にはおかしいのではないか」という質問が出た。私は、「この壁が屋根を支えているのではなく、この屋根が壁を吊り下げている」と説明したら、うなずいてくれた。一番心配していたコメンダント氏からの吊り構造に対する質問が出なくてほっとした。最後にカーン氏はこう言ってくれた。

「The strongest statement and the most sensitive solution」。

私は、これがかねてから読んでいた彼の「Form」と「Shape」の意味の違いに関連して、前半は、「Form」の捉え方の問題であり、後半は「Shape」の作り方の問題であると解釈して大変うれしかった。

このOpen Juryは、日本でも最近はよく行われる。しかし、当時の日本と大きく異なるのは、外部からも多くの建築家が参加し、審査員の間で激しい議論が行われることである。日本と違って審査員間の年齢差等に関係なく、激しい議論になる。時には肝心の学生が議論の外に追いやられて立ちすくんでいることもある。しかし何よりも感心するのは、そうした激しい議論の後は、ワイン等を飲みながら、実に和気あいあいとしている。

日本の場合、先生同志でも先輩に対して後輩はあまりはっきり物が言えない。その時Debateの国、アメリカを実感できた。

その時、感じたことは、最後のプレゼンテイションに至る授業時間に提出されるスケッチは、いかにも無骨で不器用で、建築的な形が出てくる以前の図式的ダイアグラムとの域を出ないが、カーン氏自身のFormとShapeの理論から言えば、このFormの段階に十分

な時間をかけるという，彼等にとっては通常の段階を経ていたものと思われる。

ともすれば Shape の段階に直接入ってしまう私の当時のやり方にとっては，いささかまどろっこしいものではあった。こんなものが，いずれまとまっていくのかという疑問であったのが，Jury の日までには何とか形になって出てくることには感心した。そしてその間，カーン氏はあまり意見を言うわけではなく，基本的には何かが生れるのを待ち続けている。

しかし，この部分が前述の「Strongest statement」の源泉であり，安直に Shape を考えてしまいがちな，我々の傾向の中で，愚直にも思えるこのような真正面から，答えようとしていたのが印象的である。

このような，いささか遠廻りとも見える苦しいプロセスはいわば Form を見つける作業であって，それは十分，Strong かどうかが問われる領域である。

そしてこの Form について「there has been」「there is」「there will be」であって，今さら創り出すものではない。それは，最も強い不変なものとして見つけ出すものである。

Shape 作りはその後から来る。
（中略）

この Shape づくりのプロセスは，ある程度時間の函数で成果が現われるが，Strong な Form を見つけるプロセスは，ある瞬間に突然ひらめくといった類のものである。したがって，これは，「待つ」以外にないのである。このことは，教師が学生が発見をすることを待つという話だけではなく，自分自身がある発想に目覚めるのを待つことでもある。そして，その発想がひらめいた時こそ自分の行先の方向が見えた時であり設計プロセスの中で，最も興奮し，「やった」と思うことのできる瞬間である。

これは寺田寅彦の「一瞬の電光によって，山脈の全容が一瞬にして見えてしまう経験」に似ている。

カーン氏がダッカの国会議事堂の Form を感じ取った時のベッドからころげ落ちたとい

う瞬間でもある。

フィラデルフィア美術大学を担当 （p.88-90）

入所した翌週，カーンに呼ばれて，フィラデルフィア・カレッヂ・オブ・アート（フィラデルフィア美術大学 PCA）を担当し，その打合せのためクライアントに会いに行くように言われた。

そしてさらに，ベイコンから電話があって，私にこのプロジェクトを担当させるようにと言って来たこと，そしてさらに，「ペン大でのシビック・デザイン・スタジオでなかなかいい仕事をしたそうだね」と言って背中をたたいてくれた。

私はベイコンが激賞してくれたプロジェクトをそのままカーンの事務所に持ち込んで担当できるという，これ以上ない幸運に恵まれることに有頂天になってしまった。しかもこの幸運は先日の偶然のベイコンとの出合いによるものだと想像するとまさに奇跡のような幸運だと思った。

市の中心にある市庁舎の南北に通る大通りが Broad street，東西に通るのが Market street である。この市庁舎から南下する Broad street 沿いの数ブロック南に，フィラデルフィア・オーケストラの本拠地アカデミー・オブ・ミュージックがあった。

私はペン大での最後のプロジェクト，South Broad Project の発展形としてスケッチを進めた。

市の歴史的遺産として指定されているギリシヤ様式のカーペンター・センターを残すことが義務づけられているが，その背後にある煉瓦造りのファーネス・ビルは無指定であり，取り壊さざるを得ないと考えた。そして新しい校舎を敷地の西側に沿って，南北に長く建てることにした。しかし，その場合アトリエに必要な北側採光が非常に難しくなることが心配であった。

一次案のプレゼンテイション （p.90-96）

やがて，2週間のインド出張を終えて帰って来たカーンは，私のスケッチを一見して，「Oh No」と一言つぶやいて，イエローペーパーと木炭で彼のイメージを描き始めた。それはインドからの帰途，飛行機の中でじっくりと考えて来たスケッチだと思わせるような素早さであった。

彼は「このファーネス・ビルは最も好きな建物であり，このカーペンター・センターよりは大事にしたい」と言って，この2棟のファーネスビルと平行して，さらに3棟の校舎を並べた。それらの高さは，ファーネス・ビルと同程度であり，校舎の間の通路は最少限であった。

そしてこう言った。「ここは大都市のまん中にある美学生のためビレッジであり，オアシスなんだよ。そして，2棟の古いファーネス・ビルは学生のための宿舎にしよう」と木炭を動かしながらつぶやいた。もともと，ファーネス・ビルは，アパートとして建てられたが，その後，ファーネス・アカデミーとして美術学校に転用されて来たものであり，それをまた，宿舎に戻すことになった。

それまでの，どこか求心的なパターンによる，精神的なものを感じることが多かった彼の作品の中から，この一見無雑作とも思える並べ方の5棟の計画にいささかの違和感を感じながらも，低層高密のビレッジというロマンチックな発想に，私もすぐに没入していった。

まずは敷地模型の制作である。ギリシヤ様式のカーペンター・センターは，カーンもあまり好きではないと言ったこともあって，私は少しばかり手を抜いた。柱頭のキャピタルの部分を省略して，柱だけの柱列にした。ファーネス・ビルの煙突の部分は，特にこの建物の雰囲気を表わしているので，丁寧に作った。やがて彼がやって来て，カーペンター・センターを見て，「これはギリシヤ様式ではない」と叱られた。私にとってはやっぱりそうかという感じで納得した。柱の上に正方形のキャピタルをのっけただけで「Fine」

と言ってくれた。ファーネス・ビルはその煙突が，サンタクロースでも出て来そうなロマンチックな型を丁寧に造った。材料はフロリダ産のスプルース（桧の一種）で，非常に細工のしやすい木であった。

しかし，新しく設計した部分は，当時の日本では模型材料としてはほとんど使われていなかったが，馬糞紙ほど黄色っぽくないが，もっとしぶい，重量感のある再生紙で，とくに白黒写真の映りに迫力がある紙である。特に設計変更の際の作り直しが自由自在で対応できるのが特徴である。しかも，紙間屋でまとめ買いをしてくると，重量当りの値段は最も安いものだろう。もちろん，今日の日本では，すでに，広く使われているものだが。この模型では，このようなカードボードの上から，その窓の部分に蝋をしいた半透明のシートを貼りつけ，光の調子に変化をつけた。

しかしこの紙の唯一の泣き所は，あらゆる雑多な混合物が入りまじり，特に金属片がまじっていると，カッターナイフの刃を痛めてしまい何度も取り換える必要があった。
（後略）

木造模型の作製（p.104-108）

私はこの主棟の内部空間をスタディを始めるための，より大きなスケールのスタディモデルを作る準備を始めていた。

図書館や，デザイン・センター，劇場などは，それぞれ完結した幾何学の中で作業できそうだし，体育施設と駐車場は地下に埋設できそうなので，特に心配はしなかった。やはり主棟部分の広場とも通路ともつかない中心ホールのイメージをどう創り出すかであった。

やがて，今までのカードボードの模型は，展示用の模型として木でつくりなおすこととなった。1965年4月11日，ニューヨークの近代美術館におけるカーンの作品展のオープニングに間に合わせるよう指示された。また，その表面仕上は，まず白いジェッソを用い一度塗っては細かいサンドペイパーで磨き，それを数回繰り返した後に，ガラス部分だけに，カーンが自ら調色したブルーグリー

ンを重ねて磨くといった工程であった。この仕事の最初のスケッチや，カードボードの模型から，一貫して私一人の仕事で時間もたっぷりあり，終始マイペースでできたのでまことに幸せな時間であった。

アメリカの設計事務所は，多くの場合木工工具を完備したワークショップを完備していて，われわれもそれらを使うことになる。一つ間違えば，大ケガをすることにもなり，特に何日も徹夜をした後の締切り直前にもなると，つい危い目にあったことも何度かあった。

このワークショップを管理する所員は，ヴィンスというプエルトリコ出身のいつも陽気な，しかしよく気がつく，なかなか有能な男であった。中でも，カーンが海外に模型などを持って出かける時など，その梱包の仕方にいつも苦労していた。航空便で貨物扱いで運ぶため，まず十分に丈夫でなくてはならない。しかしその上に充分に軽量でなくてはまらない。
（中略）

1965年4月11日作品展のオープニングの日がやって来て，当日会場に出かけてみて，一瞬そこに立ちすくんだ。

会場の正面入口に飾られたのが，私の作った模型の正面部分を約2m四方に拡大された写真のパネルであった。ジョージ・ポールの低温焼付された独特のテクスチャーが拡大されたことにより，より迫力ある存在感を持って迫って来た。何十日か，ワークショップにもぐって作り続けたことの達成感に満たされて，一人で悦に入っていた。

この会場には，当時Playgroundの仕事を共同設計していたイサム・ノグチが来ていて，「すごい，すごい」と言って祝福してくれた。

フィリップ・エクスター・アカディミー図書館の設計（p.120-130）

1996年5月，ニューヨーク展が一段落した頃，新しい仕事がやって来た。

ボストンの少し北，ニュー・ハンプシャー州に位置する，アメリカの名門高校のための

図書館である。この「Phillips Exeter Academy」は，アメリカでも珍しい5年制の男子高校で，生徒数900人の全寮制の学校であり，教師はProfessorと呼ばれている。卒業生は教養過程を飛ばして大学に入学できるという名門校である。

学校側で用意したプログラムには，「図書館とは書籍を収納するためにあるのではなく，本を読む人びとを収容するためである」と書かれていた。クライアントとしての意識の高さが十分にうかがわれるものであった。

まず，建物2階以上の周囲のほとんど全てを手で開閉できる木製の窓とし，その一つひとつをキャレルと一体化している。自分の気に入った窓を選び，その窓は，その日気候条件によって自由に開閉できるというものである。全校生徒900人のうち，半数の450人を収容し，その半数のキャレルを用意した。中心部には9m角の正方形の吹き抜けが天井まで貫通し，その周囲は書架，外側の木製の窓の部分にキャレルがとりつく。各階のメザニンレベルに，書架専用の階があり，より簡易なキャレルが付いている。

本を読む人達を収容するための空間は全て煉瓦づくりに徹することにし，最初は中央ホールの中まで煉瓦づくりである。

本を収容する部分を思いきって，全てコンクリート造りとしたことで，この計画は大きく進展した。

もともと，書棚の荷重は，あらゆる建築物の荷重の中で最大級のものになる。したがって，内部の書庫部分をコンクリートにすることにより，構造設計はより自由になる。そこで，中央の吹き抜け空間に面する4面の壁に最大限に大きな開口部を穿つことができた。

設計の初期の段階では，外周部の4隅に，アーチつきの4本のタワーを設けた。これらのタワーは，生徒達が，その日の天候に合わせて自由に本を持ち出せる空間として考えた。

しかし，このタワーに対しては，学校側からニューハンプシャー州の冬の厳しい気候を

理由に難色が示された。全体の床面積が大きくなる中で，煉瓦の組構造によって工費が大幅に高くなることが予想され，多くの変更が必要となって来た。

まずは，この4本のタワーが2本になり，さらに1本になり，最後はゼロとなった。このタワーは，前述したように，ベニスのサンマルコ広場のL形の空間の要となる鐘楼のように，キャンパスのL型空間の要所を占める象徴的な要素として考えられていた。しかし，その4本のタワーは全てなくなり，正方形の本体だけが残ることになった。

私はキャンパス空間の要として1本だけを残したいと考えていた。4本残すことは，タワーが多すぎて，空間の要とはなりにくい。2本残すことは，玄関口の正面性が強すぎて，L型のキャンパス空間の要とはなりにくい。全部とってしまうと，タワーそのものがなくなってしまう。

私はまだ，一つの塔の案に未練があった。何よりも，この図書館自体がL型のキャンパスのコーナーにある上に，その先端部分をタワーにすることにより，そのタワーは，キャンパスの戦略的な位置を占めるだけではなく，Exeter（エクスター）という町全体に対するシンボルタワーとなり得るからである。

さらに，そのタワーの低部をエントランスホールにすることによって，中央ホールに対して，対角的にアプローチするよりダイナミックなエントランス空間がつくれると考えたからである。タワーの上層部を屋外の屋根付きテラスにすることによって，気候の悪い時でも，よりリラックスした読書空間としてコントロールできるであろうと思ったからである。

彼は，「この本体部分そのものをタワーとして作ればいいじゃないか」と言って，変更はしなかった。

床面積は，やはり過大で，1階のアーケード部分が半階分低くなったため，外観のプロポーションはかなり変った。本体そのもので一つのタワーの印象がますます難しくなった。そこで屋上階の周囲の手すりの部分を高くして，屋上階のテラス部分のプライバシーを高めながら，より陰影を深くし，より高く見せることにした。また，タワーを考えていたコーナー部分は逆にそぎ落して，より垂直性を高めた。

やがて，最終的なプレゼンテイションの日がやって来た。私も同行するように告げられた。

ボストンまでの飛行機のチケットは，彼はもちろんビジネスクラスで私のが普通クラスであったので，事務所の上階でカーンが秘書に怒っているのが聞えた。私のチケットもビジネスクラスにしろという命令であった。

当日のプレゼンテイションは，上々の首尾で終り，その後，近くの運河沿いのロブスターを食べさせる舟に，アームストロング氏や，学校側の委員会のメンバー2名と我々を連れていってくれた。

食べ終った後，アームストロング氏は，私の食べた後をチェックするといって，殻のあとをのぞきこんだ。そして一言「beautiful」と言ってくれた。

私はもともと瀬戸内海育ちで，魚を食べるのは得意であったことを告げると，彼は納得したような顔をして，「それが，君の模型をつくるマジックハンドの秘密か」といって感心してくれた。私は箸があればもっとうまく食べられたと答えた。

やがて，食事が終ると，委員会のメンバーの一人が，カーンに質問した。「私は先日，ソーク研究所を見て来た。建物はすばらしかった。しかし，コンクリートの継ぎ目の出目地がところどころ欠けていて，あまり美しく見えなかった」と述べた。当時，私もそのことが気になっていたので，カーンがどう答えるのかを，はらはらしながら聞いていた。

彼は平然として答えた。

「美しいデッサンは，端から端まで完全な線で結ばれているわけではない。所どころがかすれていて力の強弱があり，時にはかすれているほうが，より美しく見えるだろう」。

この言葉は，始めからそのような計算のもとに施工した結果を説明したのか，あるいは施工がそうなってしまってからの後づけの説明なのかはわからない。

さらにもう一つの質問が出た。

「この完璧な正方形のプランで，将来蔵書が増えていった場合の拡張計画はどのように考えていますか」。

私はドキリとした。私もかねがね気にしていたことであった。カーンは，これも平然として言った。

「この図書館のまわりに何本かの蔵書のためのタワーをサンジミニャーノのように建てさせてくれれば，こんなに幸せなことはない」。

この言葉によって，私のタワーに対する執着は全て消えた。そこで私は中世のイタリア的なロマンティックなタワーからもパルテノンのクラシシズムに転向する決心がついた。

最終的に委員会の承認を得るために，木製の模型をつくることとなった。

最大の問題は，外壁の大部分を占める，キャレル付きの4つの外壁面をどうつくるかであった。

まず考えられるのは，4枚の板の中に矩形の窓部分をくり抜いていく方法である。この方法では壁面全体の精度は上るが，組積構造の中の，ハンドメイドの木製の窓というロマンチックな風情を表現することは難しい。

もう一つの方法は，外壁部を柱の部分と，水平梁の部分を個別のエレメントに分解して作り，それらを合成するという方法である。この方法では，特に，先細りする柱の制作をいかにその精度をあげるのが難しい。各部材の精度を上げないと，それらを合成した時，全体ががたがたになって収拾がつかなくなる恐れがある。そこで，とりあえず一面だけを作って，こんな作り方でいいかを確めた。彼は一言，「Fine」と言ってニッコリ笑ってくれた。私はまた，ワークショップにもぐり込んだ。

カーンはもともとこの壁面のイメージとして，オランダのアムステルダムの運河沿いの景観を例に出し，その窓の持つハンドメイド

の生々とした暖かい表情を作りたいと話していた。

5m/m×15m/mくらいの小さな水平梁のピースを，柱が細くなる角度に合わせながら，一つずつ作っていくのは，まさに根気のいる仕事であり，特に締切り間近になって明け方，集中力が一寸欠けたとたんに，その一片にバンドソウが強く当りすぎると，ピンとはじけて耳元をかすめて飛んでゆくと，さすがに危ないと感じたものである。

そのコマゴマとした根気のいる，しかも緊張を強いられる悪戦苦闘の後に，ようやく中央部の四つの大きな開口部を穿って行く時は，実に大らかな気分になって，あたかも四体の巨大な神様をそなえるような気分になったものである。これが読書空間の組積造と，書庫部分のコンクリート造との視覚的な最も明快なコントラストを表現できることとなった。

1ヶ月ほどかかってようやく完成した白木造りの模型を届けるために，一人でボストンまでは飛行機で，それからレンタカーでエクスターに向った。

事務所のワークショップに1ヶ月近くも閉じこもって，この図書館の木製の模型を作り，ボストンまで飛行機で運び，ボストンからさらにレンタカーを借りて，このエクスターへの道を一人でドライブしていた時，連日のハードワークの末の一人旅で，しかも借りた車がとてつもなく大きいアメ車で，それが舟のように揺れるので，当然強烈な睡魔が襲ってきたのだろう。ふっと気がついた時には，大きなロータリーにさしかかっていて，あわてて全力で踏んだパワーブレーキの音の大きさとその効きの良さで救われた。しかし，後部に積んであったわが模型がバリッと不気味な音がして，どこか壊れたらしい。それでも無事に着いて修理をして，いよいよプレゼンテイション。ほぼ正方形のプランの一面をそっと取り除いて，中央の吹き抜けの部分を見せると，委員の中から「ウォー」と声が響いて，続いて拍手の音が聞こえてきた。

カーン事務所への再訪（p.148-152）

日本に帰国後2年ほどして，世界の再開発事業を視察するため視察旅行会が企画された。

（中略）

やがて，市役所訪問も終って，やっと自由時間になって，私はすぐ近くのカーン事務所に本人が在室であることを祈りながら向った。

彼は留守であったがすぐ戻ってくるという。その幸運を感謝した。

EXETERの設計がまた始まっていると聞いて，5階に昇ってみると顔なじみのウィントン・スコットが笑顔で迎えてくれた。

第一は，中央ホールの四隅の大開口部が出会う部分の処理であった。

私は「成程」とうなった。四隅の部分をダイアゴナルの控柱によって補強し見事に最大限の同型の開口部が作られ，それと同時にこのダイアゴナルの控柱をホールの頂上で交叉させることにより，カーン特有の深い間接的な自然光による照明となり，しかも見事に構造的に表現されている。

第二に，あれだけこだわっていた組構造がどう実現されているかである。もちろん，コンクリートで本体を打って，その表面を煉瓦貼りとすることが最も経済的であるが，リチャード・メディカル・タワーで一度試みて深く後悔している。カーンのこだわりはやはり凄かった。彼は，コンクリートブロックを手で運べる最大の大きさで作り，その周囲を煉瓦を積み上げるという工法を採った。それによって，外側の読書空間のドーナッツの部分をあくまでも組積造とすることに成功したのである。

第三のポイントは，書庫部分の支持方法である。私が担当していた当時は，書架部分をピアノ線で吊り下げることを考えていた。ピアノ線で吊り下げることにより，書架の間に間柱が必要なくなる。しかし，ここではピアノ線はなくなり，その替りに，大きなハンチを含めて，2階分の土木的スケールの巨大な梁が架けられ，同じく巨大な円型の開口部と

面白い調和を見せている。

これらの点を除けば，その時点では，私にとっては意外なほど大きな変更点はなかった。

そのウィントンは事務所の経営状態が非常に悪く，この施主は非常に支払いがいいので急いでいると教えてくれた。私が帰国する前には，まだまだ変更がありそうだと思っていたので，一寸うれしいような，しかし，一寸がっかりしたような複雑な気持であった。

さらに彼は，一寸気になることを言った。「実はこの実施設計はHidekiにやらせる予定にしてたのを，彼が急に帰国したので，おまえにやってもらう」とカーンは言っていたという。

この一言は，その後もずっと後を引いて残っていった。当時，PCAの仕事が再開した時には戻りたいといって一担帰国したのであるが，その時は，Exeterはそんな近いうちに実施設計に入ることは私の想定外であった。

もし，カーン事務所にもう少し頑張っていて，実施設計までやっていたらその後の結果はどうなっていただろうか。それまで実施設計の経験があまりなかった私にとっては，ものすごく実のある経験になったに違いない。一寸早まって辞めてしまったのかという，後悔の念が残ったことは否定できない。

カーンがやがて部屋に戻った時，当時世界中に広がっていた学生運動の話になって彼は私に聞いた。「私は，学生達の言ってることに，同感する所があるが，君はどう思うか？」。私は「私もそう思う。しかし，彼等は，理解するだけでは満足できない。必ず一緒に行動しようと言う」と答えると，彼は「それは私にはできない」と言って，「お前は大事なポイントをいつも一口で言うね」と言って抱きしめてくれた。その時の彼は，何か内臓に不具合があるらしく異常にふくらんだ腹が心配だった。そして，これが最後になった。

1966年の初秋，『国際建築』の編集長宮内嘉久氏から連絡があり，カーン特集号を出したいという希望が伝えられた。私はカーンにその旨を告げその意向を確めたが，その反応ははかばかしいものではなかった。

その前に，私が2度目の渡米の際，当時出版されたばかりの二川幸夫氏の『日本の民家』シリーズ全10冊を持って出た。当時はまだ日本建築に関するアメリカでの出版物は極めて少なく，ようやく，『新建築』の英語版『JA』が見られたくらいであった。また，伝統的建築も神社仏閣が中心で，まして日本の民家は我々日本人にとっても新鮮な驚きを持って迎えたシリーズであった。入所後間もなくして，私はこれをカーンに見せたらどんな反応を示してくれるかが楽しみで，これを彼の机の前に置いておいた。

その後，間もなくして，彼にその感想を聞いてみたが，彼は，「世界でも最も"自然的"な建築の一つだろうね」あるいは「床の高さで，各部屋の意味や機能が明示されているのは面白いね」といったコメントで，一応の興味を示してくれたが，それほどの強い反応を示してくれたわけではなかった。

私は再びそのシリーズを持参して，「国際建築」の出版社「美術出版社」は日本で最も権威ある美術系の出版社であって，決して無責任なことはしないであろうこと，さらに『国際建築』はアメリカの建築雑誌に比べても，広告が非常に少なく，特集号としては，非常に内容の濃いものになり得ること，さらに二川幸夫氏の写真の印刷が，当時のカーン専属のカメラマンであるジョージ・ポール氏の写真の焼き方と，よく似ていて，マットな感覚がよく出るのではないか，さらに，日本では，すでに日本に帰った松下さんが待っていて，レイアウトに関しては我々の意図をよく理解してくれるだろうなどと，その説得に力を入れた。その甲斐あってか，彼はようやく納得してくれた。

その後しばらくして，彼がインドに出張中

の2週間を，その資料整理に没頭した。何十段もある引出しの中の膨大な量の資料を前にして，どこから手をつけていいのやら，私は空恐しくなってしまったほどである。しかし，気をとり直して，まず私にとって最も身近かな，しかも当時一番新しいプロジェクトであったフィラデルフィア・カレッヂ・オブ・アートの資料から始め，順次さか上って写真，図面，スケッチ等に整理し，さらに彼の若い時代の何枚かのヨーロッパスケッチを加えた。

私は，カーンに確認してもらうために，横列に年代順に新しいものから初期のものへと並べ，縦列に，写真，図面，スケッチ，の順に並べて多くの製図板を並べた上に展示した。彼は上機嫌で「Fine」と言いながら見て廻り最後の1枚で立止った。美術出版社の出版ということで何とか1枚，カラーページをつくってもらえないかという希望を託したものであった。

私がこの絵を初めて見た時，全身にブルッと来た感覚は今でも憶えている。広場を作る壁の陰と影の部分が全て血のように赤いスケッチである。そして日の当る部分，すなわちシスティヌ寺院や広場の床面は金色に輝いていた。

平面的にも，立面的にも，直線の部分がほとんどなく，まるで心臓の内部を開いて見せているようなこの広場の色は真赤でなくてはならない。それも，太陽の光に当る部分が黄金に輝き，全ての光を吸収してしまう陰や影の部分が真赤であることがすごい。その後，数多くの彼のスケッチが紹介されているが，日本ではその嚆矢となったのがこのスケッチである。

昔から，数多くの文学者，音楽家や芸術家がイタリアに憧れて，若い時代にまずイタリア紀行に出かけた例は多い。ゲーテ，ライト，コルビュジエ等枚挙にいとまがない。彼も50代にしてローマ賞を受賞してイタリアに滞在した時の彼の興奮がその画面からあふれるばかりに噴出した作品である。

彼がこの絵を見つけた時，彼はウフッと

笑って
「You know whats good!」と言ってくれた。

しかし，全ての梱包が終った後で，はたと困った問題に直面した。写真や図面に関しては，もともとコピーであり代替がきく資料であったが，彼のさまざまなオリジナルのスケッチについては，どのような保険をかけるべきかで困ってしまった。すぐにカーンに相談してみたが，カーンは即座にこともなげに，「それはおまえにまかせるよ」と言ってその場から立去ってしまった。

すぐに梱包を解いて，これらのオリジナルを全て，自分のカメラで撮影することも考えられたが，現代のデジタルカメラであれば，当然そうするべきだが，当時のカメラであれば，オリジナルを直接送るのが，雑誌の仕上りが一番いいはずである。私は祈るような気持で全ての資料に，できるだけの保険をかけ，当時の日米の郵便事情を信じることにして送り出した。

その次の仕事は，この特集のために私の原稿を用意することであった。当時はまだ，私にとってカーンの存在は，あまりにも巨大な岩壁が目の前に立ちふさがっているようなもので，私はどこから手をつけていいか，途方にくれた。登頂ルートがなかなか見つからなくて，一方から試してみてははじき飛ばされ，他方から試みてはすべり落ち，といった具合で，捨てた原稿は，何十枚にも及ぶ。今にして思えば，その中には今回改めて書いているこの原稿に直接使える内容もかなりあった筈でもったいないことをしたと後悔している

しかし，当時のことを想い出すと，PCAが2年間の苦闘の後にようやく一段落ついたばかりで，その間は，カーンを何らかの方向から客観視して，原稿の対象とするような余裕はまったくなかった。ただ毎日を夢中になって闘っていた，いわば戦争体験を何とか伝えたいと思った。そしてその中に彼の「原点」らしいものがかすかに見えたような気がした。しかしその「原点」の正体が何であるか

は，なかなかつかみきらなかったもどかしさが残った。

その後の編集は，編集長の宮内氏と，2年早く帰国した松下さんにゆだねられ，1967年1月号として発行された。数十冊の新しい雑誌と返却された資料が届いた。

カーンはその刷り上ったばかりの1冊を手にして「It's beautiful」と叫んで興奮気味に，私の手を握った。私はまず巻頭に彼の赤いスケッチの存在を確め，次いでPCAの写真を確かめた。ジョージ・ポールの写真のテクスチャーは十分に美しく仕上っていた。それから全ての資料の無事を確かめてやっと安堵の息を深く吸いこんだ。そして心から「国際建築」に感謝をした。

その後，カーンは何度も100冊単位で，しかも航空便で追加の注文をしていたことを想い出す。

彼はこの特集号をいわば名刺がわりに配っていたのである。

50年前に書いた私の文章を，今読みかえして見ると，いささか肩に力が入り過ぎた感がしないでもないが，特に変更を加える所はないと考えている。もともと当時のルイス・カーンは，世界で最も肩に力が入っていた建築家であり，その彼について書く方も，つい力が入ってしまうのは仕方がないと開き直った。当時の私なりに必死の思いで書いたという満足感は残っているし，その後のいろいろな雑誌に書いた文章は，あくまでこの文章の補足として書いたものだということになる。

カーンとライト巡礼 (p.152-154)

1995年の7月，私はカーンとライトの作品をめぐる巡礼の旅に出かけた。猛暑のなかの18日間に11回飛行機の乗り降りをするというハードなスケジュールではあったが，私の頭の中は妙にさえわたり，常に快い緊張感と期待感とに満たされていた。ライトの作品については，その全てはすでに体験したものであり，また別の機会にゆずるとして，私の師匠であるカーンの作品について，特に今回

初めて訪れることのできた二つの作品について書いてみたい。
（後略）

フィッシャー邸 (p.154-158)

その疲れが一挙に吹き飛んだのが，その翌日フィッシャー邸を訪れたときである。フィラデルフィアの高級な住宅地ジャーマンタウンの一角を占めるすばらしい敷地の，深い夏の木立の中にひっそりと，三つの立方体を無作為に転したように寄り添っている。

これらの立方体は，フロリダ産のスプルースで，その洗いたての白木の肌が輝いていた。それまで見てきたライトの作品の自信に満ちた自在な空間構成やその形態に比べて，誠にひっそりと，やや不安げな表情が印象的である。二つの立方体が45°の角度で接合され，一つには居間と食堂，他の一つには諸寝室がおさめられているという単純な構成であるが，その45°の構成が内部空間に対してどのような効果をもたらすのか，写真ではうかがうことのできない効果がどのようなものであるのか。

その一つの立方体に，ごくさりげなく開けられた玄関部から足を踏み入れると，正面に大きなガラス窓があり，反対側の深い緑に囲まれた広い庭に貫通する。と同時に，左手前方45°の接合部から居間の空間に直立する石造りの暖炉が飛び込んで来る。

そして，その奥に，あの写真で見慣れた奥行きのある窓の構成が控えている。これらの2～3秒間がこの住宅を体験する最もドラマチックな瞬間である。（図3-39）この窓は単なる窓というよりは，そこに一つの空間を持って自立している。と同時に，ベンチを含んだ家具でもある。しかし，そのベンチは，日本の床の間のように，居間空間全体を支配しながら，しかも，そこに人が座れる。床の間に人が座るような違和感はない。

吹き抜けの立方体の中の一隅が，まさに宇宙の中心であるかのような，静謐な存在感に満たされている。まさに，「住宅」がそこにある。

ドラマはさらに続く。暖炉を回って食堂か

ら台所に至ると，そこに不思議な窓がある。窓の中央部に何のためかわからないが，奥行きのあるボックスがはめ込まれている。鳥が喜んで巣でも作りそうな場所ではあるが，その気配もない。しかし，そこには通常の窓とは異なって，窓自体が一つの独自の空間を持っているような感覚である。カーンが「窓にはアニマルが住んでいる」と言ったそのアニマルとはこのことであろうか。

20世紀の代表的な「住宅」といわれる二つの作品，ル・コルビュジェのサボア邸とライトの落水荘を見るとき，そこに見る空間は，週末ごとに繰り広げられる大金持達の華やかなパーティのための華麗な舞台装置としてであり，家族が真の家族生活を過ごすためのインティメイトな雰囲気は見えてこない。

しかし，このフィッシャー邸はまさに「家族」のための日常的な生活がその本質として見えてくる「住宅」である。

夏休みの最中で，二つの旅行の間の3日間だけ帰宅されているときに，まさに飛び込みの私達に対して快く，自宅を開放して頂いた。Drフィッシャーが，この自宅をいかに愛して住んでおられるかがひしひしと感じとられて，これは今回の旅行では最大の幸運であり，長い道のりをかけた努力が1日にして報われた思いであった。

我々一行が内部を見学させてもらっている間，そっと邪魔にならないようにとの気配りからか，庭先のプールのそばで草むしりをしていた奥さんに，お礼を述べた際，私がカーンの事務所にいた当時，エクスターの図書館を担当したことを告げると，彼女は小さな声で「あの建物は，私のこの家の次に好きな建物ですよ」と言って，片目をつぶってくれた。

別れ際にフィッシャー氏は，「この住宅のために5万ドルの建設費と5千ドルの設計料と7年の歳月がかかったが，今にして思えばこれらは，まさにほんの一粒のピーナッツだったよ」と言って，彼もまた片目をつぶってくれた。さて，いよいよバスに乗り込む直前に，同行者の一人が叫んでくれた。「先生，

これで落水荘もジョンソンワックスも吹っ飛びました」。

フィリップス・エクスター・アカディミー図書館 (p.158-164)

フィラデルフィアを出て, ニューヨーク, ニューヘブンを経て, ボストンに入る。ここで当然, ライトのグッゲンハイムやカーンのイェール大学の二つのミュージアムに触れるべきだが, ここでは割愛して, ボストン郊外のエクセター図書館に飛びたい。ボストンからエクスターに向かうバスの中で, 二十数年昔を想い出していた。

この図書館は, 私がカーンの事務所に勤務した3年間の最後の1年間担当した作品だけに, その初訪問はかなり緊張した。バスが現地に着いて, キャンパスの中に降り立ったとき, 暗い曇り空の中にたたずむその建物は, もう何回も見て来た建物のような懐しい表情を見せて, 私の前にあった。

緊張はいっぺんに解けて, あたかも勝手知ったる建物に入るような気安さで, 例の見えない玄関を入って行った。バロック風の階段の1段目に足をかけた瞬間, 頭上からコンクリートに穿かれた大きな円形の開口部が襲いかかってくる。

20数年前, 断面図の中に最初の円弧をできうる限り大きく, コンパスを1回転させたときのあのコンパスの感触を想い出した。構造的にはその四隅にはある程度の太さを必要とするはずであるが, そのことに委細構わず, その開口部があたかも無限に大きくありたいと想う, その感覚をどのように表現しようと思ったかが, その時まざまざと想い出された。

それは後に四隅の柱部をダイアゴナルな方向を持つ壁柱として, その見付を最少にして実現するとともに, 頂部におけるスカイライトの取り方にまで延長するという方法によって, 見事に解決された。その結果が, 今, 目の前にあった。背筋がぶるっと震えて立ちすくんだ。この一瞬のために, 今回の巡礼があったと言ってもいい。

この中央の吹き抜けホールには四つの大きな円形の開口部が, あたかも宇宙の四つの神々が対話しているような壮大なスケール間とヒューマンな親密感がある。あるいは, 四つの大きな胎児を懐妊し, 豊穣と多産の象徴として祀られているとも言える。

そしてその奥に垣間見る幾層もの書棚が, 我々を歓迎してくれている

さらにその奥に木製のキャレルがある。

案内してくれた女性の話だと, 真夜中に侵入した少年達が, ホールにマットレスを積み重ねて, 大きな丸窓の何階かから飛び降りていたと言う。私は, 母の胎内から飛び降りる少年達の姿を夢想して, これはこのホールに最もふさわしい儀式ではないかと思ったものである。

カーンにとって「建築」(ARCHITECTURE)は, さまざまな操作の対象としてあるのではなく, 静謐な「祈り」の対象としてある。その「祈り」は特定の神や宗教に対する祈りではなく, 「建築」という一つの「概念」に対する「祈り」であり, 「捧げもの」(OFFERING)である。

今回の旅で, 英国美術館も良かったし, キンベル美術館も凄かった。しかし, この二つの作品が, とりわけ私の魂をゆさぶってくれた。

私はその時, この模型を造っていた当時, カーンが口にしはじめていた serene とか serenity (晴朗、静穏) という言葉を想い出していた。

確かにタワーをなくし, 煉瓦と木材で端正に作られたファサードは, serene という言葉にふさわしいたたずまいを見せていた。そしてその内部は恐ろしいまで熱いマグマがうごめいていた。それが彼の原点ともいうべき祈りではないだろうか。私はこれをつくるためにアメリカまで出かけて来たんだという感慨にひたっていた。

それは, タワーを持ったロマンチックなたたずまいではなく, 全てをそぎ落した煉瓦のパルテノンが問答無用に建っているのである。

原文と訳文

カーンの言葉を工藤国雄氏、香山壽夫氏、前田忠直氏らが日本語に訳している。それぞれカーンの思想を伝えるために、一つ一つの言葉を丁寧に解読したことが伺える。ここでは、カーンの原文と3名の訳文を同時に再掲する。
(作成：平輝)

【原文（1959）】

To begin is the time of belief in form.

Design is the maker that serves this belief.

To build is action from a sense of order.

When the work is completed the beginning must be felt.

Form is the realization of inseparable characteristics.

Form has no existence in material, shape or dimension.

A design is but a single spark out of form;

It is of material and has shape and dimension.

It is hard to talk about a work when it is done.

You fell its incompleteness.

I recall the beginning as Belief

It is the time of realization of Form.

It is feeling as religion, and thought as philosophy.

Then there is no material no shape no dimension.

And then I recall the adventure of design when dream-inspired

Form must answer to the laws of order so as to be.

One feels the work of another in transcendence—in an aura

of commonness and in the Belief.

出典：Richard Saul Wurman and Eugene Feldman, eds., The Notebooks and Drawings of Louis I. Kahn, Falcon Press, 1962

【原文（1969）】

The third aspect you must learn is that **architecture really does not exist**.

Only a work of architecture exists.

Architecture does exist in the mind.

A man who does a work of architecture does it as an offering to the spirit of architecture ......

a spirit which knows no style, knows no techniques, no method.

It just waits for that which presents itself.

There is architecture, and it is the embodiment of the unmeasurable.

出典：Louis I. Kahn, Talks with Students, Architecture at Rice 26, 1969

【原文（1971）】

Light is material life.

The mountains, the streams, the atmosphere are spent light.

Material, nonconscious, moving to desire; desire to express, conscious, moving to light meet at an aura threshold where the will senses the possible. The first feeling was of beauty, the first sense was of harmony, of man undefinable, unmeasurable and measurable material, the maker of all things.

At the threshold, the crossing of silence and light, lies the sanctuary of art, the only language of man. It is the treasury of the shadows. Whatever is made of light casts a shadow. Our work is of shadow; it belongs to light.

出典：Louis I. Kahn, THE ROOM, THE STREET AND HUMAN AGREEMENT, AIA Journal, pp.34, 1971.9

【訳文1（1980）・工藤国雄】

フォームを確信するときが始まりである。

デザインは，この信念に奉仕する工作者である。

＜未訳＞

＜未訳＞

＜未訳＞

フォームは，材料とか，形とか，大きさの中に存在するものではない。

デザインは，フォームから生まれる火花の一刹である。

形を持ち大きさを持つ。

＜未訳＞

＜未訳＞

始まりは確信である。

それは，フォームが把握されるときである。

＜未訳＞

＜未訳＞

＜未訳＞

＜未訳＞

＜未訳＞

＜未訳＞

出典：工藤国雄：ルイス・カーン論－建築の実存と方法，彰国社，pp.146, 157, 161, 169, 176, 1980

【訳文1（1980）・工藤国雄】

最後に学ばなければならないことは，

建築は存在しないということである。

存在するのは，ただ　作　品（ワーク・オブ・アーキテクチュア）　だけである。

真の建築は，我々の心の中にのみ存在する。

建築家は，建　築　の　精　神（スピリット・オブ・アーキテクチュア）　への　捧げ物（オファリング）　として，建築作品を作る。

建築の精神は，スタイルもなく，技術もなく，方法もなく，

ただ，それとし，現れ出ずることを待っている。

「建築」は，ここにのみ存在する。

それは，＜　測り得ざるもの（アンメジャラブル）　＞の宿る家である。

出典：工藤国雄：ルイス・カーン論－建築の実存と方法，彰国社，pp.82, 1980

【訳文1（1980）・工藤国雄】

光は万物に姿を与える。

物質は燃えつきた光。

——山も，河も，空も。

光が作ったものは，影を落とす。

——だから影は光のもの。

光（ライト）から影（サイレンス）へ，

影から光へ。

表現の意志が可能性に出合う

霊感の境域。*

出典：工藤国雄：ルイス・カーン論－建築の実存と方法，彰国社，pp.40, 1980
* 原文：Louis I. Kahn, Lecture: Silence and Light, Guggenheim Museum, On the Future of Art, 1970

【訳文2（1986）・香山壽夫】

始めにあるのは，形態における信念の時である。

デザインとは，この信念に奉仕する造り手なのだ。

建てるとは，オーダーの感覚に基づく行為である。

作品が完成した時，その始まりが感じられなければならない。

フォームとは，分離しえぬ諸特質の具現である。

フォームは，物質や形態や寸法においては，存在しない。

あるデザインとは，フォームから発した，ひとつの尖光に過ぎぬ。

それは物質であり，形と寸法を持つ。

ひとつの作品が完成した時，それについて語ることは難しい。

むしろ，その不完全さを感じる。

私は，信念というその始まりを思い出す。

それは，フォームの具現の時である。

それは，宗教としての感情であり，哲学としての思考である。

その時，物質はなく，形もなく，寸法もない。

そして次に，私は，デザインの冒険のことを思う。その時，夢に啓発された
フォームは，それのあるべきオーダーの法則に応えなかればならない。

人は，他人の作品を，超越性において感じ取る——共通の雰囲気において，
そしてその信仰において。

出典：アレクサンドラ・ティン，香山壽夫・小林克弘共訳：ビギニングースールイス・カー
ンの人と建築，丸善株式会社，pp.72, 1986

【訳文3（1994）・前田忠直】

フォームを確信するときが元初です。

デザインはこの確信に仕える形成者です。

建てることはオーダーの意識に基づく行為です。

作品が完成されるとき，元初が感じ取られるにちがいありません。

フォームは不可分な諸特性の自覚です。

フォームは素材や形態や寸法をもたない存在です。

デザインは，フォームからのただ一回きりの花火にすぎません。

デザインは素材によってつくられ，形態と寸法をもちます。

一度つくられてしまった作品について語るのは，耐えがたいことです。

人は作品の不完全さを感じとるからです。

私は信念として元初を思い起こします。

元初がフォームを自覚するときです。そ
れは信仰としての感情と，哲学としての思惟との結合です。

そのとき，そこには素材も形態も寸法もありません。

そしてそのとき，私は夢を吹き込まれたフォームが，存在するためにオーダー
の法則に応答しなければならないときのデザインの冒険を思い起こします。

人は他の人の作品を超越のなかで感覚します。

すなわち，共同性の霊気と信念のなかで。

出典：前田忠直：ルイス・カーン研究－建築へのオデュッセイア，鹿島出版会，pp.61-
64, 1994

【訳文2（2007）・香山壽夫】

考えねばならない第三の論点は，

建築とは，現実に存在しているものではないということです。

存在しているのは，建築のある作品です。

建築とは心の中にのみ存在しているのです。

建築のひとつの作品をつくるとは，

建築の精神へのひとつの捧げものとしている，ということです……。

精神は，いかなるかたちも持っていません。

いかなる技術も，いかなる方法も持っていない。

それは，ただ自分が表現されるものを待っているのです。

建築はただ，具体化として，

すなわち測り得ないものの具体化として存在しているのです。

出典：香山壽夫訳：建築家の講義－ルイス・カーン，丸善株式会社，pp.37-38, 2007

【訳文3（1992）・前田忠直】

学ばなければならない第三のアスペクトは，＜建築は存在しない＞というこ
とです。

建築の作品だけが存在します。

建築は心のなかに存在します。

建築作品をつくる人は，建築のスピリットへの捧げものとして建築作品をつ
くります。

そしてスピリットはスタイルもテクニックも方法も知りません。

スピリットは，それ自身を示すものをひたすら待ちます。

＜そこに＞建築があり，それは測り得ないものの具現です

出典：前田忠直訳：ルイス・カーン建築論集，鹿島出版会，pp.151, 2008（初版 1992）

【訳文2（1986）・香山壽夫】

光は，物質における生命である。山，川，大気は，用いられた光である。

物質は，無意識で，願望に向かって動き，両者は精気の境界で出会い，そこ
で意志は可能性を感じる。最初の感情は美であり，最初の感覚は調和であり，
定義不可能な人間，測定不可能なものと測定可能な物質，すべての作り手に
ついての感覚である。

沈黙と光明が交錯するその境界の上に，人間の唯一の言語である芸術の聖域
がある。それは影の宝庫だ。光で作られたものは，すべて，影を投げる。わ
れわれの作品は影によって出来ていて，それは光に属するのである。

出典：アレクサンドラ・ティン，香山壽夫・小林克弘共訳：ビギニングースールイス・カー
ンの人と建築，丸善株式会社，pp.178, 1986

【訳文3（1994）・前田忠直】

光は物質の生命です。山や川や大気は燃え尽きた光です。

無意識の物質は願望へと移行します。すなわち意識のある，表現せんとする
願望は光へと移行します。それらの移行は霊気の閾で出会います。その場所
で意志は可能性を感覚します。最初の感覚はハーモニーから，つまり限定で
きない測り得ない人間と，すべてのものの形成者である測り得る物質から生
じました。

沈黙と光とが交叉する閾に，人間の唯一の言葉である芸術の聖域が横たわっ
ています。そこは影の宝庫です。光からつくられたすべてのものは影を投げ
かけます。われわれの作品は影からできていて，影は光に属します。

出典：前田忠直：ルイス・カーン研究－建築へのオデュッセイア，鹿島出版会，
pp.43,1994

【原文 (1955)】

Order is

***Design** is form-making in order*

Form emerges out of a system of construction

Growth is a construction

*In **order** is creative force*

*In **design** is the means--where   with what   when   with how much*

The nature of space reflects what it wants to be

> *Is the auditorium a Stradavarius*

> *or is it an ear*

> *Is the auditorium a creative instrument*

> *keyed to Bach or Bartok*

> *played by the conductor*

> *or is it a convention hall*

In the nature of space is the spirit and the will to exist a certain way

> ***Design** must closely follow that will*

> *Therefore a stripe painted horse is not a zebra.*

> *Before a railroad station is a building*

> *it wants to be a street*

> *it grows out of the needs of street*

> *out of the order of movement*

> *A meeting of contours englazed.*

Thru the nature—why

*Thru the **order**—what*

*Thru **design**—how*

A Form emerges from the structural elements inherent in the form.

> *A dome is not conceived when questions arise how to build*

it.

> *Nervi grows an arch*

> *Fuller grows a dome*

Mozart's compositions are designs

> *They are exercises of **order**--intuitive*

> ***Design** encourages more designs*

> *Designs derive their imagery from order*

> *Imagery is the memory--the Form*

> *Style is an adopted order*

*The same **order** created the elephant and created man*

> *They are different designs*

> *Begun from different aspirations*

> *Shaped from different circumstances*

Order does not imply Beauty

> *The same order created the dwarf and Adonis*

***Design** is not making Beauty*

> *Beauty emerges from selection*

> *affinities*

> *integration*

> *love*

Art is a form making life in order--psychic

Order is intangible

> *It is a level of creative consciousness*

> *forever becoming higher in level*

> *The higher the order the more diversity in **design***

Order supports integration

From what the space wants to be the unfamiliar may be revealed to the architect.From order he will derive creative force and power of self criticism to give form to this unfamiliar.

Beauty will evolve   ***Louis I. Kahn***

出典：Louis I. Kahn: Order and Form, Perspecta, Vol.3, MIT Press, pp.59, 1955

【訳文 1 (1980)・工藤国雄】

オーダー在る

デザインはオーダーに典る造形

形は　建設のシステムから生まれる

成長は　建設

オーダーの中に創造力あり

デザインの中に手段あり――場所　方法　時　資金

空間は　存在の意志の反映

> オーディトリアムはストラディヴァリウスのヴァイオリンか

> さもなくば馬の耳

> はたまたバッハやバルトークを奏でる妙なる楽器か

> さもなくばただの集会場

空間の本質は　選びとった存在を生き抜いた精神と意志

> デザインはこの意志に充実であれ

> 馬に縞を描いても縞馬ではない

> 駅は駅舎である前に道でありたい

> それは道の要求――往来のオーダーから生まれる

> それは輝く軌線の集うところ

自然から――何故

オーダーから――何を

デザインから――如何に

形は　固有の構造要素から生まれる

> ドームの形は建てる時に決まるのではない

> ネルビーはアーチを育てあげた

> フラーはドームを育てあげた

モーツァルトは　デザイン

> オーダーの自在の運用――感覚的

> デザインはより一層のデザインを催す

> デザインはオーダーから形の心像をとりだす

> 心像は記憶――祖形（ザ・フォーム）

> 様式は定式化されたオーダー

同一のオーダーが象と人間を作った

> 異なった野望に始まり

> 異なった状況に育った

> 異なった形（デザイン）

オーダーは　美ではない

> 小人も美男子も同一のオーダーから生まれる

デザインは　美しい物を作ることではない

> 美は選択から生まれる

> 親しさ

> 統　合

> 愛

芸術は秩序を具現して行く生命の営み――精神的

オーダーは　眼に見えない

> それは絶え間なく高まる創造する精神の位準（レベル）

> オーダーのレベルが高くなればなるほど

> デザインは多様になる

オーダーは　統　合（インテグレーション）を助ける

> 願望する空間は未だ見たことのないものを建築家に示す

> 建築家はオーダーから創造力と批判力を借りてこの見知らぬ

ものに形を

> 与える

出典：工藤国雄：ルイス・カーン論－建築の実存と方法，彰国社, pp.106-108, 1980

01 建築と闘う現場 事務所におけるカーン

【訳文2（1986）・香山壽夫】

オーダーとは

デザインとは，オーダーに従って形を造ることである

形は，建設のシステムより生まれ出る

成長とは，建設である

オーダーの内に，創造的な力が在る

デザイン内に，方法がある――何処に，何と共に，いつ，どの位

空間の本質は，それがあらんと望んでいるものを反映している

 オーディトリアムは，ストラディヴァリか

  それとも，耳か

 オーディトリアムは，創造的な楽器か

  バッハやバルトークの曲を

  指揮者が演奏している

  それとも大集会場か

空間の本質の内に，あるひとつの姿で存在せんとする精神があり意志がある

 デザインは，その意志に充実に従わねばならぬ

 それゆえに，縞模様に塗られた馬は，縞馬ではない

 駅が建物となる以前に

 それは，道になりたいと望んでいる

 それは，道の要求より生まれ出る

 それは，光り輝く，等高線の出会う所だ

本質から――なぜ

オーダーから――何を

デザインから――いかに

形は，その形に内在する構造の要素より生まれ出る

ドームの発想は，いかに建てるかという問題が出されている時には，生まれない

 ネルビーはアーチを育てる

 フラーはドームを育てる

モーツァルトの作曲は，デザインである

 それは，オーダーの応用である――直感的な

 デザインは，さらに多くのデザインを力づける

 デザインは，そのイメージを，オーダーよりひき出す

 イメージは，記憶である――フォームの

 様式とは，適用されるところの，オーダーである

同じオーダーが，象を創り，人間を創った

 それらは，異なるデザインなのである

 異なる願望から始まり

 異なる状況によって形造られた

オーダーは美を意味しない

 同じオーダーが，せむしを創りまたアドニスを創った

デザインとは，美を作ることではない

 美は選択から生まれ出る

  趣味から

  統合から

  愛から

芸術とは，オーダーの内に生命を作り出す形態のことである――精神的な

オーダーに，実体はない

 それは，創造的な意識の水準にある

 そして絶えずより高い水準に昇り続ける

 オーダーが高くなれば，デザインはより多様になる

オーダーは，統合を支える

 空間があらんと望むものから，建築家にとって不思議なものが，現われ出るかもしれぬ

 オーダーから，彼は，創造的な力と，自己批判の力を得るだろう

 この不思議なものに形を与えることから

 美は生まれるだろう

出典：アレクサンドラ・ティン，香山壽夫・小林克弘共訳：ビギニング－ルイス・カーンの人と建築，丸善株式会社，pp.70-71, 1986

【訳文3（1994）・前田忠直】

オーダー・イズ

デザインとはオーダーに基づく造形である

形態は建設のシステムから出現する

建設することは生長することである

オーダーのうちに創造の力がある

デザインのうちに諸々の手段がある，すなわち，どこに，何によって，いつ，どれほど

空間の本性は，空間が在あらんとしているものを映し出す

 オーディトリアムはストラディヴァリだろうか

 それとも耳だろうか

 オーディトリアムは

 バッハやバルトークに合わせて調律され，

 指揮者によって演奏された創造的な楽器だろうか

 それとも大集会場か

空間の本性のうちに，ある仕方で存在せんとするスピリットと意志がある

 デザインはその意志に厳密に従わねばならない

 それゆえ，馬に縞模様を描いても縞馬ではない。

 鉄道の駅は建物である以前に

 街路であろうとする

 それは街路の要求から生じ

 交通のオーダーから生じる

 すなわち，輝く線の出会いから生じる。

本性を通して，すなわち，なぜ

オーダーを通して，すなわち，なにを

デザインを通して，すなわち，いかに

形態はその形態に本来そなわっている構造要素から出現する

ドームは，それをどのように建設するかという問いがもちあがったとき，考えられてはいない。

 ネルビーはアーチを育て

 フラーはドームを育てる

モーツァルトの作曲はデザインである

 それはオーダーの実践である，すなわち，直観的

 デザインはさらなるデザインを助長する

 デザインはその形象をオーダーから引き出す

 イメージは記憶である，すなわち形態

 様式は適用されたひとつのオーダーである

 同じオーダーが象をつくり，人間をつくったのだ

 それらは異なる熱望からはじまり

 異なる状況によって形成された

 異なるデザインである

オーダーは美を意味しない

 同じオーダーが小びとも美少年アドニスをも創造したのだ

デザインは美をつくることではない

美は，選択と

連繋と

統合と

愛から出現する

芸術はオーダーに基づいて形態を形成する生である，すなわち，精神的

オーダーは触れ得ないものである

 それは創造的意識のレベルのものであって，

 たえずより高いレベルを目指す

 オーダーが高まれば高まるほど，デザインはますます多様化する

オーダーは統合を支える

空間が在らんとしているものから，見知らぬものが建築家に露呈されるだろう。

建築家は，この見知らぬものに形態を与えるために，オーダーから

創造力と省察力とを引き出す。

美は変転するだろう

出典：前田忠直：ルイス・カーン研究－建築へのオデュッセイア，鹿島出版会，pp.102-104, 1994

志水英樹・工藤国雄の経歴・著書

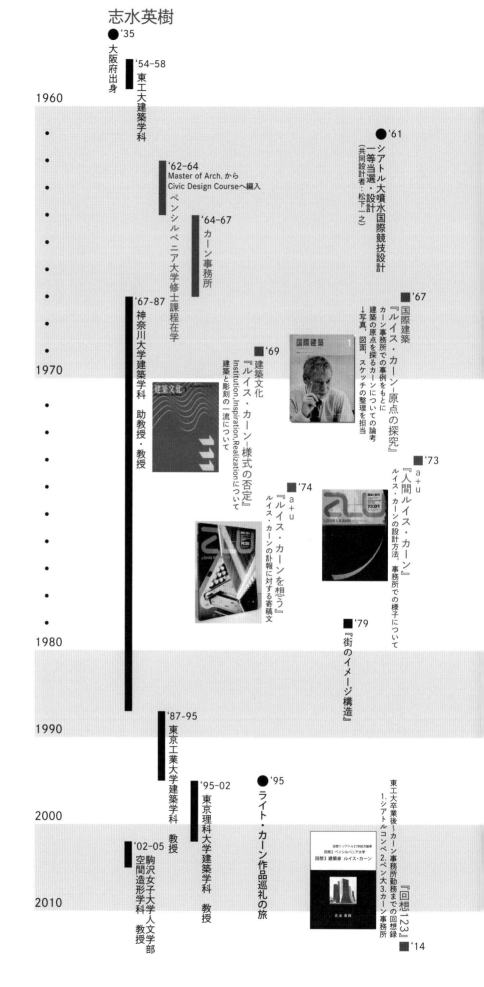

志水英樹

● '35
大阪府出身

'54-58
東工大建築学科

'62-64
Master of Arch. から
Civic Design Courseへ編入
ペンシルベニア大学修士課程在学

'64-67
カーン事務所

'67-87
神奈川大学建築学科　助教授・教授

● '61
シアトル大噴水国際競技設計
一等当選・設計
（共同設計者：松下一之）

'67
国際建築
『ルイス・カーン―原点の探究』
カーン事務所での事例をもとに
建築の原点を探るカーンについての論考
→写真、図面、スケッチの整理を担当

'69
建築文化
『ルイス・カーン―様式の否定』
Institution, Inspiration, Realizationについて
建築と彫刻の一流について

'73
a+u
『人間 ルイス・カーン』
ルイス・カーンの設計方法、事務所での様子について

'74
a+u
『ルイス・カーンを想う』
ルイス・カーンの訃報に対する寄稿文

'79
『街のイメージ構造』

'87-95
東京工業大学建築学科　教授

'95-02
東京理科大学建築学科　教授

'02-05
駒沢女子大学人文学部
空間造形学科　教授

● '95
ライト・カーン作品巡礼の旅

東工大卒業後〜カーン事務所勤務までの回想録
1.シアトルコンペ 2.ペン大 3.カーン事務所
『回想123』

'14

1960
1970
1980
1990
2000
2010
2020

凡例：

● ━━ 経歴

■ 　著書

（カーンと関連するもの）
▨ 志水英樹
▨ 工藤国雄

工藤国雄

- ● '38 北海道出身
- '59-63 東工大建築学科
- '63-69 東工大社会工学科都市計画研究室（石原舜介）
- '68 『計画論』
- '69 ペンシルベニア大学地域科学科
- ● '70 工学博士
- '70-71 カーン事務所
- ● '71 渡欧
- ● '72 東工大社会工学科助手
- '72-81 名古屋工業大学建築学科助教授
- '73- 多摩美術大学講師
- ■ '72 『方法の美学』

■ '75 『私のルイス・カーン』
カーン事務所での回想録。事務所で携わった仕事を順に、事務所での様子や設計過程が書かれている。

- '77-78 ブラウン大学客員助教授

■ '80 『ルイス・カーン論』
カーンの思想や作品についての理論書。言説と作品を再読し、建築家としてのカーンを読み解いている。

■ '81 『講座—ルイス・カーン』
カーンについての講演録。カーンの作品や理論から事務所での様子、スケッチまで幅広く語られている。

- ● '82 ニューヨーク移住
- '84-16 コロンビア大学
- 「工藤国雄が語るルイス・カーンの三つの美術館」ワタリウム美術館
- ● '19

ルイス・カーン建築設計事務所

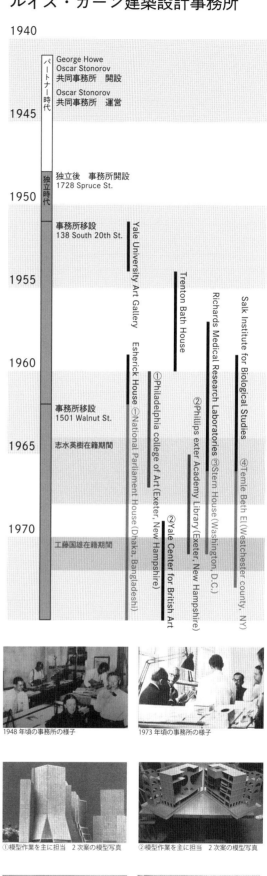

1940 — 1945 — 1950 — 1955 — 1960 — 1965 — 1970

パートナー時代
George Howe
Oscar Stonorov
共同事務所 開設

Oscar Stonorov
共同事務所 運営

独立時代
独立後 事務所開設
1728 Spruce St.

事務所移設
138 South 20th St.

事務所移設
1501 Walnut St.

志水英樹在籍期間

工藤国雄在籍期間

- Yale University Art Gallery
- Trenton Bath House
- Richards Medical Research Laboratories
- Salk Institute for Biological Studies
- Esherick House
- ①Philadelphia college of Art(Exeter, New Hampshire)
- ①National Parliament House(Dhaka, Bangladesh)
- ②Phillips exeter Academy Library(Exeter, New Hampshire)
- ③Stern House(Washington, D.C.)
- ④Temle Beth El(Westchester county, NY)
- ②Yale Center for British Art

1948 年頃の事務所の様子

1973 年頃の事務所の様子

①模型作業を主に担当　2次案の模型写真

②模型作業を主に担当　2次案の模型写真

①広場照明のデザインを担当　写真はそのスケッチ

③南側立面のデザインを担当　写真はその図面

香山壽夫
KOHYAMA Hisao

1937	東京都生まれ
1960	東京大学工学部建築学科卒業
1965	ペンシルベニア大学美術学部大学院修了
1968-71	九州芸術工科大学助教授
1971-86	東京大学助教授
1971	香山アトリエ（現 香山建築研究所）設立
1975-1976	イエール大学美術史学科客員研究員
1982	ペンシルベニア大学客員教授
1986	工学博士（東京大学）
1986-97	東京大学教授
1997-	東京大学名誉教授
1997-	明治大学、放送大学、聖学院大学にて 教職歴任

主な著書
1994	『建築家のドローイング』（東京大学出版会）
1996	『建築意匠講義』（東京大学出版会）
2003	『ルイス・カーンとはだれか』（王国社）
2007	『建築家の講義 ルイス・カーン』（丸善）
2010	『建築を愛する人の十二章』（左右社）

藤本壮介
FUJIMOTO Sou

1971	北海道生まれ
1994	東京大学工学部建築学科卒業
2000	藤本壮介建築設計事務所設立
2009-12	東京大学特任准教授

主な作品
2006	情緒障害児短期治療施設
2008	House N
2010	武蔵野美術大学美術館・図書館
2013	サーペンタイン・ギャラリー・パビリオン

主な著書
2008	『原初的な未来の建築』（INAX 出版）
2010	『建築が生まれるとき』（王国社）
2015	『Sou Fujimoto Architecture Works 1995-2015』（TOTO 出版）

LOUIS I. KAHN
LECTURE SERIES

ルイス・カーン研究連続講演会

講演日：2022 年 10 月 6 日
会場：東京工業大学
百年記念館フェライトホール

02

問いかけ、思索する
教育者カーン

Kahn, an Educator of Question and Contemplation

香山壽夫×藤本壮介

KOHYAMA Hisao, FUJIMOTO Sou

講演会概要

　第２回では、ペンシルベニア大学でカーンに師事し事務所でのアルバイトも経験された香山壽夫氏と、東京大学で香山氏の薫陶を受けられた藤本壮介氏にご登壇いただき、「教育」という切り口でカーンの「霊気」に迫った。

　第１部では、香山氏より当時見聞きされたカーンの教育についてお話しいただいた。渡米を決意された経緯や、フィラデルフィアまでの道行きが紹介されたのち、カーンが初回授業で学生達に向け発した第一声 "What is your question?" を軸に、カーンが教育を通じて問うた３つのテーマが振り返られた。それら全ての根源として香山氏が力を込めて語られたのが "What was has always been, what is has always been, what will be has always been" ということばについてである。人間が常に大きな伝統の中で生きていることを表すというこの一節を緒に、歴史を現代にも生きるものとして扱うカーンの教えが提示された。第２部では、藤本氏から香山氏へご質問いただくかたちで対談がなされた。冒頭には、学生との対話を入口として自らの思念に入り込み語り続けるカーンの様子や、授業を修道士の聖務日課に譬えたというエピソードが語られ、教育者カーンの姿が、さらに具体的に描き出された。その後話題はカーンの時間観や自然観にまで広がり、それらにまつわる「問い」が教室や事務所において発見され、他者との問答の中で深められながら創作へと向かう過程が垣間見えた。

　全体を通して、カーンその人が現れたかのような香山氏の語りによってカーンの教えが甦り、それがまさに設計の第一線を走りながら教育にも携わられる藤本氏の手を介し聴衆へと届けられるような会となった。そこで語られたのは、限りない愛着をもって建築や人間に向き合う「教育者」カーンの姿である。建築の面白さや作る歓びの根本が込められた美しいことばの数々に、時代性を超越し伝えられるカーンの「霊気」をみた。

In the second lecture, Hisao Kohyama, who studied under Kahn at the University of Pennsylvania and also worked part-time in the office from 1964, and Sou Fujimoto, who studied under Prof. Kohyama at the University of Tokyo from 1992, focused on Kahn's "aura" through the lens of education.

In the first part, Prof. Kohyama made a presentation on what he saw and heard at that time. After introducing the background of his decision to come to the U.S. and his journey to Philadelphia, Prof. Kohyama reflected on the three themes that Kahn pursued through his education, centering on the first question he asked his students in his first class, "What is your question?" As the root of all three themes, Prof. Kohyama emphasized the words from Kahn "What has always been, what is has always been, what will always be has always been." With this quote, Kahn's lesson of treating history as alive in the present day was clearly demonstrated.

In the second part, Mr. Fujimoto asked questions to Prof. Kohyama. At the beginning of the discussion, Prof. Kohyama described how Kahn used the dialogues with students as an entry point to talk with himself about his own thoughts, and how he compared his classes to officio, monks' daily routines in monasteries. The topic then expanded to Kahn's views on time and nature, which let the audiences glimpse the process of discovering such "questions" in the classroom and office, and deepening toward the architectural creation.

Throughout the entire event, Prof. Kohyama's narrative brought Kahn's teachings back to life, as if Kahn himself had appeared, and they were delivered to the audience through the hands of Mr. Fujimoto. What emerged in front of us was the portrait of Kahn as an educator who embraces architecture and human beings with boundless affection. In his beautiful words, filled with the fun of architecture and the joy of creation, one could see Kahn's "aura" that transcends the eras and is passed on over generations.

Fig.01　講演における 1 枚目のスライド "What is your question ？ "

講演 - 香山壽夫

What is your question?

このような機会を与えていただいて大変光栄に思っています。ありがとうございます。この企画に際し、東工大の大学院生の方々にカーンと僕の経歴を並べた年表も作っていただいて、改めて自分の歩んできた道まで振り返ることになりました。今日お話しする内容は、もう既に 60 年ほど前のことになります。僕が子どものとき 60 年前の話をおじいさんに聞けばほとんど江戸時代の話でしたから、若い方にとっては江戸時代の話のように感じられるかもしれません。確かに遠い昔のことではありますが、しかし僕にとってはつい昨日のことのようでもあるのです。

あのときから今日までずっと、建築というひとつの道をとぼとぼと歩いてきました。60 年も歩いていれば、その間、自分なりに考えたこともあるし、カーンについての本も多く出ておりますが、今日はそういうことからはできるだけ離れて、僕がそのときカーンのもとで直接見たこと、聞いたことに即してお話ししたい。一体僕は何を見、また聞いたのか。そのことをどう話そうかと考えて、最初に持ってきたのは、カーンのなつかしい横顔と、ひとつのことば [Fig.01]。"What is your question ？ "これは、ルイ・カーンが僕達のクラスの 17 人に向かって最初に発したことばです。本にも書いたことがありますが、僕はこれを聞いたとき、何も喋らないうちに「質問あるか？」とは何てことだとびっくりした。しかし、それは当時の僕の英語力の浅さゆえで、その意味は「君達の心の中にある問いは何か？」ということなんですね。日本語でいう質問も Question ですが、ここでは問いかけということです。ですから、今日僕はこのことばをカーンに返したい。すなわち、あのときあれほど無我夢中で喋っていたカーンが心の中で問うていたのは、一体、何であったのかということを、思い返してみたいと思うのです。

カーンとの出会い

リチャーズ医学研究棟の衝撃

次に見ていただくのは、僕がアメリカに渡る 1 年ちょっと前に雑誌 "Zodiac" で見て、人生が変わるほどの衝撃を受けた、リチャーズ医学研究棟の写真です [Fig.02]。もちろんこれはカーンを有名にした作品ですから、多くの方が同じようにショックを受けていたと思います。ですが、ここでは、私にとってその衝撃とは何であったのか、を喋らせていただきます。それは当時僕の心にあった Question ゆえのことでした。

いうまでもなく、当時僕達の世代の建築学生の前にあった巨大な存在は丹下健三です。そして前川國男が、さらにそれを通してル・コルビュジエがあった。ですから、僕達にとってル・コルビュジエは先生で、常に彼の全集を見ながら作品を作ったものでした。ただ、そうやって修士課程を出てから、一応博士課程には進んでいた頃、私は自分の進む道が分からなくなって、どうしようかと思うようになっていた。ル・コルビュジエがすごくないってことではない。ただ、ああいう作品に満足できない自分ができていた。丹下先生にも可愛がっていただいて、あの美しい自邸にも何遍も伺ったことがあります。けれども、その家で自分の時間を過ごすことができるかと自分に問うと、そうはできないとはっきり分かった。だから、そういう中で建築を続けるわけにはいかないということで、建築の歴史をやるか、あるいは、ときには坊主になろうかとも思って、京都のお寺に部屋をもらってずっと籠もったりもしていました。そんなときに、これ(リチャーズ医学研究棟)が現れた。

この建物がなぜ凄かったか、これにはいろんな説明があり得るでしょう。例えば、コルビュジエの建物は大地から離れて宙に浮いた。丹下さんもそのようにして建物を浮かせた。ところが、この建築は違う。大地から生えてくるように、あるいはむしろ大地の一部であるかのようである。建築がそういうものでもありうるということは、僕にとっ

て力強い新しい方向が与えられたように思えた。

　同じように、カーンの描くドローイングにも衝撃を受けた。これも先ほどの写真と同じく雑誌 "Progressive Architecture" に載った、その頃に設計中だったロチェスターのユニテリアン教会の立面図です [Fig.03]。いまお見せしているのは、後にペン大に所蔵されている現物を自分で撮り直したものなので、トレーシングペーパーの皺などの微妙なところが分かるでしょう。これも、皆よく知っているコルビュジエのドローイングとはまったく違う。丁寧に鉛筆でこするようにして、抱きかかえるように建築を描いている。当時、偉い建築家のドローイングといえば、力強い線と色でガガーッと描いたようなものが多くて、卒業設計でもそんなふうにしないと認められないと思っていたくらいでしたから、鉛筆で地道に描くなんて考えられなかった。

　「リチャーズ」より前に、まだ無名だったカーンが、ていねいに設計したイェール・アートギャラリーのドローイングも、建築の表面を愛撫するかのように描かれています。現代建築家がこういうドローイングを描くなど当時の私には思いもよらないことで、そういう建築の見方、捉え方があることに驚いた。僕は小さいときからデッサンが好きでよく描いていましたので、そういう方法でも現代建築が描けるというのは僕にひとつの新しい、そして確かな道を拓いてくれた。そういうことならやってみるかということでペン大の大学院に手紙を出して、幸いにも奨学金をもらってアメリカに行けることになったというわけです。

アメリカに生きる古い生活と建築

　貧乏旅行でカリフォルニアまで飛んで、そこから Grey Hound の 99 日間 99 ドル乗り降り自由というバスの切符で、ひと月半かけて東海岸にあるフィラデルフィアまで行きました。その途中に寄ったサン・フランシスコも、ロサンゼルスも、シカゴも、それからオクラホマのライトの建築も、もちろんみんな驚きでしたが、僕にとっての一番の驚きは、アリゾナやニュー・メキシコで見た先住民の古

い生活や建築でした。アメリカにはこういうものがただ保存されているだけではなく、そのまま生きているんですね [Fig.04]。そのことの方が、摩天楼を見るより僕には驚きだった。99 日間どこで降りてもタダですから、他にも途中の小さな町でスケッチをしたり、プエブロの日干し煉瓦の家の前に座り込んで水彩画を描いたりしました [Fig.05]。僕にとっては、こうしたことがフィラデルフィアのカーンのもとへ行く前の大きな予備的勉強になりました。

伝統と調和するカーンの建築

　ということでフィラデルフィアに着いて、もちろん最初に跳んで行ったのがこのリチャーズ医学研究棟です [Fig.06]。確かに鋭い、現代的な力に満ちた建築です。しかし、右側に写っているペンシルベニア大学のドーミトリー、すなわち 19 世紀につくられたカレッジ・ゴシックの建物と、実に見事に調和している。それは素材においてだけじゃありませんね。建物を分節するアーティキュレーション、それから垂直に繰り返されるリズムといったものが連続している。これは写真で見たときには分からなかったことです。

　現代建築において古くからある建築と調和することが価値になるなんて、僕はそれまで夢にも思わなかった。現代建築は全て伝統を否定するものである、回りにあるものを踏みにじって立つのが現代建築であると、コルビュジエにかぶれてる頃はそう思っていましたからね。コルビュジエというのは伝統やボザールは敵であると死ぬまで言い続けた人で、そのことばを聞いて育ってきた私には、そうではない現代建築があり得ることに驚愕した。リチャーズを前にしての僕の最初の感動はそこにありました。

Fig.02　リチャーズ医学研究棟

Fig.03　ユニテリアン教会 立面スタディ

Fig.04　プエブロの集落（タオス，ニューメキシコ州，アメリカ合衆国）

Fig.05　プエブロの日干し煉瓦の
　　　　家（水彩，1964年）

いま語り継がれるカーンの霊気

Fig.06　リチャーズ医学研究棟（左）とカレッジの学生寮（右）　　　　Fig.07　ファーネス・ビルディング

カーンによる授業

　これはファーネス・ビルディングと呼ばれる、ペンシルベニア大学美術学部の建物です［Fig.07］。19世紀の奇才フランク・ファーネス（Frank Furness; 1839-1912）が設計して、一時は悪趣味と扱われ嫌われもした、ディテールの強烈なゴシック復興様式です。左手のちょっと膨らんだところが美術学部図書館の書庫になっていて、古いボザールの本がびっしり入っている。カーンのスタジオはその上にあって、二層吹抜で上から光が差し込んでくる、そういう空間です。

　カーンによる最初の授業も、秋の日、その部屋で始まった。これは私の撮った写真ではありませんが、まさにこういうかたちで教師と学生とがテーブルを取り囲んで座りました［Fig.08］。カーンの右隣にいるのが構造のロバート・レ・リュコレ（Robert Le Ricolais）です。左隣にいるのがカーンが10歳の頃からの友達のノーマン・ライス（Norman Rice）で、いつもカーンの側に座って僕達のスタジオのチューターをやっていた。日本の大学でもアメリカの大学でも、先生は学生の机を次々まわって、朱を入れたり、「こうしたらいいだろう」と指導したりするのが普通だったと思いますし、今でもそれが普通でしょうが、カーンはそういうことはしないんですね。こんなふうに座って紙を前に置いて喋る、初日から、そしてそれ以降も常にそうでした。

　しかも驚きは、先に一寸言いましたが、カーンが座り、僕達も座った後、カーンが放った第一声です。なんと彼は最初に"What is your question ？"と言ったのです。ふつう質問は授業の終わりにすることだろう、それを何も言わないうちに求めるとはどういうわけか、それはそういうふうに受け取った僕の英語力が未熟だった。彼は「君達は何を問題だと思ってここに来てるんだ？」「君達の心にある問いはなんだ？」と訊いたわけですね。もちろん最初は誰も何も言えなかった。それから次にカーンが言ったのが、"A good question is always greater than a good answer"。どうも彼はこのことばが好きで、いろんな言い方で何遍

も言ってるらしい。"...... greater than the most brilliant answer"という記録もあります。いずれにしても、僕はこれを聞いて心底素晴らしい教師だなと思った。つまり、問いを立てることが大切なんだ、その問いを立てなければここに来たって何もしようがないと言うことでしょう。問いを立てることに素晴らしさがあるのであって、洒落た答えを出すことにはあまり価値はないということでしょう。前回お話しされた志水英樹さん（第1回登壇）もどこかに書かれていましたが、実際、カーンはただ綺麗に描かれただけの図面を好まないんですね。スタジオの終りにカーンと先生達が学生の作品を前にして講評会をやりますが、このような教え方もそれまで日本では知らなかった。ここに写っているしょぼくれた自信のなさそうなのが、講評会に向かうその頃の僕であります［Fig.09］。こういうかたちで次々出ていって作品の説明をすると、カーンはだいたい肯定的に評価していたと思います。

　カーンの授業はそのように進んでいきました。今日は、その中でカーンが僕達に語ったことを、いくつかの大きなテーマに分けてお話しします。

カーンの問い

Light is ...... ?

　最初にお話ししたいのは、彼がとりわけ明快に僕達に示した光の問題です。"Light is ......"光とは何か。これは当時カーン自身が熱中していたテーマでもあります。

　カーンは、1950年の終わり頃にアメリカ政府の研究生としてローマにいった際、ほとんど絵を描いてばかりいます。これはそのときの絵のひとつで本にもよく載っているもので［Fig.10］、パステルでいきおいよく描かれた達者なもので、逆光で柱はちょっと暗く塗られています。

　彼はスタジオでも黒板に同じような絵を描いた。そしてそのとき何と言ったか。"The Greek architecture told me that the column is where light is not, and the space between

Fig.08　カーンのスタジオ授業風景

Fig.09　カーンのスタジオ講評会 1965 年（右から 2 人目が香山氏）

Fig.10　アテネのパルテノン神殿内部のスケッチ
ルイス・カーン, 1951 年

is where light is." ギリシャ建築が教えてくれるのは、柱とは光がないところ、柱の間のスペースとは光があるところということだ。そんなギリシャ建築の解釈を、僕はもちろん聞いたことがなかった。ギリシャの建築が素晴らしいということは、勿論それまでも色々な本で読んだし、建築史の先生からも聞きました。しかし、そこでいわれていたのは、柱やエンタブラチュア、細部の比例、あるいは、光が落とす影についてです。それらこそが古典主義でテーマとされた素晴らしいところだと聞いてきましたが、彼の解釈は違う。

　そして、続けてこう言います。"It is a matter of no light, light, no light, light." 問題は、光、光のないところ、光、光のないところ。このリズム、これがギリシャ建築の一番面白いことなんだということです。したがって、柱とは何かというと、"The column brings light between them." 柱っていうのは、柱と柱の間に光を持ち込むものだということです。そんな柱の解釈を僕はもちろんそれまで聞いたことがなかったし、おそらく誰も言ったことはない。

　さらに続けて、このようなことを黒板に描いた［Fig.11］。"Structure gives light makes space." これはカーンが得意とする言い方で、1 つの文を言ってから、その文をそのまま主語にしてまた文をつくります。したがってこの文は、構造体が光を与える、そしてその光が空間をつくるのだとい

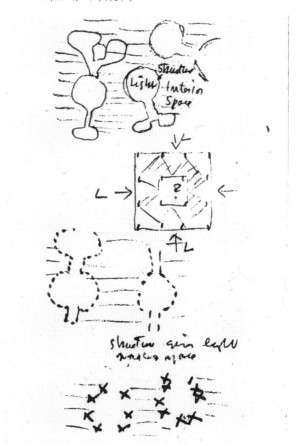

Fig.11　「光を与える要素」のスケッチ, ダッカ国会議事堂計画
ルイス・カーン, 1964 年頃

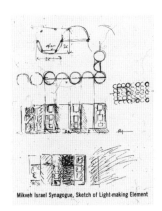

Mikveh Israel Synagogue, Sketch of Light-making Element

Fig.12 「光を与える要素」のスケッチ
ミクヴェ・ユダヤ教会計画
ルイス・カーン，1961 年頃

Fig.13 ミクヴェ・ユダヤ教会
内部スケッチ
ルイス・カーン，1964 年頃

Fig.14 エシェリック邸 正面

う意味です。ここでの構造体というのは、建築力学でいう意味での構造体というよりは、構築体、あるいは、広くモノといった方がいいかと思います。では、それはなんのためにあるか、光を与えるためだ。その光が空間をつくるんだ。この考え方に、僕は本当に目を開かれる思いがした。

それは、空間をつくる、という方法を示しているからです。建築を学び始めて2、3年経てば誰でも、建築は空間であるということは、言葉では、理解する。絵は二次元の芸術である。彫刻は三次元である。対して建築は何かというと、三次元でもあるけれども、しかしそれは空間なんだというわけです。ううん、尤もだな、と一応は思うわけですが、ではその空間というのはどうやってつくるのだという話になります。彫刻は粘土をいじってつくれるけれど、空間はそのように直接いじれない。では、どうする。ここで皆迷うわけですが、それは、構造をつくることによって、光がつくれる。光をつくることによって、空間がつくれるんだ。ああ、それならやれるか。そう思える道を示してくれたのです。

彼はそのときに取り組んでいたものを授業で見せてくれましたが、そのときもこういうスケッチを示しました [Fig.12]。これこそまさに、光を与える Structure のスタディです。この計画は実現しませんでしたが、フィラデルフィアのシナゴーグ、ユダヤ教会（Mikveh Israel Synagogue）ですね。志水さんと一緒に事務所にいた松下一之さんがこの上にのせる屋根を何年も考えていて、僕も何遍か模型を手伝いました。構造体が光の筒になっていて、その光が会衆を包む空間をつくる。これをスタディしているときのカーンのスケッチです [Fig.13]。

こうしてカーンは光に夢中になっていくわけですが、そこから、壁に光を入れる穴、すなわち開口部の問題に強く興味が開かれて、いくつものスタディを重ねます。これは私が行く一寸前にできあがっていたエシェリック邸ですが、その窓のスタディに彼は3年くらい使っているわけで、授業でも実例としてそれについて盛んに話しました [Fig.14]。フィラデルフィアの冬は日本と比べても暗いか

ら、北側の光が欲しい。それで北側は大きく開ける。だけど道に面する南側は細く、しかし、外もちらっと見たい。ですから板戸で塞いで、それを開閉でき、また風が入るようにする。寝室も同じように、大きな窓と、風を入れる窓、外の見える窓とを分けたうえで組み合わせる。というふうに、色々スタディをしていきます。

そのときにカーンが特に美しい表現で語ったのが、暖炉の後ろの西側の窓についてです。フィラデルフィアのような北の地域では、冬には深く西日が入ってくる。彼はその西日が非常に好きで、大学にいても、事務所にいても、沈む前の夕日は西の部屋に行って必ず見る、そういう習慣を持っていた人です。家でもそうだったと、娘のアレクサンドラ（Alexandra Tyng）が書いています。そんな彼が繰り返し語ったのが、「家族みんなが家に帰ってきて暖炉の前に集まる夕方、そこに差す西日を上手く取り入れなければ住宅の設計をしているとはいえない、それを楽しくつくることにこそ住宅をつくる一番の歓びがあるのだ」ということです。アメリカの家には大抵暖炉がありますが、彼はそれを西に置きます。そうすると、普通につくれば窓が開けられないわけですが、彼は煙突を壁から離して、そこに細い窓を入れた。

その話は何遍か聞いたんだけど、僕が実際にその窓を見たのはカーンが亡くなってから2年後のことです。研究員としてイェール大学に1年間いたときにどうしても見たくなって、ある冬の日にでかけて行った。これがそのときの夕日の写真です [Fig.15]。あぁ、「冬の日の日没前、家族が集まるところへ夕日が来ないような家は寂しいだろう、悲しいだろう。」とカーンが話していたのはこういうことだったのかと思った瞬間です。懐かしく、忘れがたい。そのとき、もうひとつ思い出深いのは、このときちょうどヴェンチューリとデニス・スコット・ブラウンが、たまたまここへ現れたことです。近くに彼の母の家（Vanna Venturi House）があるんですね。なんだなんだと訊けば、彼も実は夕日を見たくて来たと。そんなこともあって、とりわけ懐かしく思う写真です。

Fig.15　エシェリック邸, 暖炉
　　　　の窓から見える夕日

Fig.16　ルワンダ・アメリカ領事館計画案 模型

カーンはこういう窓のスタディをエシュリック邸以前の別の建物でも繰り返しやっています。ただし、その時期に彼の設計した建物は本当に少ない。その1つが、郊外の小さな新聞社の社屋（Tribune Review Press）です。アメリカの工場建築などで一般的な、コンクリートブロックを積む安物の建物ですね。そのブロックの積み方の細かいディテールの図面をカーンは何十枚と自分で描いていて、それらが今ペン大のアーカイブに残っています。この建物でも、彼は窓のかたちにとりわけ力を注いだ。中から見ると、プレキャストのジョイストスラブを載せているだけですが、長手側の壁との間を窓にして、短手側には外が見える大きい窓をつくっている。その大きさやかたちについて、彼がどれほどたくさんスタディしているか、驚嘆します。

もう1つ、光についてカーンが僕達に語ったことをお話しします。1950年代の終わりだと思いますが、カーンはアフリカ中央部の街ルワンダに置く領事館（United States Consulate in Luwanda）の設計を頼まれます。実現はしませんでしたが、これはその計画案です［Fig.16］。

彼はそのときの経験が余程大きなことだったようで、何遍かそれを僕達に話しました。「赤道直下の日差しはものすごく強くて目が眩む。しかし、原住民の建物を見るとよくできている。彼らは、屋根の上にもう一枚日差しを遮る屋根を置き、窓の前にもう一枚日差しを遮る壁を置いているんだ。だから、自分も窓の前にもう一枚日差し、Glareを防ぐ壁、Glare Wallを置くのだ」と。そのときの、情熱的な語り口が忘れられない。内側にあるのが近代建築のガラスの壁だと彼は言いましたが、その前にもう一枚壁を置く。同じように、近代建築のフラットルーフの上に日差しを防ぐ屋根を置く。中でも、カーンは外側の窓のスタディをいくつもいくつもしています。彼はその問題に強く興味を持っていたのだと思います。そして、授業ではこういうことを黒板に書いた［Fig.18］。よく考えてみれば結局壁というものは、必ず二重になる。したがって、空間は必ず内側の壁と外側の壁によって囲まれる。このことはGlareの問題からも導き出される。構造体は二重の壁の接点になるが、必ずしもそうでなくともいいかもしれない。同じこ

Fig.17　講演の様子（画面手前に香山氏, 最前列左から4席目に藤本氏）

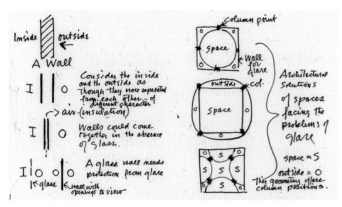

Fig.18　日除け壁についてのスタディ・スケッチ, ルイス・カーン, 1960年

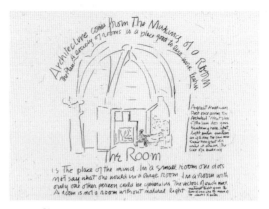

Fig.20　「部屋について」カーンの考えのスケッチ, 1971年

Fig.19　エクセター・アカデミー図書館 閲覧室の窓辺

とを後に彼は他のところでも語っていますし、ヴェンチューリも同じことを繰り返し言っていて、この問題は、彼ら共通のテーマだったのです。その頃やっていたソークのミーティングハウスの設計案でも同じ問題を考えています。ここでは、彼自身は、ローマで学んだ「廃墟の壁」を置くんだという言い方もしていますが、これも Glare を防ぐ壁のスタディからの展開です。

　志水さんが基本設計の終わり頃までずっと担当されていたエクセターでも、カーンは、本を包む建物をもう1つの壁で包んだ。その2つの壁の間にできるスペースが、読書に一番素晴らしい空間となるという考えです［Fig.19］。そして、外側の壁には、光が入る大きな窓とひとりひとりの机の横に開く小さな窓をつくりました。この小さな窓をちょっと開けるだけのことにどれだけ大きな建築の歓びがあるか、どれだけ自分が熱中しているか、彼はそんなことについて半日近く喋り続けたこともあった。彼はまことに、全身全霊で建築を愛していたんですね。

　だからこそ、建築の図を描くときにも、生まれたての子どもを親が抱きかかえるように、大切に、そうっと描く。それは事務所でも僕達の前でもいつも同じでした。僕はそれまで、偉い建築家や芸術家というのはジャジャーッと線を描くものであって、しょぼしょぼ描くなんていうのは、絵の場合でも習字の場合でも、もっと大胆にやれ、と先生に怒られるようなことだと思っていた。だから、カーンの描く姿を見たとき、最初はなんだこのうじうじした描き方はと思ったくらいでしたが、それからはもう乱暴に描くものではないと、思うようになりました。エクセターには僕も後に何遍か行きましたが、窓際に座るときの歓びといったらない。図書館をつくるとは、本を読む歓びをつくることだ。そのために、彼がどれだけの熱意を燃やしたか。

　光のことを話すときりがありませんが、ちょうどそのと

き最終的な段階まで進んでいたキンベル美術館も欠かすことはできない。これはいろいろな特徴を持つ最高傑作の1つですから、語るべきことは多々ありますが、ここでもカーンにとっては光が大テーマだった。ヴォールトの一番大切なところである頂部を切ることについて構造家のオーギュスト・コマンダン（August E. Komendant）と喧嘩した話がよく知られていますが、その隙間から差し込んだ光が落ちながら反射することによって、コンクリートの壁がなんともいえない不思議な銀色に輝く。当時カーンはそのためにどんな曲線を使うべきか考えているときで、そのことについて彼が語ったことばの数々を僕は忘れることができません。

Room is …… ?

　次のもう1つの問題、それが Room です。僕の理解する限り、60年代の彼の考えの中心にはこれがありました。"Room is ……"、部屋とは何か。

　それまでカーンに注目していた人達は、彼を哲学的な人物として理解し、あるいは語ることが常でした。日本では、菊竹さんや黒川さんをはじめ、そういう理解で興味を持った人が多い。というのも当時彼を有名にしたのが、"Order is" という文章でも知られる Order ということば、それに続き Form も本や雑誌にたびたび登場していました。しかし、1964年に授業を聞いていて、僕はそういう抽象的なことばをカーンの口から聞いたことがない。設計の仕事が増えるにつれて、それらと繋がる具体的な方にのめり込んでいっていたのか、いやもともと具体的だったのか。

　Room は具体的なことです。部屋です。この英単語は古いゲルマンのことばで空間を表す Raum から来ていますから、その意味としては空間が近いといっていいでしょう。これは彼が後に描いたものですが、彼がこのことばに

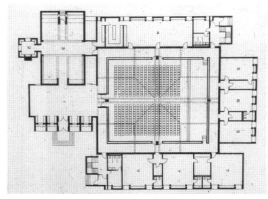

Fig.22 ロチェスターのユニテリアン教会 平面図

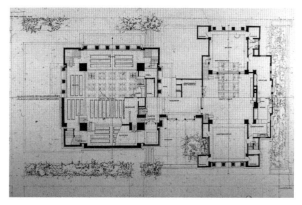

Fig.23 F. L. ライトのユニテリアン教会 平面図, 1906年, オーク・パーク

込めた意味の大切さがとてもよく表れています [Fig.20]。 "Architecture comes from the making of a room." 建築っていうものは部屋をつくることから生じるんだ、ということです。 "The plans are society of rooms, is a place good to live, learn, work." 建築の平面というのは部屋の社会である。こういう考え方です。

具体的にいえば、部屋をどうつくりどう繋ぐか、それが、建築の平面であり、建築をつくる基本だということです。そういってしまうと当たり前だと思われるかもしれませんが、その前にはコルビュジエが「自由なる平面」といって、平面をあまり規制せず、むしろ自由にしてこそ近代建築であるという主張もあったわけです。あるいは、空間を相互貫入させて部屋の境界を曖昧にする。今の日本にもこういう作り方をする建築家が多くいますが、カーンはそれを真っ向から否定したんですね。当時の僕のクラスにもイリノイ工科大学で修行してきた学生がいて、どうしても部屋が相互貫入するようになってしまう。イリノイで本当によく教育されてきたようで、どうやってもミースの建物のようになるわけです。カーンはそれを見るといつも悲しそうな顔をして、「人間はそういう空間で本当に憩うことができるのか。建築は人間を包む部屋として、しっかり確定（define）しなくちゃだめだ。それが後々変えられることはありうるとしても、初めからそれに任せてプランを自由にするなんていうのは建築家の仕事ではない。」と。これも僕にはすごく新鮮に響いた。

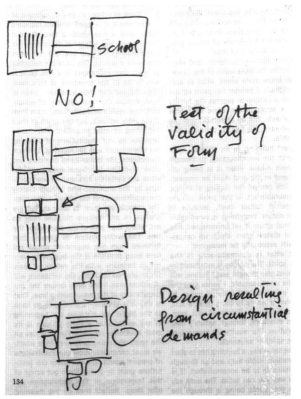

Fig.21 ロチェスターのユニテリアン教会 平面スケッチ

このRoomについて、以降もカーンはいろんなことを書いています。その中の1つが、60年代の初めに描かれたロチェスターのユニテリアン教会の平面のドローイングです [Fig.21]。これは、ちょうど設計が終わったところだったので、僕達にも例としてよく示されました。ご存知の方もいると思いますが、ユニテリアンというのは聖書のみを教義とするプロテスタントの一派ですね。ですから、聖書の勉強をすることが非常に重要で、そのための学校を持ちます。普通、彼らの教会では学校と教会堂が横並びに置かれる。しかし彼は、なぜその学校が教会堂とともに置かれるのかということから問う。そして、この部屋は本当にここにあっていいですか、ミーティングハウスは実はお祈りする部屋の近くにあった方がいいんじゃないですか、と問うていくと、学校の部屋がひとつずつ教会堂の方へ移っていく。すると最終的に、教会堂を学校が囲むような平面になる [Fig.22]。教会の信徒たちとの議論の中で、建築家が実際につくっていく過程がこのような図で示されたわけです。よく知られたオーク・パークのユニテリアン教会 [Fig.23]。これはライトの傑作の1つですが、カーンの言う、これまでの平面の例です。並べて見ると、カーンの言う Society of rooms がプランのもとになるということがよく分かる例で、僕には非常に大きなレッスンになった。

実はカーンは、1960年代以前の無名の時代から、このRoomを作るというのをしつこく考えていました。それが分かるのが、フィラデルフィ

Fig.24 トレントン・バスハウス 計画案の模型

アから川を挟んだニュージャージーのトレントンにある、ユダヤ人コミュニティセンターのバスハウスです。プールに入る前後にシャワーを浴びたり着替えたりするところです。その計画案をみると、基本的な部屋は呆れるほどの繰り返しでつくられています[Fig.24]。この頃アメリカのユダヤ人は、まだヨーロッパに居た昔と同じように自分達だけの住区をつくって暮らしていました。ですからトレントン全体のコミュニティセンターとして、非常に大きなものを計画していた。ちょっとしつこすぎるんじゃないかとい

う感じがするほど、同じ部屋の単位の繰り返しでつくろうとしている。住宅でも似たようなものがある。デヴォア・ハウスでは部屋を完結した単位として作ってそれを繋ぐというルールを強引に貫こうとしています。このときはアン・ティンという、幾何学的なかたちの操作をとりわけ好んだ人と協働したことも影響していると思います。

そして、フィラデルフィア郊外にあるアメリカの名門女子大学、ブリンモアカレッジ学生寮の設計こそ Room と Society of rooms の考え方の良い例です。僕達がいたとき

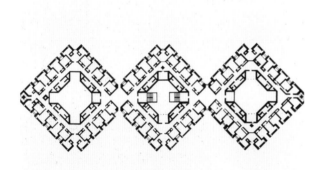

Fig.25 ブリンモアカレッジ学生寮 平面図

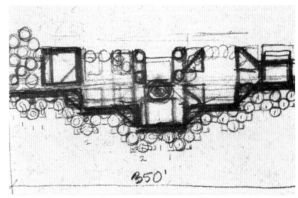

Fig.26 ブリンモアカレッジ学生寮 初期案のスケッチ

Fig.27 ブリンモアカレッジ学生寮
中央ホール 工事中写真

Fig.28 ブリンモアカレッジ学生寮 居室内部

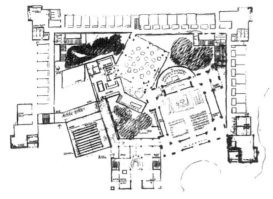

Fig.29　ドミニコ会女子修道院 平面スタディ・スケッチ
ルイス・カーン, 1968 年 4 月頃

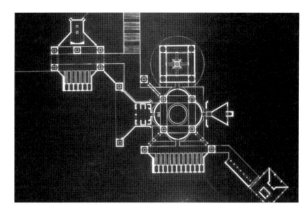

Fig.30　ペン大カーン・スタジオの学生（John North）の作品

にちょうど設計が終わり工事に入っていて、僕も何遍も現場に行きました。これについてもカーンは何度も熱心に語りました。最終的なプランはカーンらしい平面で、中央に食堂、ラウンジ、ライブラリーがあり、それを居室が取り囲んでいる［Fig.25］。非常に幾何学的で固いものに見えますが、実際に訪れるとそういう印象は一切ないんですね。斜面に沿って流れ落ちる実に自然な空間だということに驚きます。これに至るまでにも彼は自分の中での議論を繰り返し、いくつものプランを作っています。その全部を追うことはできませんが、最初は共用の部屋を並べてそれに個室を沿わせた［Fig.26］。普通にエスキスをやれば、始めは誰でもだいたいこうなるんじゃないですかね。同じような内容の課題を出された僕達も、初めはやはりこういうプランを作った。すると、「君達、なぜ学生は学寮に住むんだろう。それは共同住宅とは違うはずだ。大学に来てともに住むのは絶対に大切な何かがあるからだ。それをかたちにしないでどうしよう。」というようなことを言いました。そんな議論を何遍もしたのを覚えています。これは工事中の写真ですが、ラウンジになるところに光が落ちてきています［Fig.27］。これが回りを取り囲む個室の間にあるワーキングスペースのようなところです［Fig.28］。こういうものを例に語られる Room と Society of rooms の話は、僕達にとって、まことに刺激的だった。

もう 1 つ、同じような例が、やはりその当時取り組んでいた、ドミニコ会女子修道院の計画案です［Fig.29］。彼はこれにもとても強い興味を持って取り組んだ。ものすごくたくさんのスタディをしています。これも実現しませんでしたが、最終的なプランはほぼこのようなかたちだったと思います。修道院にはいくつかの決定的な機能を持った部屋があって、伝統的な修道院ではとりわけそれがはっきりしています。一番大きい部屋が礼拝堂で、それに続いて食堂と台所があります。外側に並ぶ個室、セルのうち半分が個人の修道女の住む部屋で、もう半分は客室でしょう。修道女は食事が終わってから礼拝に行きますから、食堂を通って礼拝堂に入れるように、お客さんは別の入口から直接入れるようにする。ヨーロッパの修道院では 5 世紀にベネディクトがつくった戒律が今も基本になっていて、それを守るための部屋がきちっと定められています。カーンは、それらの部屋をそれら自身が最も望むかたちで繋ぐとどうなるか、というスタディを繰り返したわけですね。

カーンは僕達の翌年のクラスに、この修道院の問題を出しました。ちょうど半期遅れて入った友達がたくさん受けていましたので、僕もその様子をよく覗いていました。この案はとりわけよくできたジョン・ノースというイギリス人の作品で、カーンが絶賛したものです［Fig.30］。カーンが言うように、部屋の単位をきちっとつ作り、それが望むかたちで繋ぐという設計になっていると思います。この図面は彼本人の了解を取って、昔書いた僕の本にも載せたものです。

Wants to be …… ?

それから 3 つ目の問い、"Whants to be ……" 何にならんと欲するか。これもカーンのよく知られたことばです。特に材料や素材の問題を扱っているときに、彼が繰り返し語ったことばです。

例えばこうです。ちょうどその頃、彼はインドで建物を作っていてよく現地に行っていました。そして、インドの煉瓦というものに強く惹かれていた。何遍もその話を聞きました。彼が言うには、それはアメリカのものと違い、でこぼこしてかたちも不揃いで、それをどう使うか考えるのがむしろ面白いんだと。彼はそうやって、モノをいじったり、モノがなりたがっている姿をかたちにしていくことに歓びを持った人でした。それは観念的な哲学者というよりも職人に近いものでした。これも彼が何遍も言っている有名なことばですが、"If you ask brick what it wants to be" 何になりたいかと煉瓦に聞けば、彼はこう言うだろう。"Well, I wanna be arch." 煉瓦はアーチになりたがっている。僕の目の前には、こういう手付きで話した彼の姿が浮かびます。

Fig.31　インド経営大学 煉瓦の壁の開口部

Fig.32　エクセター・アカデミー図書館の開口部

　これはちょうどそのときやっていたインド経営大学のアーチです [Fig.31]。アーチはどうしても裾のところで開くから、そこにテンションのメンバーが要る。彼はそれをかたちにするといいんだと言って、コンクリートブロックのバーを入れた。これについても、いろいろな図を描いて夢中で示したのがまざまざと目に浮かぶ。それが当時の東パキスタンでの計画で次々とかたちになって現れた。

　エクセターの外壁も煉瓦です [Fig.32]。よく見てください。積み上がった煉瓦の壁が上にいくにしたがって細くなっていって、Lintel（まぐさ）のところには Jack Arch と呼ばれるフラットアーチがあります。Brick がこのかたちを求めているんだと、カーンは嬉しそうな顔をして話しました。その頃は、ペン大では学部に Brick の授業があって、学生は、何層積み上げたら煉瓦をどれだけ減らせばいいかというマニュアルを教えられる。このアーチも、そこで教えられるものほとんどそのままなんですね。

　これはイサム・ノグチと 6 年くらいかけてやっていたレヴィ記念公園です [Fig.33]。イサム・ノグチと直接話すことはあまりなかったと聞いていますが、粘土の模型がニューヨークとフィラデルフィアの間を何遍も行ったり来たりしている。僕も一度模型を運ぶのを手伝ったことがあります。ここでも、大地が何になりたいと望んでいるかをかたちにするのがランドスケープの面白いところなんだと彼は言った。

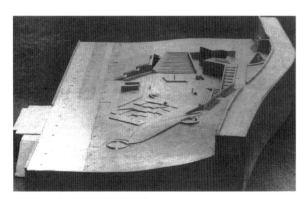

Fig.33　レヴィ記念公園計画案 模型

　今日は写真がありませんが、イェール大学のブリティッシュ・アート・センターでは窓回りに実に美しく金属が使われています。あの実施設計と現場は、僕の親友のデイヴィット・トラウブがやっていました。カーンはピューターというアメリカ植民地時代によく用いられた合金でつくりたかったようですが、結局できず、ステンレスで極力ピューターに近い色を出したそうです。金属が薄くなりたいと言えば、そういう壁をつくるということでしょうか。

> What was has always been
> What is has always been
> What will be has always been

　カーンはこのように、さまざまなことを問いましたが、その全ての問いの根源にあるのはこのことばではないか。"What was has always been, what is has always been, what will be has always been."
　かつてあったものは常にあったものだ。今あるものこれも常にあったものだ。そして、これからあるものも常にあったものだ。

　これは彼が色々と設計を重ねる中で、建築に関する自分の考えを集約したことばだと、僕は思っています。彼はこれをあちこちで繰り返し語り、あるいは書いていて、僕達も授業で何遍聞いたか知れない。死ぬ 3 か月前に書いた手紙の下書きにも現れます [Fig.34]。こういう言い方は少し乱暴かも知れないけれど、一言でいえば伝統ということでしょう。僕達は大きな伝統の中で生きている。伝統を否定するにしても何にしても、それは伝統があるからできることであって、僕達は常にそういう連続の中に生きているということではないでしょうか。

　他にも、彼が伝統について言ったことばがあります。これも僕が大好きなものですから、ここで触れさせていただきましょう。"Tradition is a kind of golden dust that falls." 伝統とはある種の降り注ぐ金の粉だ。いやあ、素晴らしいことばだと思いますね。伝統というのは僕達に金の粉のように降り注いでいる。続けて、更に彼はこう言う。したがっ

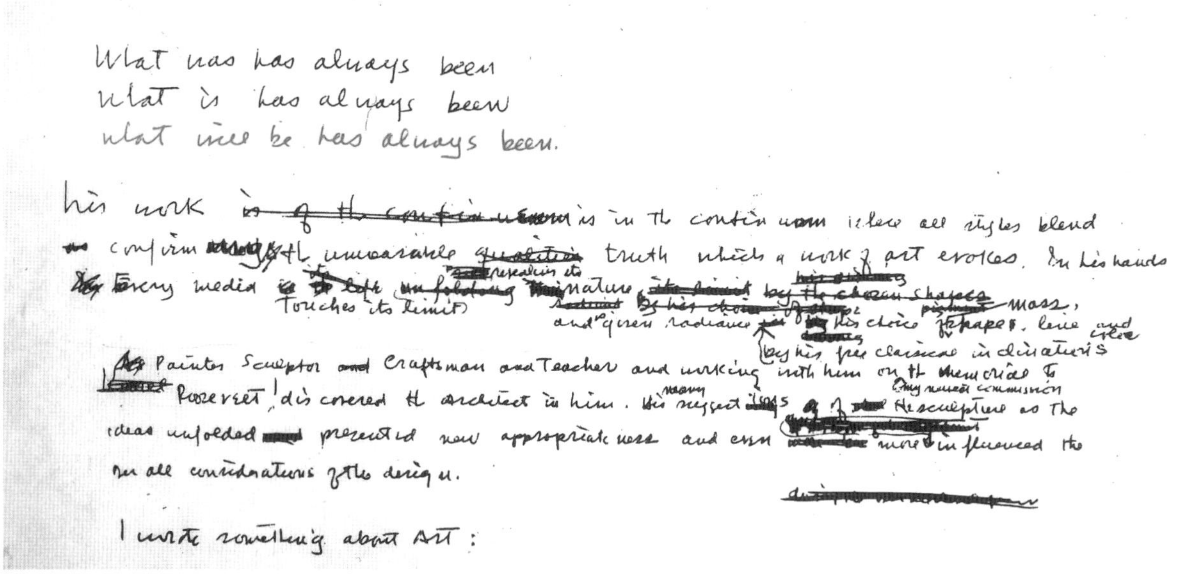

Fig.34　Karel Mikolas 宛の手紙の下書き, ルイス・カーン, 1973 年 11 月

Fig.35　ファーネス・ビルディング 1 階の図書館

Fig.36　ピラネージの「ローマの復元想像大地図」の前でピラネージの図面集を見ている香山氏

て、もしもその中にあなたの指を差し込めば、それがいかにして結晶になったかを感じることができるだろう。そのためには、あなたはそれを穴が開くほど見つめ続けなくてはいけない。ちらっと見て伝統だなんだと語るようじゃあ、それは見えてはいない。その中に手を差し込んで、そして穴が開くほど見つめていれば、その伝統がいかにしてかたちになったかが見える、とカーンは言うのです。

スタジオで、カーンは時に、「そうだ、このことはルネッサンスの誰々が描いたあの図面にある。」とか言って、下の図書館からそれを僕達に持って来させました [Fig.35]。そのとき「あれは 2 番目の棚の角にある。」といったように、正確な場所まで指示されたこともあった。彼はよくそこへ見に行くから覚えていたわけですね。ファーネス図書館はそういう素晴らしいものだったんですよ。本っていうのはこういうものかと思うような、2 人がかりでようやく抱えるほどの厚い本がたくさんありました。

これはローマの廃墟を復元して描いたピラネージ (Giovanni B. Piranesi; 1720-1778) の本ですが、こういうものをしょっちゅう持って来させた [Fig.36]。写真にあるのは、後に僕が古本屋で見つけて買った 19 世紀の復刻版です。彼はこの本も好きで、自分の書斎に置いてよく覗いていました。Room や Society of rooms の例が限りなく出

てくるわけで、それを僕達に聞かせてくれた。それまで僕はそんな話を歴史の授業では聞いたことがなかったし、まして建築の設計の先生が古い本を持ち出していろいろと解釈をするなんて考えもしなかった。僕がペン大でカーンを通して習ったのは、歴史というものを生きたものとして使うことがいかに面白いか、そして大切かということです。同じように彼が授業で見せたものの 1 つ [Fig.37]。有名なパリのサント・ジュヌヴィエーヴ図書館を作ったアンリ・ラブルースト (Henri Labrouste; 1801-1875) が、フランスのボザールの卒業設計でローマ賞を穫ってローマに行ったとき、イタリアに残っているギリシャの神殿を復元して図面に描いたものです。ローマ賞受賞者には、そういうものをボザールに納めるという義務がありました。素晴らしい図面ですが、中でもカーンが強調して語ったのはこの影の描き方です。「ラブルーストは何を描きたかったか。もちろんこの素晴らしいプロポーションというのはあるだろう。しかしこの影を見なさい。普通光のあたる側から段々濃くなるように描くところ、これは段々段々濃くなって最後にまた明るくなっている。君達はそういうのをちゃんと見なくちゃ駄目なんだ。物が光をつくるとはこういうことだ。」そんなふうに実物を用いて教えるというのは素晴らしいと僕は感激した。カーンのスタジオ、そしてファーネ

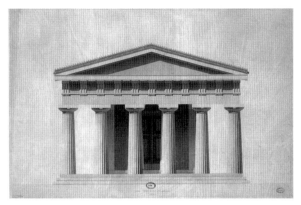
Fig.37　ネプチューン神殿 正面復元図，アンリ・ラブルースト，1828年

Fig.38　アポロン神殿 立面部分復元図，アルベール・トマ，1875年

ス図書館とはこういうものでした。

　こちらは1825年頃、同じボザールの秀才のアルベール・トマ（A. L. Thomas Vaudoyer; 1756-1846）が描いた、ローマにある神殿[Fig.38]。影の中にまた影を描くことで奥行きが出ている。素晴らしいドローイングですね。単にドローイングのテクニックだけじゃなくて、そこに描かれた光と影の関わり方を穴の開くほど見る。それができなければ建築の歴史を勉強したって面白くない。言い換えれば、建築の歴史を勉強している建築家ならば、自ずとそこに興味が向かうだろうということです。これも僕には目が開かれるようなことでした。

　これは、カーンが1年生のときに教わったハバソン（John F. Harbeson）という先生の教科書にのっている図で、ローマの古い神殿のディテールを丁寧に描くという演習でペン大の学生が描いた作品です[Fig.39]。ここでも光をよく見ると、光がヴォールトに反射して影が明るくなっている。かたちの輪郭だけじゃなくそういうものを理解することが、大切とされていた。これをパスして2年生になると、今度はそれらを用いて、例えば、Garden Wall という庭の壁を設計するわけですね[Fig.40]。空間はないのですが、アーチやバラストレードもきちっと描き、手前に一番重要な柱頭と装飾のモチーフを置く。これでひとつの課題です。このように段階的に組み立てた課題を順次通過したら最後は卒業設計です。これはエコール・デ・ボザールで卒業設計として提出された図面です[Fig.41]。ある住宅の設計ですが、それはもう巨大なもので、立面図だけでこの部屋を一周するぐらいの長さがある。ペン大の卒業設計もだいたいそういうものをつくっていましたから、カーンもやったんですね。ただ彼は卒業設計では3位で、ローマ賞をもらえなかった。「俺はあんまり優秀な学生じゃなかった」と自分でも言っています。3位だから良い方でしょうが、1位の人はローマに1年行って、古い建物を復元してドローイングにした。これはジャック・カルルウ（Jacques Carlu, 1890-1976）という建築家による素晴らしいドローイングです[Fig.42]。カルルウはとても絵の上手

い人で、これもペン大の図書室に飾ってありました。これも彼がエトルリアの街の風景を復元設計して描いた絵です[Fig.43]。絵としても上手いね。こういうものをローマ滞在中あちこちで描くのが、建築の勉強におけるひとつの最終仕上げだったということです。

　カーンが1950年代にローマやギリシャ、さらにはエジプトの遺跡を訪ねて描いてたのは、彼なりにその伝統に従っていたのでしょう。これは彼が描いたアクロポリスの丘の絵です[Fig.44]。そうやって彼は常に描き続けた。建築家は描かなくちゃいけない。それはもちろん表現し人に伝えるためでもあるが、一番の理由は何か。それは、自分で物を見るため、理解するために描く。ここでの「見る」は"see"ですね。しかし、見るためには、理解するためには先ず、しっかり見"look"なくちゃいけない。そして、描かなくちゃいけない。だから彼は、穴の開くほど見ろと言い、自分もこうやって丁寧に描く[Fig.45]。教室でもそして事務所でも、彼は常にそうでしたね。私の心に今でも消えず残っているのは、製図板に向かって背を丸め、大切に図面を抱きしめるように描くカーンのあの姿です。

"What was has always been. what is has always been. what will be has always been."

　彼の頭の中で最終的に、あるいは、常に鳴っていたのはこのことだ、と私は思うのです。後々知ったことですが、実はこのことばは、ユダヤ人が子どもの頃のときから暗記させられる旧訳聖書の一節と、ほとんど同じです。「コヘレトの言葉（伝道の書）」、"Ecclesiastes"の書き出しに出てくる美しい文章です。かつてあったものは既にある。やがてあるものも既にあるものだ。"Nothing is new under the sun."日の下に新しいものはない。カーンはそういう古い古いユダヤの伝統、人間の知恵、を現代にもう一遍捉え直しているのではないか、これが僕がカーンの元で学んだことの根本です。ということで、この辺りで、私の話は、終わりにしようと思います。

Fig.39 「マルケリウス神殿 ローマ」
の細部詳細図

Fig.40 「庭園の壁面の主要モティーフ」
エコール・デ・ボザール学生
作品, 1920年頃

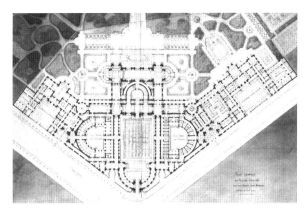

Fig.41 パリの邸館, ジャン・ルイ・パスカル
エコール・デ・ボザール卒業設計賞 1860年受賞作品

Fig.42 ローマ賞奨学金による作品, ジャック・カルルウ
1919年

Fig.43 「エトルリアの都市」, ジャック・カルルウ, 1919年

Fig.44 アクロポリスの丘のスケッチ

Fig.45 事務所でスケッチを描くカーン

対談 - 香山壽夫 × 藤本壮介

両氏の出会い

藤本：皆さんこんばんは。藤本壮介です。僕は大学で香山さんに直接教わったほぼ最後の世代にあたります。ちょうど30年ぐらい前でしょうか、大学3年生になって本郷キャンパスに進んだとき、そこに香山さんがいらっしゃって、ルイス・カーンの話も含めて建築を教えていただきました。僕が覚えてますのは、本郷に来て最初の課題で、学生会館を作るというものでした。めちゃめちゃ緊張して講評会に臨んだのですが、香山さんが「なかなかいい線いってるんじゃないか。」というふうに柔らかく褒めて下さいました。それがその後もずっとモチベーションになって、今だにはっきり覚えています。

　今日のお話も本当にありがとうございました。香山さんが直接見て聞いて体験して感じとったルイス・カーンの姿。それがそのままここに現れたようで、ものすごく感動しました。その続きとして更にいろいろとお訊きしたいなと思っていますので、よろしくお願いします。

カーンの話し方

藤本：まず今日お聞きしてすごく新鮮だったのは、カーンはやはり Form や Order といったかなり観念的な話をする方なのかなと僕も思っていたんですけども、そうではなかったというお話です。すごく親密で、抱き抱えるようにという表現もすごく印象的でした。僕もカーンの写真を何枚か見たことがあって、雄弁に語るような印象を持っていましたが、今日のお話では、むしろ親密に、そして大切に、何か物事を柔らかく伝えていくような印象を受けました。そうしたルイス・カーンご本人の雰囲気をもう少しお聞きしたいです。例えば、声が大きい人だったのか、ひそひそ喋るような方だったのか。どういう感じで話されていたんですか？

香山：なるほど。それは藤本さんらしい敏感な質問だね。それはカーンの特徴を示すポイントの1つだなと思うんですね。写真にも出ていますが、カーンは小さいときに火傷して顔の片側が引き攣っていて滑舌が悪いわけです。僕がペン大へ行ったばかりの頃は、特に英語がよく聞き取れなかった。ですから、最初彼が難しいことを話しているとき、傍にいるアメリカの学生に「俺全然分かんない。」って言ったら、「Oh, Hisao, don't worry. 俺も全然分からない」って言われました（笑）。声はいい声、ただししわがれ声だね。だけど、非常に柔らかく発音した。

　もう1つ、藤本さんも言われたように、カーンは非常に哲学的で難しいことばを言う人だといわれますし、そのことばを分析した本なんかもあります。しかし僕から言わせれば、彼の英語はさっきの "What was has always been" のような簡単なものでね、実は分かりやすいというのが僕の印象でありました。

藤本：ゆっくり一言一言喋るんですか。それともペラペラっていう感じだったんでしょうか。

香山：勢いづいて喋るけれども、一言一言を大切にするというのが僕の理解ですね。僕には同じ世代のユダヤ人の親しい友達が何人もいますが、皆小さいときはシナゴーグの学校で勉強しています。その勉強は簡単にいえば古い旧約聖書の暗記です。そのことば遣いが頭に入っているんです。カーンのことばにもそういう簡単、明瞭さがありました。

カーンの教え方

藤本：先ほどの写真で、カーンが紙を前に置いて座っていましたが、学生さんが作っている途中のトレーシングペーパーの上に描いたりするんですか？

香山：それをしないんですね。少なくとも僕たちのクラスでは、カーンが人の描いたものの上に描くってことなかった。学生の描いてきたものを見ながら喋る。

　最初はその批評のようだけど、そこから先はほとんど独

り言になっていく。学生はもう置き去りにされちゃって、彼は自分の思念の中で1時間も2時間もただ喋る。でも引き付ける何かを持ってましたから、僕たちは夢中で聞きました。僕は英語があまりよく分からなかったというのもあるけど、半分独演をやってるように感じました。でも、それはなかなか面白いものだと僕は思う。聞いていて飽きたってことはない。

藤本：事務所でも、スタッフの方が作るものに対して、やはりことばで何かを伝えていくという感じなんですか。

香山：僕は本当に下っ端の手伝いでしたから、細かく指示を受けながらやったということはありませんが、まあ小さい事務所ですからね。そのようにしたと書いている人も多くいます。その人が言うには、カーンは、誰かと対話しながらでないと考えを発展させていけないので、誰とでも話したと。言ってしまえば誰でもいいんだ（笑）。だから、学生なんかを相手にしてあんなにも夢中で自分のやっている設計の話をするというのも、要するに独り言なんですよ。正確な言い方じゃないかもしれないが、そんなふうに感じました。ちょっと飛ぶようですが、カール・マルクスは資本論を書くときに、その内容を全然分からないであろう女中を前に座らせて、それに読んで聞かせながら書いたという有名な話があります。僕はカーンの話を聞いてて、俺たちはそのマルクスの女中に似ているんじゃないかって思ったこともある（笑）。それはちょっと偏った印象ですよ。だけど、話しながら自分を確かめるような、そんな印象を僕は持ちました。ただし、彼は必ず朝早く事務所に来た。そのときは誰とも喋らず、ヴェニスのパラッツォみたいな古い建物の壁が窓の外に見える東側にある彼のコーナーで黙々と描いていたわけで、常に誰かと喋っていたわけじゃない。自分の時間も持ちながらやっていたと思います。

藤本：もう1つ、カーンが常に進行中のプロジェクトを例に出して、リアルタイムで考えていることと繋げながら学生さんに説明していたということが、すごく面白いなと思いました。課題にもその内容を出したんですね。

香山：そうですね。僕たちのときには Dormitory が出ましたし、それから半期遅れたところに Monastery が出たんだね。僕の親友だったジョンの作品をさっき見せましたけど、面白い課題だな、俺もやりたかったなと思いながら覗いてました。カーンは設計に熱中してましたから、それを課題に出した。学生と議論する中で、ほとんど自分がやってる設計のことを考えていたように思う。

藤本：じゃあ学生さんも、リアルなカーンの思考を目の前で、同時並行で体験するみたいな。

香山：ある意味ではそうだと言っていいと思う。ただ、さっきの話にも返りますが、学生の設計を見て「ここ直したら良くなるよ」というような指導は僕たちのクラスではまず見たことがない。代わりにその中から、光を扱う壁のかたちだとか、部屋と部屋の繋ぎ方だとか、それから大屋根のかたちだとか、そういう問題を取りだして、そこからもう学生の作ったものはほったらかして自分の思うことを喋り続けるという感じでしたね。

藤本：それは誰かが引き戻すんですか。

香山：誰も引き戻さないね。

藤本：じゃあエスキスの時間というのは相当長くなるんですか？

香山：それはもう、カーンが熱中したら大抵は日が沈んでも終わらないという感じです。それがカーンに感心するところで、あのときはソーク（Salk Institute for Biological Studies）も一番忙しくなってましたし、インドへもしょっちゅう行ってたのに、彼は一遍も授業を休講にしたことはなかった。こんなことを言っちゃ申し訳ないけど、丹下先生なんて製図室に出てきたことないからね（笑）。その頃、建築に限らず文学でもなんでも、大学の立派な先生なんてものは大体休講するものだった。ですから、偉い人がこんなにきちっと授業に出るっていうのは不思議に思った。

　誰かが「カーン先生、あなたはこんなに忙しいのにどうして休まず授業に出てくるんですか。」と訊いたことがありました。カーンはそのとき、「それは修道士と同じなんだ。」と答えた。志水さんもこれと同じようなことを聞いたと言っています。ご存知かもしれませんが、古くからの

修道院戒律では、修道士の1日はきちっと分けられていて、労働するときは労働する、鐘が鳴ったらお祈りする部屋に行って必ずお祈りをします。カーンは、私が教室に来るのは修道士にとってのofficioなのだと。officioとは聖務日課といって、修道士全員が集って聖なる本を読む時間のことですね。それと同じなんだ、だから私は教室に来るのを欠かすことはできないんだと。そのときのことばを、僕は忘れられないな。

藤本：そのリズム全体がカーンの思考のプロセスそのものだったということなんでしょうかね。

香山：そうですね。だから義務というよりも、藤本さんが言われたとおり、自分の中の1日の働きがそういうふうにできていたということで、それを修道士の生活に譬えて言ったのかもしれない。

カーンと日本

藤本：先ほど講演会が始まる前にも少しお話しさせていただきましたが、カーンは日本にあまり興味がなかったそうですね。

香山：それはね、さっきもお見せしたように、彼はヨーロッパの歴史的な建物の例をふんだんに引いたでしょ。それとインドも好きで、エジプトの話もしました。

　実は、カーンは60年代に日本にも一遍来たんだよ。ただ、芸者なんかと遊ぶのを喜んだようでその写真はいっぱい残ってるんだけど、他の写真はあまりない（笑）。僕のクラスにカズオ・イシワラというハワイの日系三世の人間がいて、それが「Mr. Kahn、ヨーロッパの例をいっぱい引くけれども、日本の例は引かないですね。」と訊いた。正確にどう答えたかは知らないけれど、「日本に行く時間とお金があれば、むしろ私はそれでインドに行く」みたいなことを穏やかに言ったらしい。嫌いだとは言わないけど、あまり関心がなかったようで。

藤本：光が強いところの方がインスピレーションがフィットしたんでしょうかね。そんな単純な話でもないか（笑）。

香山：それもあるか。ちょっとよく分からない。ただ、そのときに日本で何を見たかっていうと、菊竹さんのスカイハウスへ連れて行かれたらしい。その印象があんまりだったということなのか、分からない（笑）。

カーンとメタボリズム

藤本：丹下さんとは交流があったのでしょうか。

香山：いや、カーンから丹下さんの話は聞いたことがないし、丹下さんからカーンの話も聞いたことがない。カーンを自分たちの解釈でいろいろと持ち上げていたのは菊竹さんと黒川さんだと思いますね。それはOrder is、Form isのことで。しかも、黒川さんはServant Space/Served Spaceを勝手にメタボリズムと結びつけてましたから。とんでもない話で、本来は全然関係ないんだけど。

藤本：さっきのリチャーズがまさにメタボリズムの走りというか、それを解釈して関連づけたんですかね。

香山：そういうものにもなり得たのかもしれない。でも実際にはカーンは、メタボリズムの人たちが考えたような、取り替えるということには与しなかった。それは、授業で誰かがそういう案を見せたとき、かなり強く言ったのを覚えているんですね。「後の建築家が取り替えられるように建物を設計して何がおもしろいことがある。建築家はそんなことをやるものではない。しかもそれは後の建築家にとってもかえって不幸なことだ。」そう言って、ルネサンスの例を引きましたよ。例えば、バチカンは最初にブラマンテ（Donato Bramante; 1444-1514）が設計して、それからいろんなルネサンスの建築家が引き継いで、最後にミケランジェロ（Michelangelo di L. B. Simoni; 1475-1564）が完成させた。さらにその後、バロックの建築家が手を加えているわけです。あれを初めからそうなるように設計して何がおもしろいのかと。ブラマンテはブラマンテで完結するように、ミケランジェロはミケランジェロで完結するように、それぞれが全力でやった。建築家はそうすべきだ、そうしないと面白くないよということは明快に言ったね。

藤本：時間の経過というものをもっと丁寧にみないといけないということでしょうか。

香山：そうですね。どのみち必然的に変わっていくわけだから、それを予想して替えられるようにするなんて、それは歴史を馬鹿にすることだと。そこまでの言い方はしないけど、そういう解釈だったんだろうと、僕は思いますね。

藤本：時間と歴史、そして伝統に深いリスペクトを持っていれば、「これがこう変わっていく」といった予測は安直にはできないという感じがしますね、確かに。

香山：むしろその変化の中に闘いのようなものがあるからこそ歴史は面白いわけでね。それを予測するという概念自体、彼はものすごく軽蔑したと思いますね。一遍そんな議論になったことがある。予測するほどつまらないことはない、と。

藤本：それは深いですね。どうしても私達は予測したくなるじゃないですか。でもそれは、ある意味では大きな歴史への冒涜にもなり得るということですね。面白いですね。

カーンとコルビュジエ

藤本：コルビュジエのこともあまり話題に出なかったと伺いました。

香山：具体的に言えばね、彼が話題に出したのはほとんど、常に、古典的な建築家の例でした。ミースに関しては、有名なことばを残しているので半分評価・半分否定だと思います。コルビュジエについては、一遍もその名前を彼の口から聞いたことはないんですよね。ただ、何年か後に "How'm I doing, Corbusier" っていう短い文章を書いていますから、その頃には話したのかもしれませんが、少なくとも僕たちのときは違いました。しかも、彼の親友のノーマン・ライスはペン大を卒業して5年後くらいにコルビュジエの事務所で働いていて、カーンはそこに1年遊びに行っています。そのときの話をノーマン・ライスから、直接聞いたことがある。「僕がちゃんとカーンをコルビュジエに紹介してやったのに、カーンはほとんど興味を示さず、

なおざりにして行っちゃった。コルビュジエの建物を案内しても、彼はほとんど興味を示さずに、他の建物の方にすぐ飛んで行った。」コルビュジエが面白くなかったというよりも、若いときには、初めて見たパリにあるさまざまな時代の建物の方に惹きつけられていた。これは間違いない事実だったと思います。

藤本：いやぁ、面白いですね。

カーンの自然観

藤本：先ほど、カーンは夕日を見るのが好きだったというお話がありました。ソーク研究所はまさに西にある太平洋に向かってつくっている。やっぱりあのコートヤードには、その思いが詰まっているんでしょうかね。

香山：そういうふうに僕も思います。僕がカーン本人に接した時間はそんなに長いわけじゃありませんが、娘のアレクサンドラが、カーンは本当に夕日が好きだったと書いています。僕が彼女に会ったときも、ちょうど夕方だったので彼女がその事を思い出して言ってました。「彼は夕日が沈むのを見るのが好きで、夕日が沈んで明かりをつけるときはいつも悲しそうだった」と。それから、僕がバイトで事務所にいたとき、私たち下っ端の人間はカーンの部屋と同じ階の西側にいたんですが、夕日が見えるときになるとカーンはよくそこへ入って来て黙って立った。何をやってるんだろうと不思議に思っていたら、事務所の古株の人が、彼にとって非常に神聖な時間だから邪魔したらダメなんだよと教えてくれた。その姿はよく見かけましたから、家での日常でもそうだったんでしょうね。

藤本：面白いですね。ソークの庭に最初カーンは木を植えていて、バラガン（Luis R. Barragán Morfín）がそれをない方がよいと言った、と読んだことがあります。カーンは植物についてはどう考えていたのでしょうか？建築のメインのテーマになっていたのか、それとも彼にとって自然というと、太陽や光というようなもっと大きなものが対象だったんでしょうかね。

いま語り継がれるカーンの霊気

香山：バラガンに「天井は空であるべきだ。」と言われてそれに同意したということは、カーンもそういう感覚を持ってたんでしょうね。半分推察でしか言えませんが、僕が粘土の模型なんかをつくりながら見ている限り、ダッカ（National Assembly Building of Bangladesh in Dhaka）でも、丘は丘として続くようにして、木を植えるところは固まりで植えるという感じで、イギリス風庭園みたいに木が繁って水が流れてというような計画はなかったと思います。新居千秋くん（第5回登壇）はその辺りをもっとよく知っているかもしれない。

ただ、思い出すと、庭園を幾何学的なかたちで計画した案に対し、「僕たちは建築をやっているとき幾何学に縛られる。ところが、ランドスケープのときにはそれがないんだよ、君。それなのになぜ自由にやらないんだ。」と腕を振り回しながら、熱心に批評したことを覚えている。だから、自然っていうものの特性を彼なりに特別に面白く思い、その自由度を十分に発揮することも楽しんではいたと思います。

藤本：キンベル美術館の前にも木を幾何学的に植えていますよね。あれは確かに幾何学で律しているという感じがします。一方で自然の自由さを一生懸命訴えたというのは、それがあってこそ建築を律することができるというか、両方があって初めて互いが活きてくるような気もしますね。

香山：ええ。自然が持つ自由なかたちというものについて彼はいろいろなことばでも残していますから、それはとても大事にしたんだと思いますね。木炭やコンテのスケッチでも、木のかたちを描くのを楽しんでいる。ルーズベルト・メモリアル（Roosevelt Island Memorial）っていう公園が死後できたでしょ。あの並木も直線状ですね。もともと二列だったのを、実施設計を担当したジョゴラ（Romaldo Giurgola）が一列ずつにしたのかな。あれは素晴らしいデザインですね。このスケッチを何遍彼が描き直していたことか。

カーンとノグチ

藤本：そういう意味では、イサム・ノグチと一緒にやったPlaygroundのシリーズ（Riverside Park Playground）は、カーンにはなかなかみられない自由な形態が凄くいきいきと現れてますよね。先ほどイサム・ノグチとそんなに話をしていなかったというお話もありましたが。

香山：あの計画には、随分と長いことかかわっていたんですよね。しかも結局完成しなかった。その間、大きな粘土の模型がふたりの間を行ったり来たりしてた。それで、ちょうど僕と一緒に模型を運んだアメリカの男が、イサム・ノグチと協働してるのはどういうわけかとカーンに質問したことがある。

というのも、カーンは芸術家や絵描き、彫刻家との協働というものの意味をあまり認めなかったんですね。それはバウハウスの教育が念頭にあったんでしょう。例えば、キンベルでも中庭にムーアの彫刻が置いてありますが、あれは建った後に置いてるわけで。「協働するなんて考えを私は受け入れない。私がやった後に彫刻家が来て、自分でいいと思うのを置け。」って。こういうものが良いとか悪いとかなんてことは言わない。絵でもそうで、絵が必要なら自分が描く。別の人の絵が要るなら俺が終わった後に絵描きが来て描け。芸術家っていうのはそういうもんだってことを言ってたんですね。

その質問に対しても「あれは協働じゃない。俺は俺でやってる。送ったらイサム・ノグチがやるんだ。」要するに、それぞれ独立した仕事なんだというようなことを言った。ちょっと互いの我が儘のいいわけじゃないかとも思ったけど（笑）。実際そういう気持ちだったのではないか。協働であれば全体の方針や共通のモチーフを決めるか、あるいはどこかで線を引いて分担しますが、そういうふうにはしなかった。ふたりがそれぞれ好きにやってるわけで。だからまとまるわけもなかったというのが僕の理解です。

藤本：そういう意味では、究極のコラボレーションですよね。お互い相手から何が返ってくるか分からないという。

香山：だからどっちかが死ぬまで終わらないよね。

藤本：ずっとやり続ける（笑）。

まとめ

藤本：もっともっと、それこそ終わりなく聞いていたいぐらいなんですが、やっぱり最後の "What was has always been. What is has always been. What will be has always been." っていうことばがすごく深くて。そして、Tradition とは Golden dust だっていうあの表現も本当に感動的でした。そこに手を差し伸べることで見えてくる。ひたすら見なきゃいけないんだけれども、何かが見えてくる。香山さんの語り口が、まさにルイス・カーンがそこにいるかのようで、本当に感動しました。

香山：そうですか。少しでもそういうふうに感じていただければ、ここに呼んでいただいた役を少しでも果たせたかと思い、またそのように聞いていただいて嬉しい。

藤本：本当に今日はありがとうございました。現代においても、これからにおいても、本当にひとりひとりの中に持っていたいことばたちがたくさんあって、僕自身もすごく勇気づけられました。

香山：はい。ありがとうございました。聞いてくださっている皆さん、そして藤本さんをはじめ建築を一生懸命つくっておられる多くの人、そういう方々みんなにカーンが言っているのは、つくるっていうことは本当に面白いことで、それは、人類が昔からやっているその根本の仕事に私達は参加してるからなのだという単純なことなのだと思います。それをカーンは晩年の短い時間に集中して語り、かつ行ったということでしょうかね。こちらこそ、皆さん今日は、ありがとうございました。

Fig.46　香山氏（左）と藤本氏（右）

質疑応答

カーンのミースに対する評価

質問者：先ほどカーンはミースを半分肯定・半分否定したと仰いました。どういうところが肯定で、どういうところが否定だったのでしょうか。

香山：興味深い問題です。単純な僕の解釈ですが、ミースは丁寧に建築をつくった。この点で、まずカーンは文句なしに尊敬したと思います。しかしながら、綺麗な表層で覆われたシーグラムビルディング（Seagram Building）を指して、あれはコルセットを締めた貴婦人だと評した。これはよく知られたことばで、僕たちも何遍も聞いた。カーンは肉体のかたちが見えるようなものの方が好きで、それを締め付けてその上に綺麗なドレスを着てるようなものを美しいとは思わなかった。ミースの建物の特徴をそのように言うのはなかなかいい批評だ。そういうことじゃないでしょうかね。

香山氏からみたカーンとヴェンチューリ

質問者：香山先生にとってアメリカで教わった重要な先生として、カーンとヴェンチューリのふたりがいると思います。先生からご覧になって、彼らの考え方には何か違いがあったのでしょうか。

香山：カーンとベンチューリの関係についてはご存知の方も多いと思いますが、彼らはアメリカの政府からローマに派遣されたときに一緒だったんですね。そこでふたりは肝胆相照らす親友になったわけです。

　先ず第一に、ふたりはそれぞれに過去の時代の生んだ様式に興味を持ち、いや、むしろ尊敬の念を持っていた。そしてそのうえで、それらを否定することで新しい時代が来るとした近代建築の考え方は貧困だという立場において共感したわけです。伝統なしに人間の独創はない。歴史から学ばなければ、歴史を否定することもできないわけで、人間の独創は必ず伝統を何らかのかたちでふまえてるんだと。それは、ふたりともほとんど共通のことばで言った。

では、違いは何か。ヴェンチューリはそれをいろんな人の説や歴史的例証を用いながら、論理的に明晰に語った。彼の講義は私にとって、身ぶるいする程面白かった。対してカーンは、今日お話ししたように、歴史的な例を見ながらも感覚的、主観的に語った。人に伝達するというよりはむしろ自分で自分を確かめるように、あるいは自分の考えを掘り下げるように語った。そういう点では彼らは正反対だったといえると思います。

それからもうひとつ、カーンは通俗的なポピュラーな美意識というものをどうしても好きになれないわけですね。対してヴェンチューリはラスベガスを好んだように、そういうものが大好きなんです。僕自身もヴェンチューリのデザインした椅子をもらって部屋にいくつか置いてるけれども、あんまり座る気になれないんだよね。

そういう違いはあったと思いますが、それが彼らを仲悪くさせたかというと、その逆で、それ故に彼らは互いに相手を必要とし非常に仲良くしてたわけです。ひとつよく知られた話があります。ちょうど僕たちがいた頃、ヴェンチューリはギルド・ハウスという、今でいう養護老人ホームをデザインした。そして彼はその正面中央にモニュメンタルにテレビアンテナを立てた。カーンがそれには賛成できなくて「やめた方がいいんじゃないの」と言ったら、ヴェンチューリは「いや、老人はテレビを見るのが大好きなんだ。だからアンテナをモニュメンタルに立てるんです。」と答えた。するとカーンは何と言ったか。「いや、老人はテレビを見ないで、本を読むべきだ。」こうやってふたりは互いの美意識をぶつけ合って、それが彼らをむしろ仲良くさせた。実際、カーンは自分が一番苦しんでいるときには必ずヴェンチューリに意見を求めたといいます。ですから、彼らは根本的なひとつの理解のもとで通じていて、現実的な、とりわけ感覚的な違いについては、むしろそれを戦わせて歓びにしていた。それが彼らふたりを結びつけていたのじゃないか、と僕は思います。

香山氏の著述にみるルイス・カーンとの出会い

香山壽夫氏にとってカーンとの出会いがどのようなものであったのかを理解するため、香山氏の単著5作より、学生時代から現在までの各時期における建築や教育に関する思索、及び、それに影響を与えたであろう東京大学とペンシルベニア大学での経験に関する記述を抽出して、時期と内容により分類した。
ここでは、渡米に至る東京大学在学中の思索と両大学での経験に限定して、特筆すべきと思われる記述を紹介する。(作成：藤田悠)

東京大学の教育
東京大学工学部建築学科

計量化できない議論を避ける雰囲気

・思想や理念、あるいは人間とか空間といった事柄は大学において扱うべきものではない、という雰囲気が当時の東大建築学科全体を支配していたような気がする。(中略)計量化できない議論は、大学における教育研究に値しないものであった。[H02, p.40]

・建築学科に進んだ最初の頃は、勉強するのが面白かった。(中略)しかしだんだんそう単純に夢中でもいられなくなってきた。丹下先生の授業は近代経済理論の焼き直しみたいでがっかりしましたが、他の講義も部分的で技術的なもので面白くない。建築そのものについて論じたり、問われたりすることがない。[H04, p.68]

設計教育の不在

・私が学生の頃、こうした講評会はなかった。作品は製図室の壁に展示され、先生がその前を一巡して終わりといったものだった。一言コメントがあればよいほうで、ただ「ありがとう」と繰り返すだけの先生もおられた。岸田日出刀先生の場合などは、研究室におそるおそる持参してそのまま退散して終わりだった。[H01, p.115]

・丁度着任したばかりの内田祥哉助教授がたまたま製図室を通りかかったのをつかまえて、数人で質問したことがあった。「先生、設計の勉強はどうやっていいのか、さっぱりわからない。どうしたらいいのですか。」「設計は習ったり、学んだりするものではありません。盗むものです。」それがその時の答だった。(中略)一応納得したものの、それでは大学はどうなるんだ、大学で学ぶ意味は何なんだ、むしろ大きな疑問が私達の中に生まれたのであった。[H02, p.41]

生田勉

・生田は、丁度その時、名作「栗の木のある家」を完成させた時で、私達は、武蔵野の雑木林の中にあるこの小さな住宅を見学させてもらった。これは美しい、心にしみるような建築だった。そしてその空間は、優しく私を包むようで、私はそこにいつまでも留まりたいと思った。この建築が、装飾のかたちにおいてではなく、空間のかたちにおいて、ライトにつながっていることは、その時の私達にも感じられた。[H02, p.39]

・旧制高校から移られた先生も多く、それが当時の駒場の一種独特な、超俗的な雰囲気をつくり出していた。そうした先生の一人が、私にとっては図学の生田勉先生であった。先生は、すでにその時、マンフォードやコルビュジエの著作の訳書を出されていたと同時に、住宅設計においても、助手の宮島春樹氏と協同で、「栗の木のある家」や「ソナチネ」シリーズの連作等、静かで優しい作品を続けて発表されていた。図学教室の奥の部屋で静かに製図板に向かっておられる姿は、いかにも文人芸術家といった雰囲気があった。[H05, p.105]

香山氏自身の思索（東京大学学士課程 - 博士課程）
仲間との議論

社会を改革するという目標

・社会を改革するという目標が、当時の私たちの意識の根本を支配していた。学問も、芸術も、そして建築も、そのために何をなすべきか、何ができるのか、というのが、私たちの課題だった。私たちというのは、東京大学の製図室や研究室で絶えず議論していた先輩、友人の集団のことである。(中略)そうしたとき、私の目に、建築の社会性にもっとも誠実に応えていると見えたのは、吉武泰水研究室の研究設計であった。私は躊躇せずそこに入った。当時の私の考え方の根本にはマルキシズムがあったものの、それだけではどうやら駄目だということはすぐにわかった。[H01, p.98]

・人間や社会について論ずるときに、頼りとなる骨組みとなりそうに思えたのは、科学的、という接頭語の付せられた唯物史観だった。(中略)そうした考えの、建築における旗頭は、京都大学の西山夘三だった。(中略)そこにおいては、「食寝分離」、「寝寝分離」といった理論が、建築計画研究の科学的成果とされていた。しかし私には、その議論がとうてい理論と言えるような骨組を持っているとは思えなかったし、たとえもし理論だとしても、それが建築の創作にどういう意味を持ち得るのか、理解し難かった。[H02, p.42]

伝統論争に触発された議論

・そうした状況において、私たちを熱中させたのは伝統論争であった。丹下健三、白井晟一、そしてMIDO同人や川添登の論文に興奮し、その論理の不正確に怒り、反論の刃を研ぐのが毎日の仕事であった。(中略)探究はふたつの方向に分裂したまま錯綜していた。ひとつは、建築の「形態」や「空間」をもって客観的に議論するための論点を見い出したいという方向で、ブルーノ・ゼヴィの理論は、建築における普遍性の存在を示しているように思われた。もうひとつの方向は、モダニズムの形態を日本の伝統と結び付けて解釈しなおすということで、丹下健三の作品に感心する一方、いまだ不十分で、ものたりないと感じ、むしろイタリアのアンジェロ・マンジャロッティやヴィットリオ・ヴィガーノに親近感を抱いたりしていた。日本では菊竹清訓の建物や計画案が気になる存在であった。[H01, p.99]

ライトの扱いがたさ

・フランク・ロイド・ライトについては、どう扱っていいのか、わかりかねていた。(中略)建築学生にとっては通俗的な存在でもあり、なにしろあの極端な装飾は、避けて通りたいところであった。[H02, p.38]

モダニズムへの違和感

・混沌とした議論に最も大きな影を落としていた存在は、丹下健三であった。(中略)建築の凄さは、絵画や彫刻の比ではないぞ、とその建物は私達に教えてくれた。それは、鋭い程の美しさであった。しかしまた同時にその鋭さは、私達を包み迎え入れる暖かさではなく、突き放すような冷たさであるようにも感じられた。これが人々に働きかける建築のあり方なのか、あるいは個人が社会に向い合う姿勢は必然的にある種の冷たさを伴うものなのか、私達の議論は終らなかった。[H02, p.36]

・丹下を論ずる先には、常にル・コルビュジエがいた。(中略)ル・コルビュジエについては、議論の種がつきなかった。(中略)ル・コルビュジエの断定的な声高の語り口は、闘う相手として申し分なかったのである。[H02, p.36]

・個人的には丹下先生に可愛がっていただき自邸にも何度かお邪魔しました。とても美しい、しかし私には落ち着けない。そう感じる自分には才能がないのか、と悩みましたね。(中略)丹下先生の建築に、人をやさしく包む力を感じられなかった。丹下先生を尊敬し建築を専攻したのに、先生の建築が絶対的に優れているとは思えなくなっていった。とても悩みました。[H04, p.68]

丹下健三

・丹下健三が、どのような授業をするのか、私達に直接何を話してくれるのか、私達は期待に胸をふくらませて、本郷に進学した。(中略)期待に反し、その講義は建築についてではなく、「都市デザイン」と題するもので、しかもその内容は、ロストウという名の経済学者の経済発展段階説の解説で、全く私が気が抜けてしまった。[H02, p.39]

岸田日出刀

・建築意匠の講義をしていたのは、丹下ではなく、長老教授の岸田日出刀だった。しかしこの授業も、理念や理想を論ずることからは程遠い、漫談風のものだった。[H02, p.40]

・岸田先生の「建築意匠」の講義は、私にとって、決して印象に残るものではなかった。何を言わんとしているのかわからない、いや、むしろ、何も言うべきことがないもののようにさえ、思われるものであった。笑い顔もなく、優しい言葉もなく、ただ私達にとっては恐ろしい先生だった。[H05, p.108]

吉武泰水

・駒場から本郷に進学した春の、最初の春の、最初の授業の時、先生は薄色のスーツに蝶ネクタイで、薄汚い私たちの前に立たれ、早速建築計画学の根本について話された。大学院に進んで、先生の下で学ぼうという決心はすでに定まったことのような気がする。[H03, p.44]

・吉武泰水先生は、人間としての最も深い意味において、貴族的であった。先生の精神は、軽薄を排して深く大きく、名声を求めず使命に徹し、そしてまたその容姿言動は、常に優雅で人を魅了した。[H03, p.44]

・先生は、純粋学問とりわけ自然科学に対して敬意と愛情を持っておられた。(中略)本当は生物学者になりたかったのだ、という言葉を何度か耳にした。(中略)先生の誠実で純粋な本性は、純粋芸術か純粋科学にこそ向うべきものではなかったか。[H03, p.46]

藤島亥治郎と太田博太郎

・藤島教授の講義は、浪漫的な情緒溢れるものであった。夢見るような口調で話されるフランス留学時代の建築談に私は聞きほれた。しかしその内容は、論理的に組み上げられているとは言い難いものであった。(中略)それに対して太田博太郎助教授の講義は、法隆寺修理事務所での現場経験をふまえられたもので、厳密であり明快であり、私は胸踊らせて聞いた。(中略)先生は、細部の様式の特徴をしっかりひとつずつ理解することが肝要であり、そのために天沼俊一の『日本古建築史提要』を読むことを薦められた。(中略)先生は更に付け加えて、この本をただ机の上で読んでは駄目で、それをたずさえて、その建物の所に行き、そこで実物を参照しつつ読むように、と言われた。私は実際にそのようにし、その面白さにとりつかれた。[H02, p.46]

・ゴシックの細部装飾を流れるような美しい線で黒板に描いた藤島亥治郎教授の西洋建築史、日本建築の細部の特質を具体的に説明された太田博太郎助教授の日本建築史は、面白かった。[H03, p.48]

建築計画から建築意匠へ

経験的事実に即した理論の探究

・形而上学的な思弁によるのではなく、具体的経験的事実に即した建築理論を組み立てたいという願望を抱きつつ、あてどのない不安の中をさまよっていた時だったからである。[H02, p.28]

・私は建築を美術や文学の言葉で批評したり、自然科学や社会科学の流行の方法で研究論文を書いたりすることに疑問を持ち、なんとか抵抗しようとひとり必死に思いつめていたのであった。[H02, p.32]

日本の古建築への関心

大徳寺大仙院僧坊

・その頃、私が設計以外のことで関心を持っていたことといえば、日本の古建築を見ることだけになっていた。時間ができると、関西の古社寺を見て回っていた。京都紫野の大徳寺大仙院の僧坊の一室が、自分の居場所のようになっていたのである。[H02, p.46]

・設計の腕に自信はありましたが、何を目指して設計するのか、根本のところで確信が持てなくなりましたから。建築史の藤島亥治郎先生の内弟子のようになって、京都や奈良の寺社に入り浸ったりしていました。[H04, p.69]

カーンとの出会い

「リチャーズ医学研究棟」とカーンの啓示

・この人気のない図書室は、私にとって、大学の中で最も居心地のよい空間だった。大学院に進み、自分の選んだ研究室の研究テーマに自分が没入できないことを知ってからは、この空間が大学における最も確かな拠り所となっていた。(中略)「リチャーズ医学研究棟」が私の前に現れたのは、そのような時であった。図書館の入口近くにあった雑誌閲覧棚に並べられていた新着の外国雑誌、といっても当時は三ヶ月遅れで日本に到着していたのだが、その中に私はその写真を初めてみた。私は驚愕し、圧倒され、そして魅了された。その建物は、それまでペラペラ頁をめくって眺めてきた外国雑誌のどの建築とも違って新鮮なものに見え、また同時に一方で、すでにどこか何かの本で見た古い歴史的なもののようにも見えたのである。[H02, p.21]

・一九六一年の四月号で、「プログレッシブ・アーキテクチャー」誌が、「フィラデルフィア・スクール」という大きな特集号を組んだ。(中略)この特集号には、二ページ見開きで、カーンの鉛筆描きのドローイングが扱われていた。ロチェスターで進行中のユニテリアン教会の立面図であった。この雑誌を開いた時、最初に私の目をとらえ、ひきつけたのはこのドローイングであった。(中略)限りない優しさとていねいさ、そしてそれの生み出すたくましさ、力強さ。「リチャーズ医学研究棟」において感じたものが、もっと直接的に、もっと露に、このドローイングの中には示されていた。ジャン・ローワンの論文は、それまでの四十年間、建築の理論も批評も教育も、建築自身の問題から離れ、異教の神々の礼賛に終始してきたと断ずることから始められていた。(中略)そうだ、そのとおりだ、と私は机をたたいて叫びたい気持になった。(中略)又この論文には、次のようなカーンの言葉も引用されていた。「建築家の最初の仕事は、与えられたプログラムを取り上げて、そしてそれを変えることだと信じます。プログラムをただ満足させるというのではなく、それを建築の領域に置きかえることです。建築の領域に置くとは、空間の領域に置くということです。」(中略)この言葉はひとつの啓示のように聞こえた。生活から建築をとらえるのではない。建築から生活をとらえるのだ。人間から空間を説明するのではない。空間から人間を説明するのだ。私はフィラデルフィアへ、ペンシルベニア大学へ、カーンの下へ行こうと決意した。一九六三年の夏のことであった。[H02, p.29]

ペンシルベニア大学の教育

ペンシルベニア大学美術学部建築学科

ボザール由来の教育
・ペンシルベニア大学建築学科を支えているものが、エコール・デ・ボザールの建築理念とその教育の伝統であった。それをパリからフィラデルフィアに移し植えたのが、ポール・クレ(Paul Cret)であり、ルイス・カーンは彼の下で学び、卒業後彼の事務所で最初の実務を経験した。[H02, p.61]

ロバート・ヴェンチューリ
・沢山ある講義の中で、圧倒的に面白く、私が熱中して聞いたのはヴェンチューリの講義だった。(中略) 近代建築の理念の貧困さを指摘する彼の理論は正確で鋭く、その例証として次々に示される歴史的事例は幅広く豊富で、又共通性や対比を示すための比較例は新鮮で驚くべきものだった。[H02, p.60]

・講義が始まるや、私はその素晴らしさに驚嘆し、圧倒された、その言葉の明晰さ、論理の正確さ、そしてその参照する実例、文献の豊富さ、適切さは、それまで受けたいかなる講義においても出会ったことのないものであった。(中略) 後にも先にも、この時程、夢中でノートを取ったことは無い。しかも一回だけでは勿論なく、卒業して就職した後も、こっそりもぐりこんで、計三回講義を聴いたのである。[H05, p.114]

教師ルイス・カーン

学生との問答
・授業は常に、カーンとクラス全員の学生との問答、対話として行われた。(中略) 学生が問い、カーンは答えた。その答に対して、私達が問うと、それに又カーンは答えた。あるいは問い返した。カーンは、そうした問答の間中、両手を机の上にのせて、指を組んでいた。(中略) 彼はそのまま、彼の思いの中に入っていき、再び口を開いた時は、言葉はほとんど独白のようになって、長く長く延々と続くこともあった。彼の目の前からは、私達の姿は消え、彼は彼自身との対話、あるいは私達を超越した存在との対話に入っているかのように私達には思われた。そして又、私達もその中に引き込まれ、カーンの言葉を追い、自分の想念を追い、それらの渾然とまじりあった渦の中で、時の経つのは忘れられた。(中略) カーンは、私達に教えようとしているというよりは、自分で答を探し求めているというよりは、むしろ、何が自分の求めているものなのか、学生を道連れにしながら、その問いを探していたと言った方がいいかも知れぬ。[H02, p.11]

・出された設計課題について、誰かがスケッチを示しカーンの批評を求めることもあったが、そういう時でも、カーンはその案について添削したり、手を入れたりすることはなく、その案から彼の受け取る問題を、とらえ直し問い直す、といったかたちで、議論が展開された。[H05, p.113]

指導の様子
・カーンは、けっして自分のスタイルを私たちに強制しなかった。むしろ、自分の形のあからさまな真似に対して、容赦なく批判をあびせた。不器用ではあるが、その形態になんらかの確固たる基盤のあるエスキスについては興奮して話した。きれいな形をすばやくまとめることに密かに自信のあった私の鼻は、ここでへし折られた。[H01, p.102]

・カーンはいつも黒板を背にして、テーブルの中央に坐った。そしてその側には、カーンの級友で、ル・コルビュジエの弟子だったノーマン・ライス、構造家のロバート・レ=リュコレ、そして助手でカーン事務所のチーフであるカルロスが坐った。時には、構造家のオーガスト・コマンダンがこれに加わることもあった。[H02, p.10]

・カーンの根幹にはつねにそのボザールの教育がありました。建築の考え方、つまり何が良いか何が悪いかという判断基準をどこに取るかということにおいてね。(中略) カーンの特徴は、良し悪しの根拠が大きく歴史の総体のなかで決まっているという考え方で、それはボザールの教育に根ざしているわけです。ボザールとは古典主義というふうに一言で分類されるけれど、理論的にしっかりしているから古典主義を根本に置いただけであって、他の様式を拒否したわけではなく、それらもきちんと教えていましたよ。[H04, p.96]

聖務としての教育
・ルイス・カーンは、どんなに忙しくても、時間になると教室に現れたが、それを彼は、修道士が、定められた時刻には、必ず労働の手をとめて聖務に出るのと同じだと言った。[H01, p.77]

・カーンは、どんなに忙しい時でも、必ず時間には教室にあらわれた。(中略) その最多忙の建築家が、常に自分は先ず第一に教師であり、次に建築家なのだと言っていた。(中略)「修道士達は、どんなに忙しい仕事の時でも、必ずお祈りの時間には聖堂に来る。私にとって教室とは、修道士にとっての聖堂なのだ。」[H02, p.19]

歴史的実例の参照
・その時の私が最も驚いたことは、現代の建築の問題を論じる時に、歴史的建築を参照する、というその姿勢である。そして、それが、私達の認識を広げ、理解を深めると知った時である。[H02, p.16]

・従ってカーンは、言葉を用いるだけでなく、歴史的実例に言及した。いや、言葉を豊かに深く用いるためには、歴史の具体例が必要だったのである。階下にある、美術学部の図書館には、素晴らしい作品集、図面集のコレクションがあった。(中略) 私達は、しばしばそれを階上に持参することを求められ、カーンはそれを卓上に広げつつ、語り続けた。[H05, p.114]

カーン自身の思考の表れ
・カーンは、建築家は、彼に与えられた建物のプログラムを、そのままかたちに置き替えるのではなく、もう一度組み替えなければならないと考え、学生たちにそれを要求した。(中略) それは与えられた課題の本質と精神の求めるところを見出すことによって可能となるというのである。(中略)「こうした理由から私は、建築家はプログラムに従うのではなく、それを質ではなく、単に量の出発点として用いるべきだ、と考える。同じ理由からプログラムは建築でない―それは薬剤師の処方箋のように単なる手引きにすぎない。なぜなら、建築家は、プログラムに示されているロビーを、入口の場所 (a place of entrance) に変えなければならない。廊下は回廊 (gallery) に、変えられねばならない。予算は経済に、面積は空間に変えられねばならない。」(一九六七年) [H02, p.132]

・カーンは、窓のスタディの仕方について、おおよそ次のようなことを、繰り返し私達に求めた。「近代建築の窓、すなわち大きい板ガラスとサッシュのよって作られる開口部によって、私達の窓に対する感覚は、鈍化している。窓とは何か。その働きは何か。窓は様々な働きをしている。光を入れまたふさぎ、風を入れまたふさぎ、視線を導きまたさえぎり、そしてその開き閉じる方向と程度もまた様々である。一度それらを分解し、それぞれに最も適したかたちを与えてみよ。そして次にそれらをひとつに組み合わせてみよ。その結果、得られる窓のかたちに、君達は驚嘆するに違いない。」[H02, p.162]

・ルイス・カーンは、私達との対話、問答の中で、建築をつくることにおいて、最も本質的な仕事は「部屋 (ルーム)」をつくることだ、と繰り返し強調しました。[H03, p.35]

・「接合部 (ジョイント) が装飾の始まりである」というカーンの言葉を聞いたのもこの時である。この時、細部の問題は意匠と切り離された構法・生産の問題ではなく、また甘美なる過去でもなく、今日の設計の問題としてひとつになった。[H03, p.49]

ジュリィ方式の講評会

- しかし日本で全く経験していなかったのは、「作品審査会（ジュリィと呼ばれていました）」でした。（中略）作品を、教授陣全員、それに外部の建築家や専門家も加わった大勢の前で発表し、質問や疑問に答えねばならない。（中略）批評、質問もただごとではない厳しいもので、当時の日本の大学では見たことも聞いたこともないものでした。[H04, p.43]

大学でのエピソード

- 目の前にふっと、小柄な老人が、まるで湧いたように現れた。透き通るような白髪、度の強い肉厚の眼鏡、四角いあご、一文字に結んだ口元。ルイス・カーンだ、写真で見ていたあのカーンだ、皆一斉に気がついたが、誰も何も言う前に、私達はルイス・カーンの声を聞いた。「私は、ルウ・カーンです」。彼は、私達に手を差し出しながら、ポーチの階段を上り、ひとりひとりと握手した。[H02, p.7]

- 第一日目の授業も、そのように始まった。カーンを取り巻く私達が教室に入ると、他の学生達はすでに中にいた。全員がテーブルを囲んで坐ると、カーンはしばらく何も言わなかった。私達も何も言わなかった。緊張した沈黙がしばし続いた。カーンは、厚い眼鏡の底の大きい目で私達を見回し、そして突然言った。「あなた達の質問は何ですか。（What is your question?）」（中略）しばし緊張した沈黙が続いた。そしてカーンは言った。「良い質問は、常に良い答より優れています。（A good question is always better than a good answer.）」[H02, p.11]

- 一九六五年の秋の学期のスタジオで、カーンは「修道院（monastery）」という課題を出した。（中略）この課題は、カーンにとっても、大切なものであったようで、この時のことについて、後に何度か話したり書いたりした言葉が残されている。（中略）ふたりとも、カーンが率直に述べているように、作品は、全く目もあてられないようなひどいものだった。しかし、最終的に提出される作品の出来とはまた別に、議論そのものの内容を重くみていたカーンの教育の仕方がここに良く出ていると思う。[H02, p.126]

- 例えば作品を批評する場面で、「ここは人が集まる場所として弱いんじゃないか」とカーンが言います。そこで終わりではなく、例えば「下の図書館の奥の右側の棚にあるルネサンスの本を持って来い」と指示し、「この中庭を見てみなさい。私が言っているのはこういう力のことだ。君の作品にはそれがないだろう」と言います。[H04, p.72]

仕事の様子

- カーンにとって創作とは、インスピレーションに始まるものであり、インスピレーションは個人の内に訪れるものである以上、共同作業は全くあり得ないことだった。（中略）カーンは実にエネルギッシュに、飽くことなく集中して、仕事をしていた。それは誰の目にも全く信じ難い超人的な姿に見えた。しかも彼は、いつも楽しそうに、自ら机に向かって木炭や鉛筆の粉で手を黒くしながら仕事をしていた。カーンの事務所は、事務所という組織とは程遠くむしろ個人的なアトリエか工房といったものだった。（実際彼の事務所は、経営的にも、仕事の管理においても全く目茶苦茶で、何度も破滅の危機に遭遇していたことは後で知った。）[H02, p.66]

- カーンは、初期の構想を、黄色いトレーシングペーパーに、木炭か太い黒色鉛筆でスケッチをすることが常だった。（中略）カーンの用いる粘土は、油粘土でも、最も固いもので、図画工作の時間の粘土細工に用いるようなぐにゃぐにゃと柔らかいものではなかった。（中略）木炭と粘土という粗く力強い方法が、かたちを探って混沌の中をさまようカーンの思考に、ぴったりしていたに違いない。[H02, p.69]

- なんとか、最初の学期を切り抜けた、冬の休暇の時、私に転機が訪れました。それは、この休みの間、先生のルイス・カーンの設計事務所にアルバイトで働きにいって、実際に仕事をするカーンの姿に接した時のことです。カーンは朝早く、自分の事務所に来て、朝日の入る小さな自分のアトリエで、ひとり鉛筆とパステルを手にして、設計案のスケッチをする、それが日課でした。[H04, p.44]

事務所でのエピソード

- ある時、私がダッカの国会議事堂の北側エントランスの図面の修正を手伝わされていたことがあった。その時、たまたまカーンが製図台のところにやってきた。私のいじっている図面は、白い大理石のトリムが水平に規則的に走っているコンクリート打放しの壁に、円い大きな開口があけられていて、それを斜めに横切って走っていく、あの特徴ある階段の立面図である。私は、壁本体と、階段の手すりが目地もなく同面で連続しているのをなんとなく奇異に思っていたところなので、「ここは分節されないでいいのか、階段は壁の一部なのか、独立しているものなのか」と質問した。カーンは、「これでいいのだ。階段は独立していると共に、壁の一部でもある。規則的に走る石のトリム、これは繰り返し鳴っている主調低音のようなものだ。それに重なって鳴るメロディのように円形の開口が置かれ、また階段が走る。対位法とはこのようなものだ。」と言った。それから随分長い間、対位法やバッハについての講釈が続き、そのうちまわりは、人の山になっていた。[H02, p.68]

- カーンは、午後遅く、日の沈むころ、私達大勢が仕事をしている製図室にやってきました。その部屋は、事務所の西側にありました。その窓辺に、カーンは立って、しばらく外を眺めて、そのまま黙って自分の部屋にもどっていくことがよくありました。私が不思議に思っていると、昔からいるスタッフのひとりが教えてくれました。「カーンは夕日を見ているんだ。夕日を見ながら、お祈りをしているんだ。だから、誰も話しかけちゃいけないんだ。」[H04, p.45]

- ある晩遅く、事務所に電話がかかってきました。秘書はもう帰ってしまっていたので、たまたま私がとったのです。それは、テレビ局からでした。明日の午後、テレビのトーク番組に出てもらえないかという依頼でした。カーンは、「明日は授業だから断ってくれ。」と言いました。それを伝えると電話のむこうのひとは、しつこく、では朝、アトリエでインタビューさせてくれと言ってきました。それを伝えるとカーンは、激しく「ノー。絶対にためだ」と言ったのです。それからそこに居た私達にこう言ったのです。「朝は私にとって、一番大切な、神聖な時なんだ。何故って、鉛筆をとって紙に向ってデッサンをしている時こそ、建築家にとって、一番嬉しい時なんだからね。」[H04, p.44]

- ある時、私は、パキスタンの首都イスラマバッドの大統領官邸の、初期の粘土模型をつくっていた。インドから来ていた女子留学生ミーナも一緒だった。大統領官邸はゆるやかな丘に組み込むように配置され、丘の上に遊歩道がのびやかに走る。ミーナは、建物の幾何学的な構成と、庭園のピクチャレスクな構成との違いについてたずねた。（中略）カーンはたちどころにそれに応じ、「ああ、建築はいつも幾何学の支配下にある。我々は常にその庇護と圧力の中で仕事をしている。ランドスケープをやる時、私達はその支配から解放されているのだ。それを楽しまなければね。」と言って、音楽家がタクトを振るように楽しそうに腕をふり回した。[H02, p.68]

引用一覧（各引用文末尾の記号と対応）
[H01] 香山壽夫：『建築家の仕事とはどういうものか』，王国社，1999.11
[H02] 香山壽夫：『ルイス・カーンとはだれか』，王国社，2003.10
[H03] 香山壽夫：『人はなぜ建てるのか』，王国社，2007.01
[H04] 香山壽夫：『プロフェッショナルとは何か　若き建築家のために』，王国社，2014.08
[H05] 香山壽夫：『人を動かす設計術』，王国社，2019.09

藤本氏の著述にみるルイス・カーン

自身の創作におけるカーンの存在

– When did you first become aware of Kahn?

One of my teachers at university, Hisao Kohyama, had been studying with Louis Kahn at the University of Pennsylvania. So it was very natural for us to know Louis Kahn's work from him.

– What interests you in Kahn's work?

Probably his attitudes to finding new forms or to finding primary forms or spaces. My architectural thinking is in a sense mainly influenced by Louis Kahn's concept of the beginning or what a building wants to be. When I talk about the primitive future, I actually go back to the starting point or beginning of human behaviors or, of course, materials, surroundings, and people's activities. I like to start from such a kind of very, very fundamental basis and to rethink: what is a place for people? Or what is the structure? Or what is... everything. In every project I like to start from this kind of basis, to think about new architecture from primitive basics.

– In which respects can Kahn's work be an inspiration for architects today?

We have to develop Louis Kahn's ideas in a more contemporary way. The monumentality and the community, a place for people or a monument for people. For example, I designed a center for mentally impaired children. My client and I tried to design the space in a way that does not force children to do something but allows them to do various different kinds of things. So for me the power of architecture should be used for such a kind of openness. Recently I have been doing a kind of monumental building. We won two international competitions last year, one in Serbia and one in Taiwan. And both include designing a huge public plaza for people and creating a monument. But we try to create a kind of soft or subtle monument... A strong monument, which at the same time is very open for people. It may sound like a contradiction... but I think it's possible.

So in this twenty-first century we could be inspired by Louis Kahn's philosophy to provide a space for people or to create a kind of a community by the power of the architecture. But the shape or form or existence of architecture is now changing. So we can make more and more subtle or phenomenal architecture to realize such a kind of community plaza.

– Kahn was fascinated by ruins. Looking at your work. we sense a similar fascination.

For me the ruin is one of the sliding points of architecture which is not yet architecture. Sometimes it is just walls, structures, arcs-something. But it inspires various different behaviors. I think that is the beginning of a relationship between the space and people. So in the House N project in Japan I try to use this power of ruins to create layers: the outer box is just like a ruin, the concrete structure allows people to come in and get out. The rain comes in, the wind blows through it. It is the soft, subtle boundary of the territory, of the house, but, of course, made by concrete, it is also a very strict boundary. And then we have two more "boxes." It allows people to have many different choices according to their feelings or according to the seasons and the weather. That is the basic concept for me of the ruins. Ruins are very open, so people can be very creative. They can find meanings in a meaningless situation.

– Kahn liked to speak in metaphors. You have been speaking about the cave and the nest as two embryonic stages of architecture.

I like metaphors and analogies-for example, "architecture like a forest." It is a method of inspiring ourselves to think about architecture in a different way. How to make something between architecture and a forest. Or how to put natural ideas in architecture? Could you create something unexpected? I don't want to be stuck in such a metaphor, but I like to find a new viewpoint from which to understand architecture. The metaphors help me to start.

– Where do you see Kahn's position within the history of modern architecture?

My heroes are Le Corbusier, Mies van der Rohe, and Louis Kahn-and I like to try to go beyond them. The story of continuity is exciting. To be inspired by the former guys, but to have to go beyond them.
Louis Kahn is unique, not just in going the opposite way to modernism, but in going much deeper to overcome modernism. So maybe our generation could be inspired by this kind of really fundamental, not primitive, viewpoint to rethink the whole history of architecture. Louis Kahn is still alive for us to create such inspiration. [S01, p.277]

カーンの作品への関心

　ルイス・カーンは建築もつくりましたが、けっこうランドスケープ的な、あるいはもうちょっとアルカイックな、建築になる前の建築のようなものを志向していましたね。僕はこの表紙になっている＜フィッシャー邸＞に、四年ぐらい前に行ったことがあります。妹島和世さんと西沢立衛さんも一緒だったんですが、フィッシャーさんがまだご存命でした。この本のなかにはフィッシャーさんと齋藤さんの対話が載っていまして、その話をそのまま僕らにもしてくれまして、自分が五年にいっぺん壁を塗り替えているとか、カーンの話とか、いろんなことを教えてくれました。

　この本のなかに＜フィッシャー邸＞の基礎の写真があるんですよ。実は＜フィッシャー邸＞にもこの写真が飾ってあるんですが、この写真がカーンの本質をあらわしていると思います。基礎なのでまだ建築になっていないですが、さっきのリチャード・ロングのアートにもつながるような、それでいて『建築家なしの建築』に出てきても不思議ではないような、建物のかたちがかすかに見えはじめているような写真で、カッコいいですね。こういうランドスケープ的な視点がカーンの建築にはあるのではないかという気がしています。＜ソーク研究所＞の建築もそうですね。

　カーンの本でもうひとつ好きなものがあって、それが『PLAY MOUNTAIN』（マルモ出版、一九九六年）というイサム・ノグチとルイス・カーンが一緒にやったランドスケープの一群の作品集です。お山みたいなものをつくってそこがすべり台になっていたり、くぼみみたいなものがあったりします。イサム・ノグチとお互いに刺激し合ったと思いますが、カーンのランドスケープ・アーティストとしての非常に強い視点がありますね。建築の本ではないので、逆に刺激を受けます。さっきのルドフスキーの集落とはちょっと違う、プレイマウンテンという謎の山が世界のなかにあって、両方に人が関わっていくのがまた面白いところですね。[S02, p.109]

引用一覧（各引用文末尾の記号と対応）
[S01] 'Louis Kahn: The Power of Architecture', Vitra Design Stiftung, 2013.02
[S02] 藤本壮介ほか：『建築家の読書術』, TOTO出版 , 2010.10

その他文献にみるルイス・カーンと教育

教育に関するカーン自身のことば

・私が学生と語るときにつねに抱いている感情は、誰しも私の仕事を越えて行く可能性があるということです。学生たちは実際には越えて行きませんが、しかしこれが私の態度です。学校にいるのはチャペルにいることのようだと私は感じ取っています。私の務めは讃美歌を書くことです。私は授業でいきいきと元気づけられ、挑戦を受けて仕事へ戻ります。おそらく私は教えることよりももっと多くのものを学生たちから学びます。これはなにも授業で手を抜いているわけではありません。それはただ学ぶというよりも、私が私自身の方法で学ぶのです。学生が私に教えることではなく、かけがえのない人を前にして、私が私自身に教えることなのです。だから教えることはかけがえのない人によるかけがえのない人に対する技術です。それはグループへ話すことではありません。つまりグループはたくさんのかけがえのない人という事態にすぎません。かけがえのない人だけがかけがえのない人に教えることができるのであって、かけがえのない人たちがあなた自身のかけがえのなさを教えます。[K01, p.10]

・－あなたから学んだ多くの人は、あなたのスピリットを感覚できたでしょうか。

（笑いながら）なによりもまず、かれらはまだ若すぎます。いや、多くの人は感じ取っているでしょう。しかしそれについて話すことは危険です。なぜなら、どういうふうに－〈いつ〉－ひとりの人が成長するかというのことはわからないからです。それを見抜くことは確かに難しいことでしょう。

私の方法を模倣する人は何も学んだことにはなりません。多くの人は私を模倣します。しかしまた多くの人は〈かれら〉の方法で自分自身を表現します。その方法は、私がよしとする教えを必ずしも明確に反映してはいないのですが。自分自身の作品を説明するために私の言葉－それは私が伝えることができたよりももっと明確でさえあるのですが－を用いるような人はたいした仕事はしていないようです。

できるだけ〈自分自身〉であり、できるだけ独自のものであらねばならないので、教える言葉は、どんな仕方であれ、はっきり見えてはなりません。まったく見えなくなるくらいに、それは学生たちのかけがえのなさのなかへと変換されていなければなりません。

それゆえ、それは相反することです。それは直接に答えることは難しい質問です。なぜなら、学生たちの作品はしばしばあなた（教師）のもののようでなく、しかもそれでいて最高のものです。あなた（教師）の言葉をただ繰り返している学生はいいとはいえません。[K01, p.72]

・一本の木の下のひとりの男－その男は自分が教師であることを知りません－は、自分たちが生徒であることを知らないわずかの子供たちと話していました。かれらは互いに認め合い、そして最初のクラスルームが建てられました。それが「学校」の元初でした。[K01, p.54]

・建築の学校における聖なる場所とは何か。ロビーかもしれないし、互いに批評するために集まる場所がそれかもしれない。あなたの作品に対する批評とは、たとえほんの数人しかそこにいないとしても、百万人の承認と同じです。それは、あなたが発表したものを、あなたが信じることを学ぶことであり、それはまことに大きなことなのです。

ですから、それを講評室と呼んでもいいでしょう。ただしそれは、あなた達の集まる場所、クラス全員の集まる場所です。……一枚の紙切れから始まった……建物をつくる経験を総括するために集まる場所なのです。

誰かを招いて、批評してもらうことは、大層貴重な勉強になります。－それは、ある信念を持った人からの、厳しい批評であるかもしれない－。しかしそれを採点と受け取ることはありません。採点は教師の仕事です。外から招いた人に採点を頼むことは、やりすぎです。彼は批評してくれればいい。そしてその批評は採点ではない。

私は、講評会で採点することに反対です。私は、それを単なる採点会議だと考えては、絶対にいけないと思います。（そういう会では）先生が、次の人始めて、と言った途端におしまいです。その学生は、そこに木の葉のようにふるえながら立つ。知らない人達の前で、自分の作品について話すのです。一晩徹夜した後に、あるいは二晩徹夜したかもしれない。学生は、猫のように気が高ぶっていて、それでも精一杯やっているのです。だから講評会で採点などしてはいけない、と私は思うのです。それは、決してどなりつけられるような場所ではないことを、はっきりさせておかなくてはならない。そこでは精神がかき立てられ、その雰囲気は楽しいものであるべきです。[K02, p.78]

カーンの受けた教育

引用一覧（各引用文末尾の記号と対応）
[K01] ルイス・カーン著，前田忠直訳：『ルイス・カーン建築論集』，鹿島出版会，2008
[K02] ペーター・パパデメトリュー著，香山壽夫訳：『建築家の講義—ルイス・カーン』，丸善，2007（原著1969）
[K03] スピロ・コストフ（著），槇文彦（監訳）：『建築家 職能の歴史』，日経アーキテクチュア，1981
[K04] John F. Harbeson, 'The study of architectural design, with special reference to the program of the Beaux-arts institute of design', 1926

工藤国雄
KUDO Kunio

1938	北海道生まれ
1959~63	東京工業大学建築学科
1963~69	東京工業大学社会工学科博士課程
1969~70	ペンシルベニア大学地域科学科
1970	工学博士
1970~71	ルイス・カーン建築設計事務所
1971~72	渡欧
1972	東京工業大学社会工学科　助手
1972~81	名古屋工業大学建築学科　助教授
1977~78	ブラウン大学　客員助教授
1982	ニューヨーク移住
1984~16	コロンビア大学建築学科　教員

主な著書
1972	『方法の美学』(井上書院)
1975	『私のルイス・カーン』(鹿島出版会)
1980	『ルイス・カーン論 - 建築の実存と方法』
	(彰国社)
1981	『講座 - ルイス・カーン』(明言社)

安田幸一
YASUDA Koichi

1958	神奈川県生まれ
1977~81	東京工業大学建築学科
1981~83	東京工業大学院修士課程
1983.3	ニューヨークの工藤国雄氏を訪ねる
1983~02	日建設計
1987~89	イェール大学院建築学部修士課程
1988~91	バーナード・チュミ・アーキテクツ
2002	東京工業大学助教授，安田アトリエ設立
2007~	東京工業大学教授，安田アトリエ主宰

主な作品
2002	ポーラ美術館
2010	東京工業大学附属図書館
2017	京都女子大学図書館
2019	福田美術館

LOUIS I. KAHN
LECTURE SERIES

ルイス・カーン研究連続講演会

講演日：2022 年 10 月 20 日
会場：東京工業大学
百年記念館フェライトホール

03

イェール大学における
カーンの作品と思想
The Works and Thinkings of Kahn at Yale University

工藤国雄×安田幸一
KUDO Kunio, YASUDA Koichi

講演会概要

第3回では、工藤国雄氏に再び登壇いただき、安田幸一氏とともに、カーンが建築家として世界的に知られる契機となったイェール・アートギャラリーについて、それぞれの視点から講演が展開された。

安田氏はイェールにおける都市環境や著名な建築家を紹介し、他者との関係に基づき他律的に生じたカーンの霊気について議論を展開した。その中でも、PSFS ビルを設計しカーンを協働していたジョージ・ハウ（1886-1955）は、サーブド / サーバントスペースというカーンの設計思想に影響を与えた可能性があること、また長期に渡りカーンと協働していたアン・ティン（1920-2011）は、イェール・アートギャラリーの設計の際、スペース・フレームを導入する設計プロセスにおいて、より直接的な影響を与えたと考えられることを示した。

工藤氏はアン・ティンがカーンにとって協力者かつ精神的な寄りどころであったことを「Big Cat を Lion King にした」と表現し、カーンの霊気はより内在的で、他者からの干渉を拒み、独自の思想と言葉の共鳴であると指摘した。また、工藤氏はカーンの設計論と彼特有のコスモロジーについて、見えない光と見える光、精神と物質、存在と現象、沈黙と光といった表裏一体の概念から物の存在と建築の本髄を問うものとして論じた。そして測りえない世界と測りえる世界を連結するのがフォームであり、それから生まれるデザインは、自然の法則と人間の合意に基づきオーダーを探し求めるプロセスであることが示された。

カーンの霊気は、彼のコスモロジーの自律的な思考システムから発せられるのであり、彼のスケッチやダイアグラムは彼の内なる己の現れと解釈であるとも捉えられるだろ

In the third Lecture, Mr. Kunio Kudo and Prof. Koichi Yasuda spoke about Kahn at Yale University, New Haven and Yale Art Gallery which led to Kahn's worldwide recognition as an architect.

Mr. Yasuda introduced the urban environment and prominent architects related to Yale University and discussed Kahn's Aura being formed based on relationships with others. Among them, he mentioned George Howe, who collaborated with Kahn, might have a influence to Kahn the served / servant space in the beginning of the concept by PSFS performance, and Anne Tyng, who has been considered to have had a significant influence on Kahn, by her geometrical solution technique.

Mr. Kudo also mentioned Anne Tyng as a collaborator and spiritual support for Kahn, "Turning Big Cat into Lion King" However, he pointed out that Kahn's Aura is more intrinsic, refusing interference from others, which is the resonation of Kahn's thoughts and words. Mr. Kudo discussed Kahn's cosmology and design theory questioning the existence and essence of architecture as the two sides of the same coin, as Silence and Light, non-luminous and luminous light, spirit and material, existence and presence.

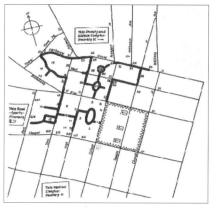

Fig.01　ニュー・ヘブンの地図

Fig.02　イェール・アートギャラリー 外観
奥に美術・建築学部棟, 左にブリティッシュ・アート・センター
（安田氏撮影, 1983 年）

イントロダクション

工藤氏と安田氏のカーンとの関わり

安田: 今回は第1回にもご登壇いただいた工藤国雄さんと、私が務めさせていただきます。まずはこれからお話しをいただく工藤さんと、ルイス・カーンおよびカーンの協働者であるジョージ・ハウ（George Howe）の関係を簡単にご紹介します。ジョージ・ハウはイェール大学で主任教授だったこともあり、カーンとはペン大時代からの長い付き合いがありました。工藤さんはルイス・カーンに関する著作を3冊出版されており、たくさんの雑誌でもカーンについてコメントされています。また、ペンシルベニア大学で勉強した後にカーン事務所に在籍した経歴をお持ちです。それから私自身ですが、カーンの二つの美術館があるイェール大学で学んでいた経験からイェール大学のお話をさせていただくことになりました。次の資料［p.98-99 参照］は私が本日お話しするイェール・アートギャラリーの設計プロセスについて、私の研究室の平助教と学生で作成した資料です。イェール・アートギャラリーは1951年から52年6月までの短い期間で設計されており、その間の変遷や、最大の特徴であるスペース・フレームができた時期について、講演会の前半でご説明させていただきます。後半は工藤先生にカーンの思想にまつわる解説をしていただき、最後に2人で対談を行いたいと思います。

講演 - 安田幸一

イェール大学におけるカーン

　カーンといえば、ペンシルベニア大学の卒業生という印象を多くの方がお持ちだと思います。第1回にビデオ出演していただいた志水先生と第2回にご登壇いただいた香山先生は、リチャーズ医学研究棟に魅せられてカーンが居るペンシルベニア大学に行かれたわけですし、カーン＝ペンシルベニア大学であるといっても過言ではないと思います。カーンは建築家であるのと同時に教育者でもあり、カーンを語るうえで建築家と教育者の両側面をみる必要があるわけですが、教育者としての原点はイェール大学にあるといえます。実は、ペンシルベニア大学の教授になる以前の1947年から10年間に渡ってイェール大学で教授として教鞭をとっています。さらに、建築家としてカーンの名前が広まったプロジェクトは1953年に完成したイェール大学のアートギャラリーです。つまり、建築家ルイス・カーンがどのように誕生したのかということについても、アートギャラリーのプロジェクトを通して語れると考えています。

　イェール大学について簡単にご説明します。イェール大学は、アメリカ独立時に東海岸につくられた街コネチカット州ニュー・ヘブンに位置し、アイビーリーグ最初の7校の1つです。ニュー・ヘブンはアメリカ最初の都市計画によってつくられた街で、街の中心に9つの正方形でつくられた9グリットと呼ばれる街区があり、この街区から放射状に街が組まれています。

　［Fig.01］はキャンパス中心部の地図ですが、赤い印でマークされたジューイッシュ・コミュニティセンターとイェール・アートギャラリーとブリティッシュ・アート・センターをカーンが設計しています。近くにはポール・ルドルフが設計した美術・建築学部棟（Art&Architecture Building）、通称 AA ビルと呼ばれる建築学部が入る建物も

（左）Fig.03　アート＆アーキテクチャ・ビルディング（ポール・ルドルフ,1963年）を垂直方向に２倍にしたもの
（右）Fig.04　ロイズ・オブ・ロンドン（リチャード・ロジャース,1984年）

Fig.05　カーンとスペース・フレーム

あります。ちなみに、この地図にあるグリーンの横に私が住んでいたアパートがあり、私は２年間毎日カーンによる２つの美術館の間を通って大学に通っていました[Fig.02]。

イェール大学にはゴシック建築で構成されるキャンパスのなかに、著名なモダン建築がたくさん建っています。例えば、エーロ・サーリネンのアイスホッケーリンクやSOMが設計した稀覯本図書館をはじめとした有名な近代建築などです。これらのたくさんの建築物のなかに、現在は美術学部が入るジューイッシュ・コミュニティセンターをカーンは1951年に建てています。そして、1953年にイェール・アートギャラリーが、1977年にブリティッシュ・アート・センターが竣工しており、カーンが建築家として名を馳せた最初の作品がイェール・アートギャラリーだとすれば、最後の作品が最初の作品の対面に建っているのです。イェール大学の建築学部からはノーマン・フォスターやリチャード・ロジャースなど、多数の建築家が輩出されています。

[Fig.03, 04]は、ルドルフのAAビルを縦に２倍に伸ばしたものと、その20年後の1984年にリチャード・ロジャースが作ったロイズ・オブ・ロンドンで、プロポーションも構成も非常に似ています。イェール大学での豊かな学生生活と経験が、卒業した建築家達へ強い影響を与えたことを示しています。

イェール・アートギャラリーの設計プロセス

ここからは、イェール・アートギャラリーのお話をしたいと思います。[Fig.05]は、カーンを一躍有名にした写真といえるでしょう。三角形のスペース・フレームをカーンが見上げている写真であり、光と影が非常に象徴的に表現されています。

イェール・アートギャラリーは古い校舎の増築です。1832年に西半球初の大学美術館としてイェール・アートギャラリーが誕生して以来コレクションが増え続け、1930年代に大きな額の寄付があったことで増築の予算が

付きました。当初、フィリップ・グッドウィン（Philip L. Goodwin）とエド・ストーン（Edward Stone）が1941年からギャラリーの増築計画を作っていましたが、建設費用がかかりすぎて1950年末にプロジェクトから降ろされてしまいます。一方、カーンは1947年から1957年までの10年間に渡り建築学部の教授としてイェールで教鞭を執ることになります。ローマ滞在中の1951年1月に、アートギャラリーの増築計画の設計を依頼されます。そのときの条件では、ダグラス・オール（Douglas Orr）というカーンより10歳くらい歳上の地元建築家と協働することが条件となっていました。カーンが設計を始めた時点での要件は、美術学部・建築学部の教室群とアートギャラリーが併存するコンプレックスというプログラムでした。将来的には教室群はキャンパスの別の場所に新しく建てる想定でしたが、しばらくの間は教室として使う可能性があったので、将来変更できるようにフレキシビリティのある空間作りを求められました。ちなみに、そのときの建築学部主任がジョージ・ハウでした。エーロ・サーリネンは物理学科の建物を設計していたのですが、ヴィンセント・スカーリーの本によると、サーリネンはカーンがアートギャラリーの設計者に就任することに反対したと記録されています。

カーンが指名を受けた1951年1月から3月の間は、カーンがローマにいたので、基本的に設計のほとんどを共同設計者であるダグラス・オールが担当し、建物のプログラムはジョージ・ハウが作っていました。ここでジョージ・ハウの紹介をしますと、ハウは1930年代にPSFSビルというアメリカで初めて空調設備を有した超高層オフィスビルをウィリアム・レスケーズ（William Lescaze）と協働して設計した建築家です。その後、1941年から43年にかけてカーンともパートナーシップ契約を結び、ペンシルベニア州に多数のハウジングをカーンと協働で設計しています。[Fig.06]がそのうちのひとつですが、プロポーションやピロティの作りかたにカーンの好みが如実に表れていると思います。カーンは後にサーブド・スペースとサーバント・スペースという考えに至りますが、建築と設備の融合に関

Fig.06　Carver Court ルイス・カーンとジョージ・ハウの共同設計

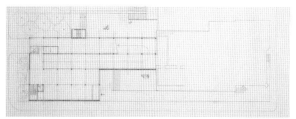

Fig.07　平面図, 1951 年 4 月 9 日
正方形グリッドとスロープの構成

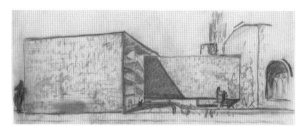

Fig.08　チャペルストリート側の外観パース, 1951 年 4 月頃
隣接する既存棟との関係が考慮されている

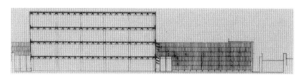

Fig.09　断面図, 1951 年 5 月 8 日
ヴォールト形状の天井があらわれる

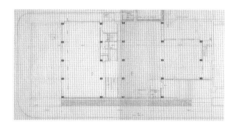

Fig.10　平面図, 1951 年 9 月 25 日
グリッドのスパンが変更される

Fig.11　中庭側の外観パース, 1951 年 9 月頃
ガラス立面と段々状のテラス

Fig.12　内観パース, 1952 年 2 月頃
ヴォールト天井が中止となり, 梁と吸音板があらわれている

する基礎的な知識と考え方をジョージ・ハウから学んでいたからではないかと思います。

　カーンの帰国後、1951 年の 4 月から案が展開していきます。[Fig07, 08] はそのときの平面図とスケッチです。図面は主に共同設計者であるオール事務所が描いていましたが、パースはカーンによるものです。初期の案はグリッドによる構成で、20 フィート × 22 フィートのほぼ正方形グリッドで構成され、天井はフラット、平面中央にスロープがありました。このスロープがあることで西側テラスと北側テラスが繋がってきて、中庭と道路側とが動線的にも結ばれました。街路チャペルストリートに対して圧倒的な壁がアートギャラリーの特徴ともなっていますが、隣のゴシック建築の延長として重厚感を保ちながら、南側の強い日差しを遮断し、ソリッドなファサードが当初から検討されていました。

　4 月から 5 月にかけて第 2 案に発展します [Fig.09]。ここではテラス側に抜けるピロティが存在し、さらにヴォールト天井が登場しています。このヴォールト天井の方向に注目すると、ちょうどチャペルストリートと直交方向に架けられています。また、西側のテラスをサンクンガーデンとして北側のテラスに繋げるという構成がみられます。

　9 月になると、新しいグリッドが登場します [Fig.10]。42.4 フィート × 19.4 フィートの長方形のグリッドで、かなり大きなスパンです。西側のテラスはサンクンガーデンがなくなってエントランスに登る階段に変化しており、北側のテラスは中庭との結びつきを強めるために段々状のテラスが作られています。それから 1 階に多くの諸室を入れ込むために、少し面積を広げています。躯体の形等はほとんど最終形に近づいています。

　[Fig.11] がパースです。右側のテラスが段々状の北側テラスで、こちら側の立面は総ガラス張りになっています。カーンは中庭側の風景を非常に大事にしていたようで、こちら側のパースがたくさん残されています。断面図には連続するヴォールト天井が示されていますが、3 か月後の1952 年 1 月になるとコストが問題になり、鋼材の費用が

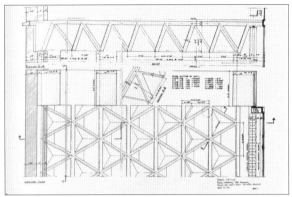

Fig.13　スペース・フレーム詳細図，1952年4月18日

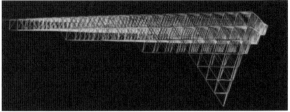

Fig.14　小学校のプロジェクト 模型　（アン・ティン，1949-51）

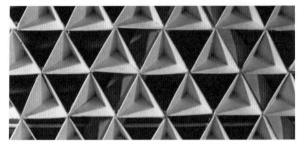

Fig.15　イェール・アートギャラリー 模型　1951-53年頃製作

かかりすぎるヴォールト天井をやめて柱梁にするよう
イェール大学側から強い要望を受け、[Fig.12]の案を作っ
ています。梁と梁の間に直交して仕切られている遮蔽物は
小梁ではなく、吸音板がぶら下がっていて、その吸音板を
貫通するようにダクトが走っています。

スペース・フレームはいつ誕生したのか

カーンを有名にしたコンクリート製のスペース・フレー
ムが誕生した時期について、多くの著作がありますが、ど
れも確実な情報とは言い難いものでした。ただし、1952
年4月18日に[Fig.13]のようなスラブの詳細図が書かれ
ていることははっきりしています。寸法は最終案と少し違
いますが、この時点でスペース・フレームのアイデアが完
成していたといえます。

ところで、バックミンスター・フラーからの影響を想像
する方も多いと思いますが、歴史家ヴィンセント・スカー
リーがそのことについてコメントしています。バックミン
スター・フラーは1952年にイェール大学で教えています
から、カーンもそのときに会っているということと、イェー
ル・アートギャラリーとフラーのジオデジック・ドームを
比較すると、ドームは正三角形を構成するように3方向に
走っているということです。

一方、協働していたアン・ティン（Anne Tyng）という
女性建築家の影響が非常に大きかったという説もありま
す。[Fig.14]は、アン・ティンが個人で設計した小学校の
トラスの模型です。この小学校は鉄骨が主構造で、1950
年から51年の間に作られたものであり、イェール・アー
トギャラリーよりずっと以前から、スペース・フレームに
似たものをアン・ティンが手掛けていたことになります。

[Fig.15]は、当時イェール・アートギャラリー用に作ら
れたと思われる模型です。この模型が作られた日付は
1951年から53年の間としか書かれておらず、正確な日付
が分からないので断定はできません。イェール・アートギャ
ラリーの天井のイメージに非常に近いものだと考えます。

ただし、この模型の時点では華奢な部材で作られており、
実際のガッチリとしたコンクリート・フレームとは印象が
異なりますが、構成的にはイェール・アートギャラリーそ
のものといえると思います。

カーンがアン・ティンに宛てた1954年3月の手紙のな
かに、スペース・フレームと三角形のトラス状の柱からな
るスケッチが描かれています[Fig.16]。そして手紙には、
イェール・アートギャラリーはこうあるべきだったのでは
ないかということが書かれています。その後に取り組んだ
有名な超高層プロジェクトの断面を見ると[Fig.17]、
イェール・アートギャラリーとまったく同じ断面形が現れ
ます。後ほど工藤先生からもコメントがあると思いますが、
アン・ティンがカーンとの協働のなかで果たした貢献度合
いがかなり大きかったことは、間違いありません。

1951年1月から52年6月の設計期間のなかで、スペー
ス・フレーム案が登場した時期については諸説あります。
1番早い時期を想定しているのが、第1説のP.ロード氏
です。彼女はカーンの手掛けたミュージアムについて研究
を行い、ハーバード大学で博士号を取得しています。ロー
ド氏は『ルイス・カーン— 建築の世界』で「構造コンサ
ルタントのHenry A. Pfistererは、1951年9月に作られた
と思われるカーンの考えを表す模型を……説明している」
と書いていますが、それはアン・ティンによる小学校の模
型だったのではないかと想像できます。

第2説は、アン・ティンがカーンと交わした手紙をまと
めた書籍『Louis Kahn to Anne Tyng: The Rome Letter
1953-1954』には「バッキー（バックミンスター・フラー）
がイェールの客員クリティークに来たのは、天井にオク
テット幾何学を用いることが決まった後のことである……
私の小学校の模型（1951）はルーのすぐ目の前に置いて
あった。彼は鉛筆サイズのダクトをいろいろ通して、空洞
としての「サーバント・スペース」として機能するかを試
してみた」とアン・ティンが書いています。さらにアン・
ティンは、自分の方がカーンよりも先に考え付いていたと
も主張しています。しかし真相は不明です。

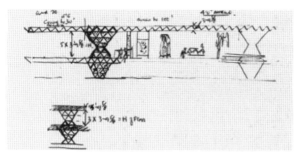

Fig.16　アン・ティン宛の手紙に描かれたスケッチ, 1954 年 3 月

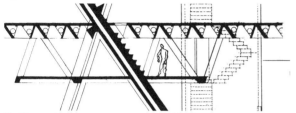

Fig.17　フィラデルフィア・シティ・タワー 断面図

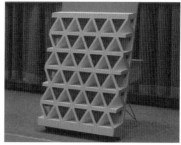

Fig.18　スペース・フレーム 模型（講演会運営委員会製作）

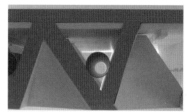

Fig.19　スペース・フレーム内のダクトの納まり

　第 3 説は、ヴィンセント・スカーリーが 1962 年に書いた『Louis I. Kahn: Makers of Contemporary Architecture』のなかに書かれています。「バックミンスター・フラーがイェールに来た 1952 年まで、案に何回も変更があった。カーンはフラーと数週間に渡って話し続けた。……フラーに影響されたことを、カーンは時に認め、時に否定した」と書かれています。カーン自身はフラーの影響があったと明言はしていませんが、1952 年にフラーがイェールに来た後にスペース・フレームが誕生したのであれば、3 月から 6 月の非常に短い期間であったと考えられます。

　第 4 説は、『Louis I. Kahn: Exposed Concrete andHollow Stones, 1949-1959』に「1952 年 3 月上旬に、アン・ティンと共同で、バックミンスター・フラーのジオデシック・ドームやコンラッド・ワックスマン（Konrad Wachsmann）のさまざまなスペース・フレームをベースに、正四面体スラブ・システムを開発した」と書かれています。ワックスマンは、アン・ティンがカーン事務所で働く前に勤めていた構造家であり建築家ですが、彼は三角形のトラスを使ったプロジェクトをいくつも手がけていました [Fig.17]。この説では 3 月から 4 月ではないかということですが、これだけ説が考えられるなかで、実際はどの時点でカーンがスペース・フレームを採用したのかは分かりません。

　今回の企画チームの学生と私の研究室の学生が、スペース・フレームを 1/5 スケールの模型で再現してくれました [Fig.18, 19]。ここ（会場）に置いているものです。下から見上げたときには 3 方向に交差するマッシブなスペース・フレームに見えますが、実は、ピラミッドの間をダクトが通るようになっています。つまり、あのサーブド・スペースとサーバント・スペースがこのスペース・フレームで成立しているわけです。

　1952 年 6 月に着工し、スチール型枠の工夫なども経て、1953 年 11 月にアートギャラリーが竣工します。竣工時に発表された『プログレッシブ・アーキテクチャ』誌の目次には、ダグラス・オール・ルイス・カーン・アソシエイテッド・アーキテクツ（Douglas Orr-Louis I. Kahn Associated Architects）と記されており、このときは共同作品という扱いで、しかも、ダグラス・オールの方が先に名前が挙げられています。誌面には、コンクリート製スペース・フレームの仕組みについて大きく取り上げられています。完成したスペース・フレームは一見トラス状で 3 方向に梁が飛んでいるように見えますが、実際には構造的に効いているのは長手方向の梁だけで単純に 1 方向に斜めの梁が飛んでいます。そこに、正四面体の残りの 2 面がぶら下がっていて、ダクトはその隙間に挿入されています。これが後にリチャーズ医学研究棟やソーク生物学研究所などに発展していく、サーブド・スペースとサーバント・スペースの始まりであったと考えられます。

　『プログレッシブ・アーキテクチャ』誌にはフレキシビリティを保持するための工夫も紹介されています。美術館と教室を区切るパーティションは、工業生産によるスチール・パーティションを作って立て掛けるという単純なシステムが考案されました [Fig.20]。これは、ジョージ・ハウによるアイデアがかなり大きいと考えています。このパーティションによって一部の窓面が塞がれてしまったことに対し、カーンは非常に憤慨していたという記述もありますが、現在はカーンの意図の通りパーティションが取り外されています。

　エントランス部分の写真を見ると、チャペルストリート側はかなり閉じた印象です。それに対して、中庭から見たイェール・アートギャラリーのファサードは、ミースのガラス面と同じような手法でガラス面を作られています [Fig.21]。例えば、コートヤードからイェール・アートギャラリー越しにポール・ルドルフの建物が見えますが、このコートヤードはイェール大学にとっては非常に重要で、この場所で卒業式も行われます。こういう状況も踏まえ、カーンはコートヤード側のファサードの方を重要視していたのではないかと思います。正三角形のモチーフは、メイン階段にも現れます。

　チャペルストリートを挟んで、イェール大学ブリティッシュ・アート・センターが 1977 年に完成します。随分と

Fig.20　竣工当初設けられていたスチール・パーティション

Fig.21　中庭から見たイェール・アートギャラリー

印象が異なるのですが、水切りのシステムがイェール・アートギャラリーの方ではPCで作られていまして、ブリティッシュ・アート・センターの方の水切りはステンレスを曲げてL型に作っている。このディテールについては、新居千秋さんがカーン事務所で担当なさったと伺っております。ブリティッシュ・アート・センターの中庭は、中庭といってもインテリアですが、吹抜の部分と丸いコンクリートのシリンダー。それからの最上階、一見するとVの字型の巨大な梁に見えますが、実は内部は空洞になっていて、ダクトスペースになっています。これもサーブド・スペースとサーバント・スペースが組み合わされていると、捉えることができます。

イェール大学での安藤忠雄スタジオ

　最後に、私のイェール大学でのスタジオ作品を紹介します。イェール大学の1年時に安藤忠雄さんがアメリカでの最初の設計スタジオに参加しました。私にとっては、イェール大学で初めての授業が大阪弁だったわけです（笑）。

　そのときの課題が、ルドルフのAAビルを改修して現代建築美術館を作るという課題でした。当時コロンビアにいらした工藤さんにお会いして教えを請うなかで、著名な美術館を集約してその断面をみせるという考えに至りました[Fig.22]。F.L.ライトのグッゲンハイム美術館、コルビュジエの上野の国立西洋美術館、ミースのナショナル・ギャラリー、AAビルの道を挟んで隣に建つカーンのアートギャラリー、これらの美術館を忠実に再現して、いちばん特徴的な断面を見せ、さらに回転させることで、新しい空間が創造できることをめざしました。同時に著名な美術館の建築が目の前に1/1スケールで立ち現れ、4つ同時に隣り合わせで展示されることによって、スケールの比較もでき、かつさまざまなディテールを体感できるという場を作ることを構想しました。チャペルストリート側の敷地角にはルドルフの建物の一部を残存し、頂部から展望台のように4つのミュージアムを俯瞰できるようにしました。

　[Fig.23]は講評会のときの写真です。シーザー・ペリやピーター・アイゼンマンといった安藤さんが連れてきたたくさんの審査員を前にプレゼンしました。私はこのとき、30年以上前ですが、カーンのイェール・アートギャラリーの断面模型を作ったわけです。今回、レクチャーの機会を得て、改めてスペース・フレームを作り直すことができたということ、工藤さんと改めてご一緒できるということは、何かの縁を感じた次第です。

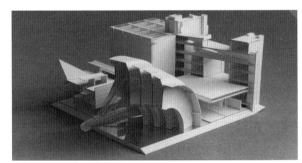

Fig.22　イェール大学 安藤スタジオにおける安田氏の模型

Fig.23　安藤スタジオの講評会風景（左に立つのが安田氏，右端に工藤氏）

Fig.24　カーンの宇宙観を表すスケッチ

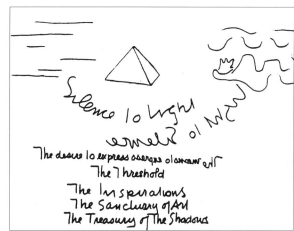

Fig.25　"Silence to Light, Light to Silence"

講演 - 工藤国雄

ルイス・カーンの宇宙、あるいは物質と生命

　ルイス・カーンの思想というのはイェールの時代にほとんど考えられ、発表されていて、ペン大に行ってからはその思想を現実の中にどう展開していくかということを考えていくわけです。ルイス・カーンの建築設計思想はイェール大学で Chief Critique（首席スタジオ・マスター）として教鞭を執っている期間に醸成され、学生の機関誌『パースペクタ（Perspecta）』2、3、4号で発表されていった。ペン大に移籍（1957）してからは、理論を現実の中にどう展開していくかということが主題になります。従来の図面教育から、設計以前のコンセプト教育、そしてそのコンセプトに形を与えるのが建築教育の中心になっていきました。それが愛弟子ロバート・ベンチューリの『建築の複合と対立（Complexity and Contradiction in Architecture）』を経て、ポストモダンの引き金となります。

　アメリカの大学はそれぞれ独自構造を持っていますが、建築教育では概ね数人から十数人ほどの学生を単位とするスタジオの集合体を作ります。それぞれのスタジオの長をクリティークと呼び、それを取りまとめるのがスタジオ・ディレクターですが、カーンはこれをチーフ・クリティークと呼称しました。カーンはジョージ・ハウがイェールに就任するよりも7年前（1947年）に、イェールのクリティークになっていました。これには多分フィリップ・ジョンソン（ハーバード時代のアン・ティンの学友）の手引きがあっただろうと思います。だからジョージの就任には、学生を動員して私的な歓迎会を開き「ジョージ・ハウは建築界のトスカニーニだ」と歓待しました。ところがジョージ・ハウにとっては、これが煙たかったのだろうと推測します。カーンの"チーフ"という呼称を外して全スタジオ・クリティークを平等に自分自身の下で統御しようとしました。こういう確執はアメリカの大学ではよくみかけることです

が、カーンは闘志むき出しの静かなる反撃に出ます。独自の設計思想・方法の確立とその世界頒布です。しかもそれはローマに去ったアン・ティンを引き止めるという自らの戦いと、さらにイェール・アートギャラリーの予期以上の成功と名声に伴う世間からの『NEXT 待望』との戦いとも重なり、そうした状況下での理論武装・理論闘争でした。

　ところがイェール大学はニューヨークとボストンの間にあるニューヘブンという町にあり、フィラデルフィアとニューヨーク間は2時間、ニューヨークからニューヘブンまで待ち時間を入れ3時間かかり、かれこれ片道5〜6時間もかかって通っていたことに驚きます。『フォーム』『デザイン』『オーダー』『サイレンス・アンド・ライト』といった概念的部品と組立は、この揺れる列車の食堂車でアン・ティンに向けて必死にしたためられた殴り書きの航空便書簡の中で育まれていくのです。

　さて、この有名なグラフィック［Fig.24］は、カーンが宇宙をどう考えているか、あるいは物質と生命をどう考えているかということを表しています。「永遠は2人の兄弟である。一方は芸術を求め、一方は技術を求める。一方は黒い光、一方は白い光。2つの光があまねく満ちて、和して激しく舞い踊り、燃え尽きて黄金の塵となる」とありますが、そういうことを表現したものです。2種類の光が和合して燃え盛る様子を示しています。黒い光はひからない光（non-luminous light）、白い光はひかる光（luminous-light）。黒い光は魂であり、見えないものです。白い光は見えるもの。芸術と技術。それらが戦って燃えて、男と女のことかもしれない。それらが燃え尽きて黄金の塵になる。

　また、こうも書いています。

　"Silence to Light, Light to Silence."［Fig.25］

　物質と生命、あるいは沈黙と光の結界。そこに全てのアートがあり、そこが影の美しさだと書いている。こういう表現の仕方にカーンの魔法があります。他の人にはなかった思想の表現、建築の考え方をこういう形で示されると、否定し難く、絶対的なものになります。だからパートナーに、誰がいたということは全て消えてしまうわけです。そこが

Fig.26　カーンから工藤氏への手紙

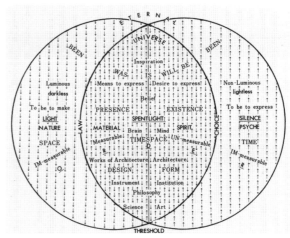

Fig.27　工藤氏によるカーンの建築概念の図解

カーンのマジックです。岡本太郎の太陽の塔がありますが、裏に磯崎さんが書いた黒い太陽があります。この黒い太陽がカーンのいう魂です。表は見える光、つまり物質です。その和合として黄金の塵になるわけです。

　カーンが私に書いてくれた送辞があります。免許皆伝のような一文です ［Fig.26］

It is such an honor to be architect to write a word to someone you take care too. This care stems from the aura I get from your diligence and great desire to learn and to reach toward to the spirit of Architecture. Such feelings makes you realize the unbroken chain from beginning to now of the modern in our profession.

「私が心掛ける若者に何らかの言葉を与える機会を得るということは建築家としてとても誇らしい。私の君への愛おしさは、君の＜建築の精神＞に向かっての真摯な精進と大いなる学の心から立ち上がるオーラに根ざしています。そしてその感情は、歴史の始まりから現代の今に至るで、建築家という職能に脈々と息づいてきた途切れることない連鎖に、私達に気付かせるのです。」

　そして次のように締めくくられています。

what was has always been. What is has always been. What will be has always been.

This is I believe and now you also do.

「あったものは既にあった。あるものも既にあった。あるだろうものも既にあった」「これが私の信念であり、今君の信念となる。」

Form と Design

　私達がカーンの思想に初めて触れたときに、いちばん問題になったのがフォーム（Form）という言葉です ［Fig.27, 28］。彼は、これをデザイン（Design）と対にして使っていて、デザインは色々な形であり、フォームはその種のようなものであるといえます。菊竹さんの「か、かた、かたち」とある意味同じ発想かもしれません。フォームはいわ

ば「かた」のようなもので、デザインはそこからくる無数の「かたち」です。デザインは計算可能で、フォームは計算不可能。それを分かりやすく私が翻案したものがこちらです ［Fig.29］。あらゆる地層があって、光らない光（フォーム）がさまざまなレイヤーで分岐していて、（デザインとして）色々に変化する、例えば美術館や図書館といった建物の種類によっても変化するということです。

Big Cat を Lion King に化かしたのは誰か？

　アン・ティンはカーンの恋人です。この頃は姦通罪というものがまだある時代で、女性が不利になる社会でした。彼女はカーンの子を宿しますが、そうすると彼女はアメリカ社会にいられなくなってローマに逃亡することになり、そしてそこで子どもを産んでまたアメリカに帰ってくるわけです。それはカーンとの話し合いで決められたことではなくて、カーンはどう解決してよいか分からない状態で、アン・ティンはそんなカーンを受け入れられなかったんですね。結局、彼女は自分だけで考えて、カーンにも親にも言わず、小さな貨物船に乗ってローマへの逃避行を決行します。

　アン・ティンがいなければ、カーンは絶えず頭に新しいことが浮かんで決められない人なんです。アン・ティンが決めていったわけです。私はスライドの冒頭で、誰が Big Cat を Lion King に化けさせたか？と提示しました。カーンはルーニー・ルーと呼ばれていて、これは夢見るルーという意味です。絶えず、考えが固定されない人。それをまとめていったのはアン・ティンです。

　イェール・アートギャラリーは、最初は単なる吊り天井でした ［Fig.30］。パネルを用いたものだったようです。それがアン・ティンの提案によって、あの正四面体の構造体へと生まれかわった。本来カーンはアン・ティンを協働設計者、パートナーとして同等に扱うべきでしたが、パートナーとはしなかった。パートナーではなく、愛し合う 2 人。愛情で結ばれた間に生まれてくるものの間には、子どもの

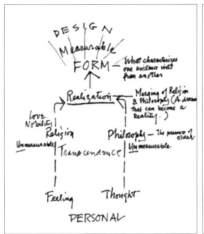

Fig.28　カーンによる "Form" の概念図

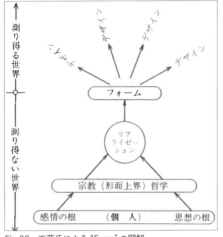

Fig.29　工藤氏による "Form" の図解

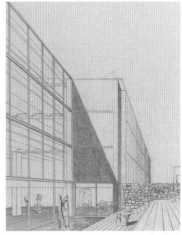

Fig.30　イェール・アートギャラリー 計画段階
の外観パース（1951 年）

ように生命力があるわけです。そのことを無視したり恥ずかしいこととして蓋をすると、建築ができる物語が単なるデータ的なものになってしまう。生命力があるものは、男と女の間に生まれてくることを示している例でしょう。

アン・ティンは宣教師を父に持ち、中国のルーシャン（盧山）という山岳地帯で生まれました。毛沢東による革命があって、アメリカに戻ります。彼女はハーバード GSD で初めての女子学生、アメリカで初めての女性の建築士になった人です。学生時代はグロピウスやマルセル・ブロイヤーが上にいて、その下にイオ・ミン・ペイやフィリップ・ジョンソンがいました。カーンのもとで働く前に彼女はコンラッド・ワックスマンのもとで働いています。ワックスマンは 1960 年頃に日本に来てワークショップを開くわけですが、それ以前にアン・ティンが働いていたんですね。

そしてカーンの事務所にきて、彼に幾何学と秩序を与えて立ち上がらせた。その男に向かって、「あなたこれをやりなさい。正四面体を建築的に使いなさい。やらなきゃ、あなたは世界的にはなれないよ！」と彼女は言ったそうです。"I want it! I want it!" 何かが欲望というものが湧き上がってくるプロセスですね。命のあるものは、愛があって生まれてくるもの。そうでないものはデータに過ぎない。

"Why bother to build it if you don't use an innovative structure"?

ルイス・カーンのローマ書簡の中に、アン・ティンとのやり取りの記録がありますが、アン・ティンがそのやり取りをもとにイェール・アートギャラリーの設計について書いた文章があります。

"Why bother to build it if you don't use an innovative structure?"
正三角錐を並べた幾何学空間を頭の中で正確に把握することは、不可能ではないまでもバッキーにしても困難だったと思う。しかしルーの場合は私の作った小学校プロジェクトの模型が目の前にあった。それに鉛筆を差し込んで、配

管をどうするこうする、ダクトをどうするこうすると決めることができた。イェール大学のアートギャラリーはルーにしてみれば人生初めての格の高い建築なのだ。失敗は許されないという配慮が先に立ち、最後の最後まで従来の工法にしがみついていた。業を煮やして私は言葉の刃を突きつけた。「ルー、危ない橋を渡らないのなら何も思い煩うことはないはずよ」

1951 年から 53 年にわたって私はルーと共にイェール大学アートギャラリーの設計に携わった。同時に自分の時間を見つけてはメリーランド州に建つ両親の家を設計した。建築史家の幾人かは、イェール・ギャラリーの天井やシティー・タワーの形状的類似性からバッキー・フラーの影響を語るが、実際それまでは二人の間に何も交流はなかった。ルーもバッキーも共に他人に頼らない独自の思想を重視したから、相手が優れていればいるほど互いに距離を置いた。バッキーにとって重要なのは純粋に幾何学的な形態の巨大な球体のエンベロープを実現することだったのに対して、ルーは人間の生活の場としての建築を、新しい幾何学の中に、ある意味、3 次元幾何学の森の樹々の中に、実現しようとしていたのだ。

パトリシア・カミング・ラウド（Patricia Cumming Loud）が彼女の著書『ルイス・カーンの美術館』の中で注意深く史実を追って論証しているように、バッキーがビジティング・クリティックとしてイェールに迎えられるのは、正四面体幾何学がイェール・アートギャラリーの天井の構造に採用された後なのだ。しかもその後 20 年ほど経ってバッキーの方から私に、自分も実際の建築、モスクの設計に応用したいので一緒に組まないかと誘いをかけてきたのだ。確か 1976 年私がイランで行われた国際女性建築家同盟のフォーラムに参加する直前だった。つまり影響を受けたのはルーではなくて、バッキーの方だったことになる。

またヴィンセント・スカーリーに至っては、ルーが訪れて熱狂的にスケッチを数多く残していることから、イェール・ギャラリーの根幹にはピラミッドの影響があるようなことを書いているが、スカーリーほどの歴史家がどうして

Fig.31　サーレマー島，エストニア

Fig.32　幼少期のカーン（右）

Fig.33　クレッサーレ城，エストニア

安易に形態的類似性から同一性を引き出すのか不思議でならない。第一、ピラミッドは中まで石の詰まったソリッドです。しかもその底は正方形です。私たちのイェール・ギャラリーの角錐は中抜けの三角錐です。ソリッドではありません。底も三角形なのです。先にも述べたようにあれは私の作った小学校の模型から着想されたもので、最後の最後の決断でああなったものなのです。他の何かをなぞったのではなく、中抜け正四面体、正三角錐で構成される立体機何学の中から自ずと生まれたものなのです。

対談 - 工藤国雄×安田幸一

カーンという人間はどのように生まれたのか

安田：ここからは私から工藤さんに質問し答えていただく形式で、テーマを2つに絞って質問したいと思います。まず1つ目の質問は、カーンという人間はどのように生まれたのか。生まれたというのは、出生のことも含めて、カーンの人間性がどのように構築されてきたのかを、生身の人間カーンを見てこられた工藤さんに語っていただきたいと思います。まずは、カーンが生まれたエストニアからお話しいただけますでしょうか？

工藤：エストニアのサーレマー島という写真の左側にある島で、カーンは生まれます [Fig.31]。この島の建物を着々と作っている職人達の村があるんですね。その中でカーンのお父さんは、兵士であると同時にステンドグラスのアーティストでもありました。冬になると寒くて氷柱がたくさんできたそうで、アーティストの父が氷柱を通して入る光の美しさについてカーンに伝えたというエピソードがあります。カーンの美に対する潜在意識のようなものが、ここで育まれたといえるでしょう。その後、カーンがアメリカに移住するのは確か5歳の頃です。ちなみにカーンには妹

が2人いました。写真の右がカーンですね [Fig.32]。これはエストニアにあるお城の写真ですが [Fig.33]、実にカーンらしいプロポーションをしていると思います。エストニアで身体的に染みついた形の潜在意識のようなものがあったんじゃないかと思います。

そしてもうひとつ、カーンは顔に火傷の痕がケロイドの形で残っていますが、どうしてできたのかというと、エストニアのようなところは火が大切なので、石炭を焚いている共同の場所があります。小さいときにカーンはそこに行って、炎の美しさに魅せられるわけです。そしてそれをよく見ようとして、火傷を負ってしまいました。そこで生と死の間を10日間くらい過ごすわけです。お父さんは「こんな苦しみを与えるくらいなら早く死んだ方が良い」と思うのに対して、お母さんは必死で支えます。カーンの母親は音楽家のメンデルスゾーンの家系の女性で、カーンの音楽的センスはお母さんから伝わったものだと思います。そうした母から伝わった感覚、そして父から伝わった美に対する感覚。肉体だけではなくて、皆さんもそうだと思いますけど、精神的なDNAが受け継がれているわけです。

絶えず助ける人が現れるというのも、カーンの人生に特徴的といえるでしょう。子どもの頃に、彼の絵というか落書きを、担任の先生か誰かがずっと捨てずに保管してくれていたんですね。その絵を見た人物が奨学金を出して、カーンを学校代表として美術学校に遣わしてくれたり……。また、あるお金持ちの学校の会議室にグランドピアノがあって、カーンはその音に聞きほれて自分でも弾いたんですね。最初からピアノが弾けちゃった。私達も口笛くらいなら同じようなことをやれますが、彼は一挙にピアノを弾いてみせたもんですから、今度はそこのお金持ちが感動してカーンの家にそのピアノを運びこんだそうです。ところがカーンの家はそれを置くにはあまりにも狭くて、カーンは寝る場所がなくなってピアノの上に寝たというエピソードもあります。この写真 [Fig.34] の後ろにいる学友は、カーンの学費を出してあげた人物です。そういうふうに絶えず、誰かが助けてあげたくなるような才能があったということ

Fig.34　学友と一緒に（中央がカーン）

Fig.35　1951年ヨーロッパ旅行の経路

ですね。無声映画に即興で音を入れて、家計を支えたというエピソードもアン・ティンの証言にあります。

　エスターは1番目の女性です。素晴らしい女性でした。エスターとの間にスー・アンという娘がいます。アン・ティンとの娘はアレキサンドラですね。香山さんが訳された『ビギニングス』という本を書いています。アン・ティンが書いたのかもしれません。3番目は息子で、「マイ・アーキテクト」という映画を作ったナサニエル。この3人の子ども達はとっても仲が良いんです。その3人に会って、画家ルイス・カーンという展覧会をやろうと、和多利恵津子さんと僕が今支度をしているところです。そんなこともあって、娘さん達2人とは電話をかけたりとよく連絡をとっているんですが、とても気持ちの良い人達です。

　カーンは人生の中で、3度ヨーロッパへの旅行をしています。その最初はカーンが20代のときで、イタリアを旅したものです。なぜイタリアか。皆さんもご自分で行ってくれば分かることでしょう。行けばとにかく参ってしまう。色は良い、形は良い、人は良い。ところが油断しているとあっという間にポケットの中身がなくなってしまう、そんな物騒なところでもありますけどね。アメリカで物がなくなるよりも、イタリアでなくなるとほのぼのとして許せるんですよね。不思議です。カーンがイタリアに行った当初の目的はモダン・アーキテクチャを勉強することでしたが、「結局イタリアでこれ以上何も見る必要はない」と思ったようですね。そしてそれ以降はもっぱらイタリアの町や村でスケッチをしていたわけですが、実際に見て描いているものと、絵ハガキから再構成しているものがあります。その辺について、僕はあまり調べていませんが、キンベル美術館などでカーンのスケッチに関する研究がなされています。

安田：こちらはカーンの欧州旅行のルートですね［Fig.35］。
工藤：ええ。滞在先がローマなのか、シエナなのか、ヴェニスなのかフローレンスなのか、あるいはずっと動いてたのか、詳細なことはよく分からない。ただお金はあまりなかったはずですし、当時の移動は基本的に鉄道ですから、

そう易々とあちこちを移動したわけではなかったと思いますね。シシリーの方には行かなかったようです。イギリスやドイツも通っていますが、スケッチは残っていないのでこの辺りは何も見ていないようです。そこからノルウェーにわたって、エストニアに入って、自分の親戚がいる小さな家に1か月ほど滞在したようです。それと、1950年から1951年にかけてはイタリア、エジプト、ギリシャを旅しています。エジプトではピラミッドのスケッチがたくさん描かれています。それでヴィンセント・スカリーはイェール・アートギャラリーの床天井システムに、エジプトの旅行時のピラミッドが影響しているなどと言っていました。
安田：こうしたスケッチですね［Fig.36］。

イェール・アートギャラリーで具現化した　カーンの「見えない光」

安田：先ほどの工藤さんのレクチャーで登場したアン・ティンのテキストにもピラミッドのことが書かれていますが、アン・ティンはそれとイェール・アートギャラリーのデザインとの関連性を否定していますね。しかし、エジプトに行ったのはちょうど1951年で、アートギャラリーの設計時期と重なりますから、スカリーがそう推察するのも一理あるとは思います。
工藤：スカリーは明示的な（見える）形態の類似性から、非明示的な（見えない）本質的な類似性を結論づける類の人だということです。僕に言わせると、「コンクリートの正三角錐が理論上トラスといえるのか？」と。ネーミングとして「スペース・フレーム」と呼ぶことは自由ですが。「テトラポッド」と同じです。トラスは部材は全て線材で、ジョイントは全立体角回転自由のピンジョイントでなければならないというのが、僕の東工大時代の残影記憶なのです。
安田：エジプトのピラミッドは底面が正方形だけど、カーン・アンティンのスペース・フレームは正三角形ですね。
工藤：僕から言えるのは、あらゆる間違いを超えて、あるいはゴリ押しとも言えるかもしれない、そうやって自分の建築を成し遂げていくカーンの建築家としての生命力で、

Fig.36 エジプトでのスケッチ, 1951年

Fig.37 フィラデルフィア・シティ・タワー 模型

これがカーンと他の建築家との決定的な違いではないかと思うんです。「何がどうなっている」「これが正しい」「正しくない」、そういったことをカーンは乗り越えていく。飛び越えていく。この力が並みじゃないと思います。その強さというのは、もしかしたら小さいときの火傷で死ぬか生きるかを乗り越えたDNAではないかとも思う。

　僕から言わせると、イェール・アートギャラリーのスラブはコンクリートだから、トラスと言えるのかも分からない。そんな構造家からいえばトラスなんて言えようのないものでありながら、「スペース・フレーム」として、その代表作、代名詞みたいなものになるわけですよ。バッキー（バックミンスター・フラー）のドームより後に作られたのに、バッキーより先にスペース・フレームをやったという位置付けをされるし、全てを超えてしまう。僕はそうしたカーンの生命力というものを学びたいと思うのです。

安田：そもそもバックミンスター・フラーの場合はドームですし、最終的にめざすところは丸い球体ですよね。

工藤：万博のお祭り広場も同じシステムですけど、正八面体の半分を並べた面で使ってますでしょう。球に組むには、上端と下端で棒材の長さが異なってくる。荷重分布も純粋テンソル構造のように平等に分散しないし、太陽熱による膨張・収縮も表裏が出てくるし風圧も相当にある。カーンとアン・ティンの平面構成の方がはるかに簡単でしょう。

安田：カーンの場合はフラットですからね。

工藤：アン・ティンが模型で示した正四面体トラスだって、何層にもできるし、それを大きくとることもできるし、小さくとることもできるし、元々はフレキシビリティの高い構造体なわけですよ。ただ僕は、それは鋼材トラスではできてもコンクリートでできるものではないと思っているんです。だからアン・ティンが、イェール・アートギャラリーのスラブはバッキーじゃなくて私のアイデアだって言うけど、それも完全なるイコールというわけではなくて、カーンの誤読、誤りが介在しているんだと思う。そういう誤りがたくさんあって、それをカーンは超えていく。「忘れる！」と言って次にいっちゃうんですよ。この凄さは新居さんも

よく知っているんじゃないかと思うんですね。

安田：この模型［Fig.18,19］を見るとよく分かりますが、アートギャラリーでトラスといっているのは実は梁なんですよね。（模型を示しながら）こちらが梁で、それでここをダクトが通ると発見した。

工藤：そう、だから根太のビームを入れて、それを繋いでいるわけです。じゃなきゃボイドスラブだからね。三角錐の3面のうち、梁になっている1面以外は構造的な意味ではない。だからスペース・フレームというのは、間違いとまでは言わないけど、純粋なスペース・フレームではないんですよ。

安田：要するにトラスではないわけですね。

工藤：トラスではないです。スペース・フレームと呼ばれても。

安田：ある意味でこの三角形は装飾ということですよね。構造的には斜めにかかった梁の倒れ止めくらいとしては、機能しているのかもしれませんが。

工藤：そうそう。梁の間を繋ぐジョイスト、背高の薄い小梁ですよね。それを斜めに並べてそこに正三角錐を並べて行くんです。しかも現場打ちのコンクリートですからね。あの三角錐のひとつひとつに、打ち込みの際の上端と下端の金属パネルのコーンを用意しているのです。配筋はやってるんでしょうね。僕は写真を見たことがないけれど。どのような手順でコンクリートを注入したんでしょうね。それにしてもジャンカもなかったし、まるでプレキャストの精度です。人間ここまでやれば技術思想上に間違いがあっても、許されて然るべきなのかもしれませんね。これは技術でなくて芸術なんだと。

安田：そういう二次部材であったら当然大梁との太さも違うはずですが、全て同じメンバーで作っている。構造的合理性という点ではかなり矛盾した作り方ですし、カーンはその点は割り切ったともいえますね。

工藤：でも、カーンはこれをやっている間は信じているんですよ。私達のように頭が先走って「これはトラスやスペース・フレームじゃない」なんて絶対言わない。それで雑誌

Fig.38　講演の様子（工藤氏）

Fig.39　対談の様子（安田氏）

とかメディアで一旦「スペース・フレーム」というキャッチーで新鮮な見出しをつけられちゃったら、どんどんクローズアップされるわけですよ。アメリカのメディアはパワーがあるからね。カーンは『PA（プログレッシブ・アーキテクチャー）』には良いスタッフがいない、月並み平凡とこぼしていました。『フォーラム（アーキテクチャー・フォーラム）』の方に好意的だったのですが、『PA』の方にアクセスしてきたので『PA』に最初に出したのです。

だからイェールの機関誌『パースペクタ』の方を信頼して活用していましたし、これがカーンを世界的にしたと言えるでしょう。これはジョージ・ハウがイェール大学芸術学部建築学科長に就任して第一に始めた事業でした。生徒が選ばれて編集するんです。だから編集に2年かかることもあったそうです。その2・3・4号を通して、カーンはアートギャラリーとフィラデルフィア・シティ・タワーを発表するんですね。グラフィカリーに説明責任（アカウンタビリティー）をフルに使うんです。信じて世に出したわけですね。この年間雑誌が世界中で圧倒的な革新の先端になったんです。実際は、シティ・タワーは建たないんですよ。しかしイマジネーションというのは、黒川さんにも磯崎さんにも菊竹さんにも伝染したわけですね。そうやって一夜にして一瞬にして、一躍世界へ飛んで行っちゃった。ある意味スカイツリーとか、伊東さんのせんだいメディアテークとか、ああいう余韻の中にカーンのスペース・フレームは生きていると思います。せんだいメディアテークも几帳面な日本の建設システムや行政規制に縛られながらも、「建築の自由」を世界に発信したわけでしょう。

安田：カーンはシティ・タワーの案に、非常に思い入れがあったわけですよね。アン・ティンにもあった。そのシステムがアートギャラリーの延長線上にあったのですね。垂直のトラスは別のソースがあったかもしれませんが、スラブの構成は完全にアートギャラリーのものと同じです。

工藤：シティ・タワーは多分、鉄骨でやるつもりだったんでしょうね［Fig.38］。鉄骨でやるならある程度の合理性は担保されていると思うんですけれど、シャフトだけは中を

通っていて、ヴァーティカルなものでも支持しているわけですよね。その点で「なんか純粋じゃないな」と、僕は思うんですよ。でもイメージの喚起力は断トツでしたね。建築歴史上初のイメージですから。この偉さ！ ルドゥー並です。アーティストとしてはそれで許されるのね。技術をそういう風に解釈してしまうとか、思い間違えてしまうとか、それでそのイマジネーションで形を作っていってしまう。見えない光の力だと思うんですよね。そんなの嘘だとか幻想だとか言われて、＜私達が引き下がる地点から彼は前進する＞のです。がっちりした肩幅の広い胸厚の短躯の『巨人の前進』でした。まだまだ私達の魂の力は弱い。

安田：そのカーンが放った「見えない光」というものを、具現化したのがアン・ティンといえるのでしょうか。

工藤：そうですね。

安田：先程のレクチャーでは、カーンに「こうしなさい」言ったのがアン・ティンだった、と仰られていましたね。

工藤：そうだね、でもアン・ティンにはアーティストの力がなかった。そこが面白いところだと思いますね。

安田：彼女が個人で行っていたプロジェクトの模型でも分かるように、アン・ティン自身は実直なトラスシステムを構築していた。こういうシステムを使うなら、当然元々は鉄骨を考えていたんじゃないかと思うんですよね。それを「コンクリートでやろう」と言ったのは、多分カーンなんじゃないかと思うのですが、その辺り工藤さんはどうお考えになりますか？

工藤：いや、あれはコンクリートの平凡なラーメンで考えていたのです。鉄骨についてカーンが僕に言った言葉は、「鉄は船を作る材料で建築を作る素材ではない」ということと、もうひとつ「シティ・タワーをその後追究しないのはどうしてですか？」という僕の質問に対して、「あれはシステムだ。俺はシステムが嫌いだ。＜委員会＞みたいなものだ」って言うんですよ。鉄骨が委員会と並んだのでびっくりしました。それは僕を相手にしたから、そんな回答であったのかもしれないけど。彼の言葉は相手によるからね、相手にふさわしい言い方をするから。ギャラリーの成功の

Fig.40　アン・ティンに宛てたカーンの手紙

核心の正三角錐「システム」は、直後のプロジェクトのブリンモアでは使わないんです。ブリンモア女子寮では平凡なボイドスラブになります。ラーメンよりは先進的かもしれないが、本当に四角形のボイドなのです。

共同設計者としてのアン・ティンの存在

安田：2つ目の質問です。先程から登場しているアン・ティンという女性について、カーンとはいろいろな関係があったそうですが、ここでは共同設計者としての関係についてお聞きしたいと思います。

工藤：実際に仕事を進めていくうえで、アン・ティンは重要な働きをしていました。彼らが協働した当初は、作品発表に際しては「アソシエイト」とか「パートナー」といったタイトルが使われて、その時その時で事務所での役職は変わっているんですけど。アメリカの役職名はどんどん変わっていっちゃうものですからね。最終的に彼女には、日本語でいうと上級創発責任者となるのかしら、何かが生まれる初源の提供者っていうような、非常に分かりづらい、めったに使われない、役職とは言えないような名が与えられます。事務所における彼女の役割を明確に位置付けることは棚上げにするのと同時に、彼女のカーンに対する役割を本質的にうまく言った名称なんだよね。一方でカーン自身は、自画像とアン・ティンの肖像を並べたスケッチで、「私の建築を持っていった素晴らしい女性」「私のアイデアを自分のものにしてしまった美しい女性」といった言い方をしていて、根源は自分の方だということを主張してるんです [Fig.40]。

安田：カーンが主張してるんですか？

工藤：そう。つまり「ネタは自分の方からだよ」ってカーンが言っているの。

安田：こういう話は、何が真実なのかを判断するのがなかなか難しいですよね。

工藤：僕もね、アン・ティンの書いたものを訳すとアン・ティンの味方になっちゃう。だけど、結局彼らはこっちだあっちだ、良いとか悪いとかも含めて、騙し奪い殺し合うというくらいのことをやっていたんですよね。こういった人間ドラマとして僕は彼らの関係性を面白いと思うし、この本（Louis Kahn to Anne Tyng: The Rome Letter 1953-1954, 章末に抜粋を掲載）にも彼らの言葉巧みなやり取りが凄く表れている。「初めに言葉あり、言葉は神とともにあり、神は言葉なり」とは聖書の言葉だけど、言葉は神とあり、ではなく「言葉は悪魔とあり」とも言えるかもしれない。言葉は悪魔とともにありき、「悪魔は言葉なり」というのは昨日思いついたんですけど。

彼女がローマから帰国し、カーン事務所に復帰した後にMoMA の『未来都市展 City Tomorrow』（1958）が開かれたときも、そのオープニングの招待客名簿にはアン・ティンの名はなかったんです。彼女が携わった『フィラデルフィア・シティ・タワー』が大々的に取り上げられたのにも関わらずですから、アン・ティン本人が激怒して、結局彼女の名も加えられました。キンベル美術館のオープニングの招待者名簿に、コマンダン（August Komendant）の名がなかったことも同じような例です。建設会社の大工まで招待されていながら、この建物の最大の魅力であるサイクロイド・ヴォールトを可能にしただけでなく、設計期限を守らないことでの解約の破局からオーナとの直接対面対談で救ったコマンダンの名がなかったのです。私はこれらのエピソードをカーンの豪胆な英雄譚として解釈していましたが、今は、自分が得た名声は一寸たりとも友人だろうと元恋人であろうと譲らない分かち合わない「用心」がここまで及ぶかと感心さえ覚えます。用心の極みです。自分から出たもの、自分の事務所から出たものは大小問わず「自分のもの」。釈迦が生まれてまもなく天上天下を指差して「唯我独尊」、唯我れ独りのみを尊へと教えたのです。

"共同設計者としてのアン・ティン"といいますが、「唯我独尊」の教えさながらに、カーンの事務所は厳格に「Office of Louis I. Kan Archtect」で Associates とは書いてありません。書いてあれば赤いマーカーで消されています。この凄まじさ、この徹底ぶり……。アソシエートもコンサルタ

Fig.41　対談の様子

ントも家来です。サーバントです。と言っても一旦中に入っ
て仕舞えば、家族であり分け隔てなく平等な関係になるの
です。これほど公平でしかも尊敬に満ちて、相手と対面す
る人間に生涯会ったことがないのです。そしてそれは私だ
けでなく、全ての種類の人間にそうだったのです。これは
カーンとともに働いたことのある人間だけが理解できる矛
盾なのです。最大の小心で身を守る愛すべき巨人なのです。
全ての男も女も彼に会ったら、彼を愛してしまうのです。

安田: イェール・アートギャラリーのスペース・フレーム
の元のアイデアは、もちろんアン・ティンのトラス・シス
テムを見たことが発端にあるのは間違いないと思うんです
よね。スラブのようなものの中にダクトを貫通させるとい
う構成を発見して、カーンが固執したんじゃないかと。

工藤: すべてを露出させろというところに、カーンのひと
つの指示があるんですね。大切なもの、内臓だからといっ
て隠すことはいけないと。内臓だと言ったのは、彼なんで
すけどね。アートギャラリーは隠してるじゃないかと僕は
思うんだけど、横から見れば……

安田: チラチラと貫通している様子が下から見えますね。

工藤: ダクト、冷媒を通す管がチラチラと見えるのね。で
も全てを露出させるっていうところにカーンの建築思想が
ひとつあって、それがリチャーズ・メディカルだね。

安田: リチャーズもソークも各階がある意味2階建みたい
になっていて、2層目はサーバント・スペース、つまり機
械室あるいはダクトが入ってます。アートギャラリーはそ
れをスラブの中にギュッと圧縮した、要するに凄く狭いと
ころに2層目を作っているともいえる。

工藤: ソークは水平にしたリチャーズなんです。リチャー
ズを見たソーク博士が感動して、カーンに自分の研究所の
設計を依頼したのです。人間階(マスター・スペース:オー
プンな無柱の実験室)と設備階(サーバント・スペース)
が上下交互にサンドイッチになっていて、設備そのものは
隠されてる。研究とそれを支える設備はいずれも完全に無
柱のフリースペースなので、研究の進展や方針変更に従っ
て瞬時にラインの組替えが可能になっている。また、個々

の研究者の思索や論文作成のためには、中央広場に面して
個室が葡萄畑のようにぶら下がっている。研究者はそのま
ま廊下を隔てて、実験室へ飛び込むことができる。

この研究者個室＞実験ゾーン＞設備ゾーンの画期的な簡
潔で実際的な区分と配置は、カーンのものというより構造
家・実務家コマンダンによるものです。アイデアが次々と
膨らみ、取り止めもなく広がりるルーニー・ルーの夢の時
間と経費の中で、ソーク側は建築家の交代まで考え初めま
した。「1か月でまとめます」と確約し、カーンの口を封
じて解約の危機を救ったのが同郷エストニアの天才構造家
コマンダンだったのです。リチャーズ・メディカルの精巧
なプレハブも、キンベルの優美な現場打ちのサイクロイド・
シェル・ヴォールトもコマンダン。そして極めつきは、プ
レハブでやるつもりで構造計算されたダッカの国会議事堂
を、コマンダンを袖にして厚いコンクリート壁にしたため
に、屋根を載せる荷重の余裕がなくなって、またまたコマ
ンダンに泣きつくことになるが、解決索はあの誰が見ても
ガクッと気が抜けるおかしな軽いシェルしかなかった。私
はちょうどその議論のときに居合わせたのです。そういう
「言っていること」と「やってること」が違うことが大き
なスケールで現れてくるときも、カーンは傲然とライオン
キングとして頂点に立つんですよ。

安田: カーンの矛盾したところというと、アートギャラリー
ではチャペルストリート側にはマッシブな壁が、コート
ヤード側にはガラスの壁があって、コンクリートが段々軽
くなっていく感じがします。その辺はどうですか?

工藤: 彼は、習性として道路側はディフェンシブなんです。
そして庭側にオープンなのです。あの道路側の巨大壁はソ
リッドなコンクリートの上に、キンベルみたいにトラバー
チン(大理石)が貼ってあったっけ?

安田: ファサードはレンガですね。構造壁がコンクリート
で、外壁にレンガが積まれています。

工藤: そうか、コンクリートがあって、レンガが貼ってあ
るわけね。随分クリーム色の味のあるレンガなんですね。
一種「外断熱」でもあるわけだ。僕はトラバーチンと思い

違いをしていました。何度も見ているのに不思議です。でもある意味純粋じゃないよね。安藤さんだったらあれくらいの壁は、バーッと全部コンクリートでやるだろうね。そういう意味じゃ安藤さんの方が正直というか。カーンは正直じゃない正直者なんだね……。

安田：ファサードは初期案から最後まで残ったものですね。

工藤：ブルータリズムとか荒々しいとか言われているけど、結構優しいよね。

安田：各階毎にアーティキュレーションされていますからね、水平なスラブラインで。

工藤：そうそう、アーティキュレートしてるわけです。各階の床の端部を壁の外まで引っ張って、レンガをその上に積んでいる。そうやってその建物が如何に作られたかを示すことが、そのまま建物の装飾となっている。ブリティッシュ・アート・センターではステンレスを使った窓台の水切りが大振りなジェスチャーとして挿入されている。僕があの建物で唯一好きなところだね、新居君が担当したんでしたっけ……。あとは地下のフロアリングがトラバーチンだったり、直射日光の入りすぎだし、どうもチグハグ。

安田：最後にお聞きしますが、カーンにとって、アン・ティンはなくてはならない存在だったんでしょうか。

工藤：ええ、絶対的に。アン・ティンはカーンに会った途端、これは『王国なき王』だと思ったそうです。彼女はこの『王国なき王』に国を与えることが自分の使命だと、心に決めるんですね。ところが彼女が子どもを宿したときに、王が躊躇するのを見て、王のもとを去る。ここがまたドラマティックです。そしてカーンは切々と手紙を書くわけです。現在58通が残っています。訳してみて分かったことですが、僕はもともとI love you, I love you. の連発だと思っていたんですけども、訳してみると "I was right, I was right." 俺は正しい、俺は正しいという自己肯定の再確認・再々確認の手紙だった。訳してみて初めて分かった。それが僕の胸を打つのです。善悪、良し悪しを超えて。そして、それが見事な生きた建築論・都市論になっているのです。

安田：ラブレターですけども、建築の話もたくさん入って

いますよね。あれは結局、自分の考えをまとめるための自分自身へのレクチャーなんですよね。

工藤：そう、必死になって書いて、逆にそれが次々と現実化していくわけです。彼女との別れの辛さを克服する手段として、一生懸命建築を考えたんだろうと思いますね。そこに思想の発展もあった。そこで初めて「フォーム」と「デザイン」の話も出てくるわけですよ。それを切々と大学の授業でやるわけですよね。そして『パースペクタ』に出して、世界中に広がっていった。だから僕にとっては人間の生き様として、カーンが非常に魅力的なんですね。働いてるときは凄まじい格好して働いてるんですよ。私達を叱咤激励してというか、どちらかというと叱咤ばっかりだけどね。だから僕は事務所を去ったときは、こんなやつの記事なんか絶対書かないぞって思っていたわけ。でもカーンが死んだ途端に、「これは忘れちゃいけない」という気持ちが沸々と湧いてきた。それで書いたのが『私のルイス・カーン』なんですよ。ショックというか忘れちゃいけないと思って、1か月で書き上げました。

質疑応答

安田：質問をご紹介します。「カーンの先ほどの考え方は誰かの思想の影響を受けているのでしょうか？カーンはそれほど読書家ではなかったと、工藤先生の本で読んだことがあります。実際は、哲学、宗教、思想の本を読んでいたのではないかと思っていますが、いかがでしょうか」とのことです。工藤さんからご説明されたカーンの思想や考え方は、何かから影響を受けているのでしょうか？

工藤：専門的な哲学書や宗教書を読んだ気配はないと思いますね。あの思想は全部、彼のランゲージ。「光る光、光らない光」とかね。概念を童話的にというか、普通の人が使わない言葉づかい、優しい言葉を使う。彼の思想はこう

Fig.42　イェール・アートギャラリーの模型をはさんで対談する工藤氏（左）と安田氏（右）

した言葉づかいのマジックで体現されている。あとは読んだ本だと、『茶の本』があって……

安田：岡倉天心ですか？ "The Book of Tea" ですね。

工藤：そう。熱心に読んだというよりは、おそらく目で速読的に読んでキーワードやキーフレーズを頭に入れていたようなのですが、そのことについてはカーン自身書いていますね。「素晴らしい本だから、お前も読め」というようなことを言っています。その他には、もうひとり詩人の話も出てくるね。詩人というか、詩という形式、書き方に対して感動して……というようなことを言っている。あとは意外にアーティスト仲間がたくさんおりましたから、イヴ・クラインとか、そういう関係の中から思想というものが生まれたとは思いますが、何か特定の思想を読んで影響を受けたということではいないと思う。彼は「ヴォリューム・ゼロ」という言い方をしていますが、ヴォリュームというのは、書物の第1巻、第2巻のヴォリュームですね。それがゼロであるという。ですから、誰かの影響を受けるというか、そういう本の読み方をしていないんじゃないか。僕は、彼の読み方をスキャニングと呼んでいました。事務所にいたときは雑誌がくると「クニオ、あげる」と言って、僕も読まないとさっさと捨ててしまっていましたね。

安田：詩について言及がありましたが、やはり彼の文章は詩的、ポエティックですよね。語呂合わせや韻を踏んでいるところも多い。

工藤：そういう彼のいろんな言葉づかいは、面白い。自分自身で言葉の使い方を発明しているよね。非常にイメージしやすい言葉を巧みに使う。

安田：そうですね。言葉自身は非常に優しい言葉だけど、その裏にさまざまな意味が含まれている。

工藤：そうそう、だから、僕もその裏ばかりを一生懸命読みとろうとした。『私のルイス・カーン』を書いたときには、カーンのことを何も知らなかった。事務所で朝から晩まで怒っているカーンしか知らなかった。よく言う例えとして、朝起きたときには真っ白な顔をしていて、お昼くらいには真っ赤な顔になっていて、夜になって真っ黒な顔っていう

……。事実ですよ。話が逸れましたが、とにかく非常に詩的な言葉の使い方だった。それから彼の特徴は、彼以外の人を事務所の主たる人間と認めないこと。あるとき僕が絵はがきを彼に送ったのだけど、「ルイス・カーン・アソシエイツ」と書いたら、アソシエイツにバーンっと赤い線を引いて、これ見よがしに事務所の壁に貼ってあった。「クニオのバカ！」と（笑）。つまりそれは、俺ひとり、あとは奴隷なり何なりなんだ、と（笑）。ドラフトマンも含めて全員。アーキテクトは彼だけ。

安田：はっきりしていますね（笑）。

工藤：ですからアン・ティンに対してもそうだし、コマンダンに対してもそうでしたね、そういう風に扱う。

安田：まだまだお聞きしたいところですが、この辺で締めたいと思います。本当に今日はありがとうございました。私は大学院修士を出るときに、ニューヨークに卒業旅行に行って、そこで工藤さんに初めてお会いしました。それ以前に『私のルイス・カーン』を読んでいたので、「ニューヨークにこういう人がいるんだ」と思って、工藤さんに手紙を書いたんですね。「私は東工大の学生ですが、会っていただけますか？」と。3週間ニューヨークにいて、工藤さんにもいろいろなところへ連れて行っていただいたんですけど、工藤さんから「カーンを見てこい。とにかくイェールに行け！」と言われて、日帰りでニューヨークからニュー・ヘブンまで2時間かけて電車で行って、1日イェールを見て夜中にニューヨークに帰りました。そのときに初めてカーンを見たんです。あのときに工藤さんに「カーンを見てこい」と言われていなかったら、そのあと僕はイェールに留学していなかったでしょうね……。留学時代には再び工藤さんにイェールでの課題をいろいろと見てもらったりと、工藤さんは私にとっての恩人のような方です。第1回に続き、この連続講演会では2度も登壇していただきました。どうもありがとうございました。

工藤：2回にわたって楽しくおしゃべりさせてもらいました。皆さんありがとうございます。

イェール・アートギャラリー(Yale Art Gallery)の設計プロセス

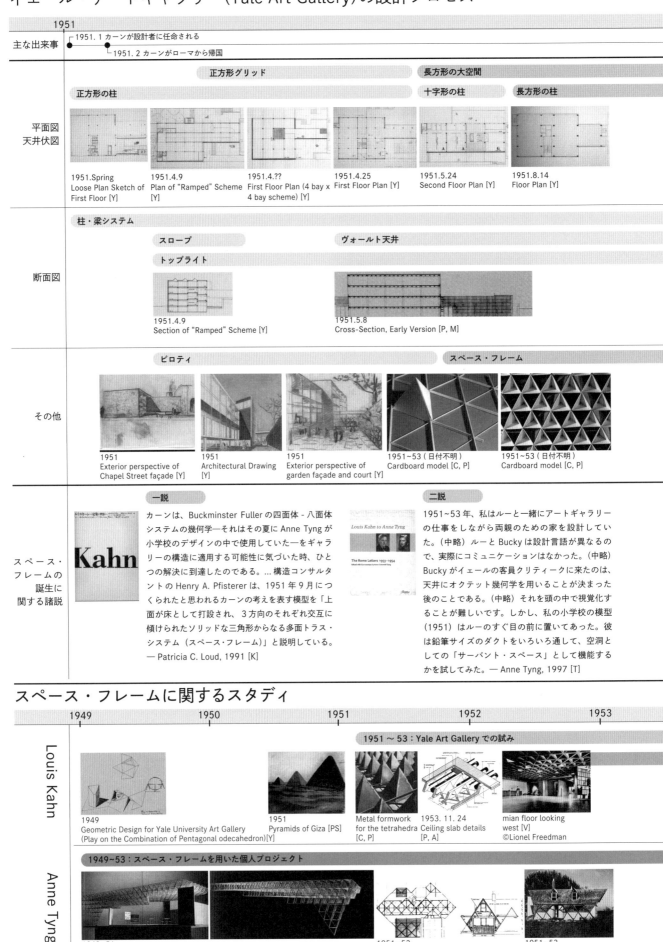

平面図 天井伏図

正方形グリッド
- 正方形の柱

長方形の大空間
- 十字形の柱
- 長方形の柱

1951.Spring
Loose Plan Sketch of First Floor [Y]

1951.4.9
Plan of "Ramped" Scheme [Y]

1951.4.??
First Floor Plan (4 bay x 4 bay scheme) [Y]

1951.4.25
First Floor Plan [Y]

1951.5.24
Second Floor Plan [Y]

1951.8.14
Floor Plan [Y]

断面図

柱・梁システム

スロープ
- トップライト

ヴォールト天井

1951.4.9
Section of "Ramped" Scheme [Y]

1951.5.8
Cross-Section, Early Version [P, M]

その他

ピロティ

スペース・フレーム

1951
Exterior perspective of Chapel Street façade [Y]

1951
Architectural Drawing [Y]

1951
Exterior perspective of garden façade and court [Y]

1951~53 (日付不明)
Cardboard model [C, P]

1951~53 (日付不明)
Cardboard model [C, P]

スペース・フレームの誕生に関する諸説

一説

カーンは、Buckminster Fuller の四面体‐八面体システムの幾何学—それはその夏に Anne Tyng が小学校のデザインの中で使用していた—をギャラリーの構造に適用する可能性に気づいた時、ひとつの解決に到達したのである。... 構造コンサルタントの Henry A. Pfisterer は、1951年9月につくられたと思われるカーンの考えを表す模型を「上面が床として打設され、3方向のそれぞれ交互に傾けられたソリッドな三角形からなる多面トラス・システム（スペース・フレーム）」と説明している。
— Patricia C. Loud, 1991 [K]

二説

1951~53年、私はルーと一緒にアートギャラリーの仕事をしながら両親のための家を設計していた。(中略) ルーと Bucky は設計言語が異なるので、実際にコミュニケーションはなかった。(中略) Bucky がイェールの客員クリティークに来たのは、天井にオクテット幾何学を用いることが決まった後のことである。(中略) それを頭の中で視覚化することが難しいです。しかし、私の小学校の模型 (1951) はルーのすぐ目の前に置いてあった。彼は鉛筆サイズのダクトをいろいろ通して、空洞としての「サーバント・スペース」として機能するかを試してみた。— Anne Tyng, 1997 [T]

スペース・フレームに関するスタディ

Louis Kahn

1951 ~ 53：Yale Art Gallery での試み

1949
Geometric Design for Yale University Art Gallery (Play on the Combination of Pentagonal odecahedron)[Y]

1951
Pyramids of Giza [PS]

Metal formwork for the tetrahedra [C, P]

1953. 11. 24
Ceiling slab details [P, A]

mian floor looking west [V]
©Lionel Freedman

Anne Tyng

1949~53：スペース・フレームを用いた個人プロジェクト

1949~51
Model for an elementary school project ©dward Gallob

1951~53
Plan and south elevation, Tyng House [T]

1951~53
Exterior view, Tyng House [T] ©Jean Firth Tyng

1952	1953	1954

└1952. 7-8 スラブサンプルを作成と荷重試験
└1952. 6 着工
└1953. 10 竣工

正方形の大空間

1951.9.25
Reflected Ceiling Plan [Y]

1952.1.28
Reflected Ceiling Plan:
Third Floor [Y]

1953.11.24
Reflected Ceiling Plan [P, A]

日付不明
1954.3.16 スケッチ
に対応 [A]

ヴォールト・スラブ

梁あらわし

1951.9.25
Cross-section [Y]

1951/2 winter
Cross-section with arched cast-in-place ceiling [Y]

1953.11.24
Cross Section [P, A]

ヴォールト天井	柱・梁システム	スペース・フレーム			三角形の柱

1951（日付不明）
1951.9.25 天井案に対応 [Y]

日付不明
1952.1.28 天井伏図に対応 [C, P]

1952.4.18
Ceiling slab details [P]

1953.5.20
Typical core plan-detaild
floor system [C, P]

1953.11.24
Ceiling slab details [P, A]

1954.3.16
Letter from Kahn to
Tyng [T]

三説

Buckminster Fuller がイェールに来た 1952 年ま
で、案が何回も変更があった。カーンは Fuller と
数週間に渡って話し続けた。Fuller は授業で学生に
カードボードで球体のドームをつくらせて、Weir
Hall の塔に設置した。その後、カーンは正四面体
によるコンクリートのスペース・フレームを考案
した。Fuller に影響されたことを、カーンは時に
認め、時に否定した。この設計は、四面体の接合
部断面のせん断力の問題があるため、コンサルティ
ング・エンジニアの Henry A. Pfisterer によって
修正された。— Vincent Scully, 1962 [S]

四説

1952 年 3 月上旬に、Anne Tyng と共同で、
Buckminster Fuller のジオデシック・ドーム
や Konrad Wachsmann のさまざまなスペー
ス・フレームをベースに、正四面体スラブ・
システムを開発した。
— Roberto Gargiani, 2014 [C]

出典・凡例
[Y] Yale University Art Gallery
[P] University of Pennsylvania and Pennsylvania
Historical and Museum Commision
[PA] Progressive Architecture, 1954.5
[S] Louis I. Kahn, Vincent Scully, 1962
[A] The Louis I. Kahn Archive, GARLAND, 1987
[M] The Art Musium of Louis I. Kahn, Patricia C.
Loud, 1990

[K] Louis I Kahn in the Realm of Ideas, Rizzoli,
1991
[PS] Paintings and Sketches of Louis I. Kahn,
Rizzoli, 1991
[T] Louis Kahn To Anne Tyng: The Rome Letters
1953-1954, Anne Tyng, 1997
[C] Louis I. Kahn - Exposed Concrete and Hollow
Stones 1949-1959, Roberto Gargiani, 2014

1954	1955	1956	1957

1952~1957：City Tower Project での共同設計

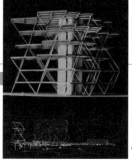

1951-53 Model and perspective
drawing for city hall project,
Philadelphia [Perspecta 2, 1953]

1954.3.7
Letter from Kahn to Tyng [T]

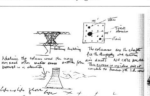

1954.3.19
Letter from Kahn to Tyng [C, A]

1952-57 Sketch,
385.13 [A]

1952-57 Sketch,
City tower project
385.86 [A]

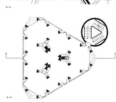

1952-57
Section and plan, City tower
project [Perspecta 4, 1957]

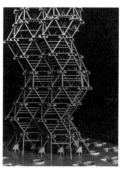

1952-57
Model, City tower project [T]
©Robert Damora

再録
Louis Kahn to Anne Tyng: The Rome Letter 1953-1954

アン・ティン著、工藤国雄訳

アン・ティンがルイス・カーンとの手紙をまとめ、1997年にRizzoli社から出版した著書Louis Kahn to Anne Tyng: The Rome Letter 1953-1954を工藤氏が翻訳し、出版予定である。今回はその一部を抜粋し、ご紹介したい。

イェール・アートギャラリー

31日土曜の朝からオープニングの6日までの間、僕自身一度も足が向かなかった。というのも三角錐を敷き並べた3Dボイドスラブ導入以前の図面を中心とした設計の研究段階の説明展示が凡庸だからだ。しかし君の意見に従って強い決意で多くの設計及び建設の困難を乗り越え完成した現行案は、なんと力強い建物か。いかなる批判にも批評にも耐えられることが分かった。この建物について君と分かち合った建築の真実を知る歓喜の全てを僕は覚えている。決して忘れることがない。この建物の隅々に君が生きている。今こそ僕は何事も恐れず建築の真実の道を歩むことができる。そしてその勇気を与えてくれたのが君なのだ。

1953.12.02
君にも喜んでもらえると思うが、『ニューヨーク・ヘラルド・トリビューン』紙に掲載されたイェール・ギャラリーと僕についてのフリッツ・ガットハイム氏の1文は、私へのトリビューン（賞賛）であると同時に君へのトリビューンでもあるのです。この建物の成功は「内なる僕」への君の＜揺るぎない確信＞によるものだ。それはガットハイムの賞賛をはるかに凌ぐ。そして僕の＜君に対する忠誠＞が、君の最後の瞬間の助言を僕に聞き入れさせたのだ。そうやって、あの＜奇跡の天井スラブ＞とそれを＜支える力強い壁＞が誕生したのです。その＜建物がいかに造られているか＞そのものが、＜建物の表現＞と成っている建物が初めて世界に実現したのです。誰もやれなかったことを我々は実現したのです。ただ決して誰も知ることがない決定的根源的一事は、それを発想したその人、君が、

＜僕、ルーのいい人（My girl）＞だったということです。

1954.12.13
心の友からは沢山の賞賛の手紙をもらったけれど、社会的重鎮の連中からはあまりなかった。そんな中、重鎮中の重鎮、フィリップ・グッドウィンが、賞賛の手紙を寄こしたのだ。それも本質をついたただならぬ賞賛。彼は次のように言っている。「この増設は、既存部分とのいかなる衝突もなく、実利的功利的必要に沿って、得も言えぬ絶妙な空間を実現している・・・私は私の前言を取り消して・・・心から＜おめでとう＞を言いたい。この建物の実現は、君にとっての長い闘争の道のりであったと同時に、イェール大学建築学部というマシンにとっても、健善な市民と共有できる建築教育の前進の大きな一歩になった。君は道行く市民と目線を共有する建築的"場所"を創出したのだ。」（この手紙は本当にことさらに嬉しい。彼は僕に対して致命的に辛辣な批判者だったのだ）そのフリッツ・ガットハイムが「これは建物を超えた芸術作品であり、アメリカの大学建築中の最高峰である」とまで言ってくれている。

1954.3.16
方形寸胴タワー〔ペン・センター行政ビル〕の新しい柱割とそこから生まれてくる大スパンとキャンチレバー構造の可能性と、イェール・ギャラリーの時点でこのことに気がついていたら、ギャラリーはこうなっていただろうという過去の仮想スケッチです（図1）。

スペース・フレーム

君がネルビーに会って、我々のシティー・タワーが掲載されている『パースペクタ2』を手渡した時の話は、本当に素晴らしい。ネルビーとスペース・フレームで手を組むのには大賛成だ・・・ただしあくまでも我々の構想をベースに推し進めると言う前提で・・・今

僕の心を捉えているのはシティ・タワーの斜め柱と床の接合部です。君と僕は、その接合部にいかなる荷重がかかり、いかなる応力が生じるかをよく知っている（正確に言えば、床はイクスパンダブル（伸縮自由）でなければならない）しかし肝心の斜め柱と床の接合部の関係については、自然の法則、重力の法則に基づいて正しく理解されていないのです。しかしここにこそ突破の鍵があるのです。ただちにこの問題に取り掛かってくれないだろうか？（略）この次ミラノに行ってネルビーに会ったら是非この問題を解決してきてください。この課題を＜建築的表現の問題＞として解決したいのです。ドーリア式、イオイア式、コリンシャン式などギリシャ神殿の列柱の頭部を飾るキャピタル（柱頭装飾）を人々は柱と梁を接合する様式的と考え、またそう教えているのですが、もともとは、柱から梁に伝わる垂直応力を分散させるために編み出された構法上の発明を祝福したものなのです。君の編み出した成長する正四面体3Dスペース・フレームにおいて、その斜め柱と床の接合部を自然の法則、つまり重力の流れを正しく視覚化する形で祝福したいのです。この「中空星型柱頭 Open Starlike Capital」が剪断応力を柱に伝達するディバイスと成り、＜剪断応力伝達の新しい表現＞と成るのです。これが成功すれば、我々の3Dスペース・フレームは、その本質的・根源的表現を得て、力強くその誕生と存在を世界に告げることになるのです。

1954.7.5
天井床スラブだけでなく建物全体を一貫した正多面体で組み上げる立体構造は、君とタグ組むことによってのみ、僕の芸術と君の技術が共に不可分の一つ建築作品となり得るのです。早急に是非ローマの人〔ネルビー〕と親しくなって、何かそれについての知恵や知識を引き出してください。（略）床スラブやドーム外皮だけでなく、柱・梁・床・壁と言ったバラバラの構造要素を組み合わせて建物を建てるのではなく、単一の多面体が斜行柱にもなり梁にもなり、床にもなり、必要あれば外

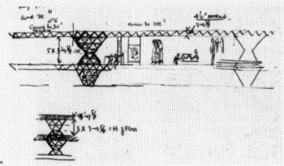

Fig.01 アン・ティン宛の手紙に描かれたイェール・アートギャラリー
の構想スケッチ, 1954年3月

皮の壁やカーテンウォールにもなる。そんな建物の可能性と重要性を理解できる建築家は数少ない。君の言う通り、世界広しといえど、多層多面体構造に挑戦した建築家は、建築史上我々を措いて居ない。僕が、斜交柱や、スペース・フレームにまで話を進めないで、単純な垂直多層スペース・フレームのスライドを見せるだけで、皆んなドギモを抜かれるが、アメリカの建築家の水準は今もって開拓時代、メイフラワー号の時代のままなのです。

1954.8.18

衆会堂の構造は基本的に君の大中小の正四面体が構成する入り子立体スペース・フレームで三角形の平面を覆います。学校は普通のリニアな柱梁構造です。三角の頂点の2つ〔学校の終端と中央下〕は屋根の支持と出入り口、今一つ左上の頂点には200〜215席のチャペルが支持体と光が有機的に関係付けられ構築されます。会衆の一般席は1500席です。入り口のある二つの支持構造の中央にはイェールギャラリーと同じ円形の階段室が収まり地階の会衆ホワイエ、トイレ、クロークルーム、事務室から一層及びメザイン〔中2階〕への交通路を形成するとともに中空柱として広大な正四面体天井屋根構造を支えます。屋根の正四面体はあなたの提案する背高薄板の交差梁の平板にするか、高く突き立つ正四面三角錐にするかはニック部隊と協議しないと決められません。いずれにしても三角平面の3頂点を支える中型の三角錐は中央頂点から入る天空光を必要に応じて下方に分配します。会衆堂の上から羅紗のような細い光のレースが季節に応じ時間応じ柔らく降りてくることを願うのですが実現のほどは見えていません。

1954.9.3

現在シナゴーグに関しては、正三角錐の斜行柱を主体とする新しい構造を積極的に探求しています。(略) 3Dスペースで学位を取ったチャーリ・エッターに期待しよう。(略) 星型構造（スター・フレーム）は文字通り同長の3本の構造体が頂点で集まる三角錐です

が、三角錐のような「面」を伴っていないのです。僕はイェール・ギャラリーの正四面体で構成される床版を「スペース・スラブ」と名付けて呼んでいたのですが、これはスペース・フレームとは違うのです。そのことを彼は指摘しました。(略)〔スペース・フレームはピン構造で、力はジョイントからジョイントを構造体を伝わって線状に流れる、カーンのギャラリーの床版は、長スパンの天井を柱なしに実現したため、ミースのクラウン・ホール、ベルリン近代美術館と並んで柱なしのフリー・スペースを実現するスペース・フレームと同一視され、自分でもそう思い込んだのだが、イェール・ギャラリーはコンクリートで、専門的には『剛接合』構造なのだ。力は三角錐の側面の組み合わせで支えられるワッフルスラブ（床・梁一体コンクリート床版）である。このことに気づいてからは二度とこれを使っていない。替わってブリンモア大学学生寮のようなワッフル・スラブを使うようになる〕シティー・タワーやシナゴーグをスペース・フレームで造るとすると、床はどうなるのか？支持体が鋼構造なら耐火耐熱はどうするのか？アルミなどのケースで包まなければならないのか？この偽りを避ける道はあるか？スペース・フレームは直線材とジョイントで構成されるがジョイントが意外に大きく重い。どうするか？いずれにしても人間の心の場所たりうる技術と素材を選ばなければならない。イェール・ギャラリーの星の天井床は我々の経験の産物だったが、真に理性に照らして、人間の場所として、再度見直されねばならないのです。エッターは執拗に僕の自由投企希望（Desir Venture）ではなく現在可能な技術と資材の範囲以内の制約投企思考（How）を求めたです。それで、僕も考え始め、一般的な理解の姿勢に辿りつきました。つまり、鉄筋コンクリートというのは、学校で教えられたように、抗張力材〔鉄筋〕で補強された石造だということです。コンクリートという溶融材は小石と混ぜて固まるとど偉い力持ちになる、これに抗張力能力が備わると鬼に金棒の建築資材になるという基本的事実にまでもどることにした。

1953.12.18

今日一流の建築家と言われる我々の仲間ですら、そのほとんどがこの学生同様、＜数値建築家＞つまり計量可能なことがらだけを集めて建築を作っているのです。数値で語り得ること以外は語らない、あるいは語る能力を持たない建築家なのです。そして＜デザイン＞の名のもとに、生命力と意味を失った過去の形〔その時点では生命と意味を持った〕を少しばかり上手に自分のオリジナル風な装いをかぶせているのです。誰もその建築の根本に戻って考えようとしない、あるいはそのような感受性を持っていないまま建築家になってしまった人ばかりなのです。＜数値にならないもの＞、＜計量できないもの＞、＜説明できないもの＞を「非科学的」と呼んで「存在しないもの」と決めつけます。そしてそれらを悪魔か悪霊のように恐れ、あえて侮り、強がり、魔女狩となります。(略) 我々は今全く＜新しい時代の生命＞で満たされる空間を必要としている。それを発見した時、新しい表現が得られるのです。新しい生命の空間、生き物としての＜意味の空間＞、Space of Nature を見出すのが真の建築家の領域なのです。それが発見され解きほぐされるところに「オーダ（Order）」が存在するのです。これまでそれが僕には見えていなかったのです。だから唐突と "Order IS（序列が存在する！）" と宣言せざるをえなかったのです。まるで無から降臨する神の如く「オーダ」が現れるので、聴く者は分からなくなったのです。＜オーダ揺籃の地＞は「空間の生命（Nature of Space）」に存在していたのです。(略) このような＜新しい正体を孕む空間（Nature of Space）＞にふさわしい構築のオーダーを選び掴むか、創り出す必要があるのです。我々は、イェール大学アートギャラリーで、それを実践し、それに成功したのです。新しい時代のアートギャラリーという「空間の正体（本質）Nature of Space」＜自由で可変な空間＞を発見し、それに相応しい構法のオーダを構築することに成功したのです。こ

れまでの僕の理論では、
オーダ（見えない祖型空間）＞デザイン（見える実現空間）
という順序でしたが、新しい理論では、
ネイチャー（胚空間）＞オーダ（祖型空間）＞デザイン（実現空間）
と修正しました。
（略）
さて「空間の正体（本質）」に続く「空間の秩序（オーダ）」についてだが、「オーダ」は大きくは「構造」と関連してくる。「構造」は、その「空間の本質」の求めに応じて、空気、光、音などを如何に捉え留めおくかを具現化肉体化したものだ。〔工学的構造が先にやってきて、空気・光・音がそれに従って決まるべきものではない〕「構造」はそうやって「空間」を包み紡ぐ組織として育ち立ち上がるべきものだ。そうやって「構造」は「空間の正体」を表現する。それが何者かを感じさせしめる。それは「デザイン」に至る生き物の「種」、すなわち、その後の総てを統御する全てを収めた１粒なのだ。「デザイン」とはこの「種」から出た芽が、その固有の環境・状況〔敷地・予算・施主・法規・可能技術・政治経済など建築を取り囲む環境〕に応じて選択、適応、放棄などを挑戦と応答を繰り返し、茎となり幹となり枝となり葉を茂らして、一つの環境を肉体化し歴史化した樹となった「結果」なのだ。〔安直に水平と垂直を組み合わせプロポーションを整えただけではデザインとは言えない〕ただし真の「創」造的マインドにとっては、＜総ては一つ＞なので、どこからどこまでが「本質」で、どこからどこまでが「オーダ（根源的秩序）」で、どこからどこまでが「デザイン」なのか意識されないし、その時間的順序もクォーク的である。それはフィーリング（感情）とシンキング（思考）の違いと同じである。フィーリング（感性）はコンシャス（意識）の汲めども尽きぬ井戸です。それに引きかえ、シンキング（思考）はいわば、感性本体から飛び出した衛星みたいなもの、あるいは流星的存在です。と言っても、二度と感情に戻れないわけではありません。自分が考えていることの本当の深い意

味を知るためには、フィーリング（感性）の領域に立ち戻らなければならないのです。しかし「思考」を信じ、「感性」に戻って確かめようとしない人、感情が枯渇してそこに戻れない人が大半です。〔一方、優れた「感性」は常に「思考の冒険」を己の創造性の源とします。〕しかし真に創造的な精神（マインド）は、当然ながら段階的プロセスを受け入れません。「感性」が全てを一瞬の本能的直感の中で完成させてしまうからです。とは言え、我々は一つ一つ完成していかなければならないのです。一時に一事、一思一考、精神を集中し、１つ１つのアイディアの創造性を確認しなければなりません。それゆえ「本質＞祖型＞個別デザイン」という手順を意識的に踏むのです。それゆえ、我々の中の純正創造者（クリエイティブ・ピュアリスト）に納得してもらうために、これを「本質＞祖型＞個別デザイン①」とします。しかし我々の「本質＞祖型＞個別デザイン②」で大切なことは、我々、君と僕の「建築」は、決して「リバー・ビルディング」のような一枚岩の墓石（モノリス）であってはならないということです。常に人々の心に意味と歓びを引き起こすものでなければならない。そのためには、感性を総動員して根本本質（正体）を掘り起こし、あたかも自ら敷地を見渡し現場で手ずから建設に従事していることを感じながら図面に向かわなければならないのです。さらにデザインとして結実するにあたっては第３のハードルがあるのです。建築が立ち上がる現場そのものの美的表出、関節の美しさ、エレメントや違った材料が出くわす継ぎ目の正直かつ美的な表出、その一点一画に気を許さず、さらに一層研ぎ澄まされた精緻な努力が必要になります。設計は図面で終わるものではありません。現場こそ最後の戦いの決戦の戦場なのです。「建築」の実現に＜奇跡＞はありません。それは高貴なる建築の本質を表出する最後の真摯なる闘争です。馬鹿げた世間の常識や制約を突破するためなら、いかなる大げさな話術も魔術的曲芸もいとうべきではありません。全てありです。しかし願がわくば、これらも全ても優雅に、こともなく遂行されなさ

れるべきでしょう。

1954.5.6-7
E.E. カミング（E.E.Cummings）の詩の一節です。感情の内で創造的本能が目覚め立ち上がる様を描いています。心霊のオーダです。

＊訳者大意
我は我にして我々（存在を競う無数の同胞、無数の神々）
かくも容易に一人から隠しし一人に移りゆく
同時にその全ての一人の全体
全てから逃れてその全て

仔細な願望の仰々しき騒ぎ
大いなる希望を慈悲なく虐殺
嗚呼イノセント（深き肉の想いの淵、惰眠ゆり起こす覚醒）

孤高な独人孤独なし
一息千年
音無く若年の星を動かす
愚かなるや愚子{I}を理解せると

（略）このE.E.カミングの詩に描かれてくる音無く動き無く一瞬にして億年の仕事を成し遂げる、１人にして全人・全神、零にして無限なる{1}という普遍偏在の{I}という概念を君と共有したくてこの手紙を書き始めたのです。

1954.6.13
ルリコレとサムエルと親しく付き合い始めてから長いのですが、（略）アメリカでは誰も彼らの偉大さ純粋さ美しさがわかりません。特にルリコレの繊細な感受性と高度な工学性はまさに形而上学です。加えて工学的応用数学ではなく彼の純粋トポロジー幾何学の研究こそ彼の人類への捧げ物なのです。何にもまして「最初に幾何学ありき」なのです。橋も建築もドームもその不完全な応用に過ぎないなのです。彼は彼自身のトポロジー研究の図式と数式で埋まった分厚いノートを座右に置いてあります。彼は柔軟自由な立体幾何

空間に住むビューティフル・マインド、そこに生息するさまざまな法則を捉える狩人なのです。建築家はそのおこぼれを頂いて不器用な工学的フォームとプランを創り上げます。そして我々はそれに基づいて立体トラス構造を発展させるのです。その点サミュエルは最初から応用工学エンジニアなのです。純粋数学や純粋幾何学にまでは遡って戻っていきません。応急処置に対応できる臨床医師なのです。その彼に言わせれば、デカルト直交空間より60度交差多面体構造の方がルリコレのトポロジー理論に合致しているのです。君がトポロジーの原理や応用について知りえる機会があれば、シティー・センターの三角ビルのための自由な外皮の工法の発明に発展するでしょう。（略）その知識の全体全部を受け取る必要はありません。僕はルリコレがイェールで行った1回のレクチャーを聞いただけで、少なくてもトポロージ幾何学のなんたるか、何が自分にとってポイントなのか分かったのです。（略）僕にとって必要な基本さえいただけばいいのです。これを書きながら、自分が書いていることの深い意味と価値に気がつき驚きました。真に偉大な<芸術を達成する心>は純粋理性とともにあらねばならないということです。哲学と科学こそ真の芸術の道案内人なのです。哲学と科学が芸術の表現に序列と手段を与えるのです。最後の括弧つきの文章は、「医師たちがその出発点において、共通の科学的知識と理解なく始めたら結果はどうなるかを考えてみよう」と読まれる。と同時に「我々芸術家は、<医師や科学者の道具である科学的知識>を芸術的発露を妨害するものと考えるべきでなく、<芸術的発露を支え育てる支え木>と理解し歓迎する態度が必要である」と付け加えたい。

1954.7.1
特別な注文は、インテリアはフォーマルに、外観は松皮葺きということです。構造的には軽い材料でいけると思いますが、彼が石好みだったことを思い出しました。相対立する好みですがうまく取り合わせる道はあるだろう。意外に思いがけないクールな結果が得ら

れるかもしれない。西欧的建築概念では異様に感じられても、それが切実な求めであれば、自然との交渉の中でオーダが立ち上がってくるものだということ覚えておいて下さい。美は自然とオーダの精妙な調整にあるのです。

1954.7.10
近代建築の可能性について我々ほどの確信に至っている建築家は世界にも数少ないでしょう。
空間の正体（ネーチャー）、オーダ、意匠（デザイン）
願望（デザイヤー）、種（シード）、構成（コンポジッション）
何が欲しいのか？その存在を支える原理は？それが存在する環境は？共通の用途のオーダから様式（スタイル＝類型）が立ち現れる。デザインはスタイル〔類型〕を生まない。イメージはオーダから生まれる。等々、等々

都市計画

1954.2.17
ペンシルベニア大学で設計課題の説明をしに行ってきました。中でも最も難しい問題は、現在ペン・センターの半分を占めている警察署・拘置所の処置です。それが都市機能上重要なものであることは分かるのですが、それは「人間の合意」の表現としての「都市」の中で<何？>なのかが掴めないのです。またその大半を占めるアイルランド人の力は無視できません。その機能は互いにダブリ、記録は重複し、それでいてスペース的にはどのフロアもガラガラなのです。占有意識は旺盛でも使用意識はゼロです。彼らには使いづらいのです。ベッドラム〔混乱・混迷の極み〕です。その不明・無明の中にも何らかの「人間の合意」を見い出せないか？一筋の光を通そうと願っています。少なくてもこの組織は垂直な構造を持っていません。従って狭く上に伸びる空間は適していません。各床は幅広く車輪のようにスポーク状に周辺に広がってゆく形が良いと思います。これがこの建物のフォルムです。

1954.6.21
僕はあの場所はオープン・スペースとしてとっておきたい場所だが、サークル・ラインの自動車道路で囲うことで集積と発散が同時に達成されるのです。州当局は事務所をブロードウェイとスプリング・ガーデンの交差点辺りに持ってきたがっています。この際の僕の戦略の要点は統合と集積による商業活動の活性化です。人が集まる処に商業活動が活発化し文化活動が栄えます。自動車の発明で広く広がった都市人口を再び自動車で都市の中心に呼びもどし、新しい都市の魅力を創造することなのです。州政府ビルディングは総床面積350,000平方フィート〔約3万平方メートル〕でユリス・ビルに匹敵します。これを市の中心に持ってくることで人の流れを増やし商活動の機会を増し都市の賑わい回復します。都市生活の多くを都市の中心に集め、商業活動を盛んにし、都市の賑わいを回復すれば、そこに自ずと都市が創造され文化が発展するのです。立派な建物を作ったら立派な都市になると考えるのは間違いです。集中と集積こそ都市の再生と発展の鍵です。一方に人口の再集積があれば、現在の計画方法では他方に過疎と荒廃が起こります。低密度が適した都市周辺機能を同時に用意すれば良いのです。

＊〔　〕内は訳註

西沢立衛
NISHIZAWA Ryue

1966	東京生まれ
1984~88	横浜国立大学工学部
1988~90	横浜国立大学大学院修士課程
1990~95	妹島和世建築設計事務所
1995~	妹島和世とともに SANAA 設立
1997~	西沢立衛建築設計事務所
2001~10	横浜国立大学大学院 助教授
2005~06	スイス連邦工科大学 客席教授
2005~08	プリンストン大学 客席教授
2010~	横浜国立大学大学院 Y-GSA 教授

主な作品
1998	ウィークエンドハウス
2004	金沢 21 世紀美術館
2005	森山邸
2010	豊島美術館

塚本由晴
TSUKAMOTO Yoshiharu

1965	神奈川生まれ
1983~87	東京工業大学工学部
1987~88	パリ建築大学ベルビル校
1988~90	東京工業大学大学院修士課程
1990~94	同大学大学院博士課程
1992~	貝島桃代とともにアトリエ・ワン設立
2000~15	東京工業大学大学院 准教授
2003~17	ハーバード大学大学院 客員教員等を歴任
2015~	東京工業大学大学院 教授

主な作品
1999	ミニ・ハウス
2005	ハウス＆アトリエ・ワン
2011	みやしたこうえん
2012	恋する豚研究所

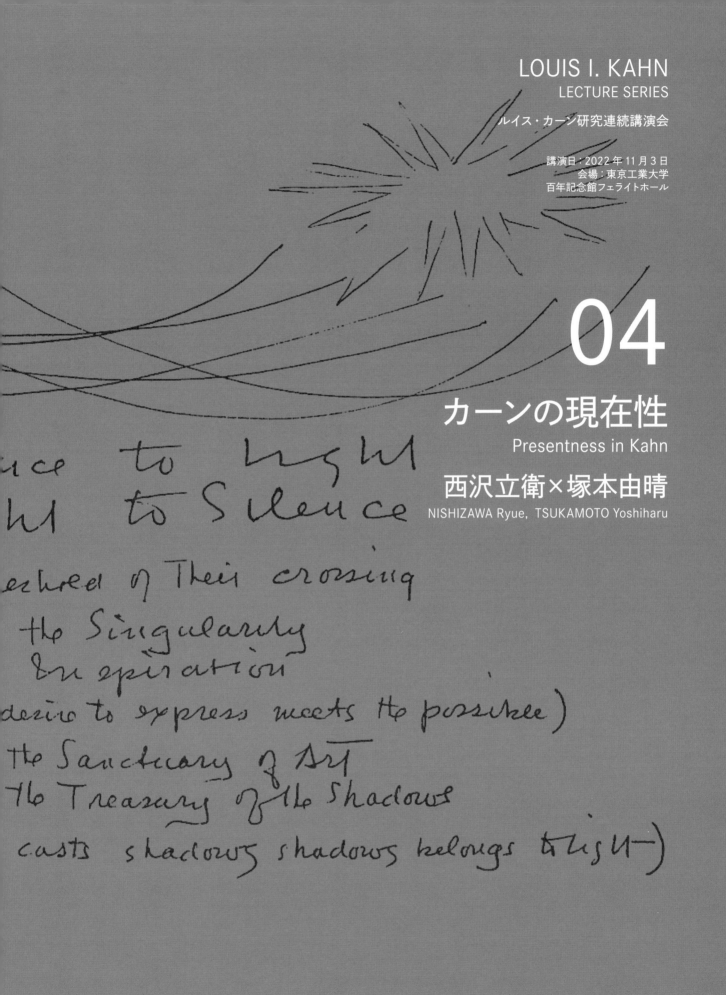

LOUIS I. KAHN
LECTURE SERIES

ルイス・カーン研究連続講演会

講演日：2022 年 11 月 3 日
会場：東京工業大学
百年記念館フェライトホール

04

カーンの現在性
Presentness in Kahn

西沢立衛×塚本由晴
NISHIZAWA Ryue, TSUKAMOTO Yoshiharu

講演会概要

　第4回では、ともに1960年代生まれの建築家である西沢立衛氏と塚本由晴氏に登壇いただいた。テーマは「カーンの現在性」である。現代建築をリードするお二方の語りは、カーンの残した言葉を拠り所に、建築がいま在ること、いわば建築の存在論を問うものとなった。

　西沢氏は、カーンの歴史的な位置付けとして、心というものを建築の問題にしたこと、建築をいかに作るかというhowではなく、建築とは何かというwhatを中心課題としたことを挙げた上で、カーンの言葉をひとつづつ読み解きながら、「元初」を原動力とした「測り得ないもの／測り得るもの」による二元論を展開されている。例えば、presenceとexistenceに二分される物の存在は、意志の有無、すなわち「石ころ」には在ろうとする意志はなく、「街角の教会」には人間の企てとしての意志があることから捉えられ、物の賛美と人間精神の賛美が重なるカーン特有の思索を指摘されている。そして、カーンの二元論が、物の在り方を規定する自然の摂理としての「光」と、物に先行し、物を在らしめようとする人間精神としての「沈黙」の往還に収斂していくこと、この往還の固有のプロセスに建築の存在を見出すカーンがいること、そしてプロセスの中心にはいつも、ふたりの人間を囲む「ルーム」があることが語られている。

　塚本氏は、ご自身による設計および研究の実践を振り返るかたちで、カーン、そしてハイデガーによる存在論への問いと、現代の私たちの暮らしを条件づけている建築や都市の在り方との交差を論じている。人々のふるまいに個人では占有できない共有性を捉えた氏のコモナリティとカーンのcommonality、里山再生活動による氏の事物連関へのまなざしとハイデガーのRaum（空間）の交差に、今日の建築創作の土台たる存在論の在処が示されている。対談では、塚本氏の問題提起に西沢氏が応答し、カーンの言葉の今日的意義が語られることとなった。

The fourth session featured architects Ryue Nishizawa and Yoshiharu Tsukamoto, both born in the 1960s. The conversation between these two leaders of contemporary architecture, based on Kahn's words, concerned the ontology of architecture.

Mr. Nishizawa first pointed out that Kahn considered architecture from the perspective of the mind, and questioned what architecture is, rather than how to create it. While deciphering Kahn's words one by one, he developed a dualism based on the contrast between "unmeasurable" and "measurable", using "beginnings" as the driving force for thinking about things. For example, things can be divided into presence and existence depending on whether they are caused by human will or not. He also points out Kahn's unique way of thinking, where the praise of things overlaps with the praise of the human spirit. Then, he mentioned three points: Kahn's dualism converges into the reciprocation between "light" as a law of nature that determines the way things exist, and "silence" as the human spirit that precedes things. Kahn found architecture in the inherent process of reciprocation. At the center of the process is a "room" surrounding two people.

Reflecting on his own design and research practices, Mr. Tsukamoto discusses the intersection between the ontological questions of Kahn and Heidegger and the architecture and cities that condition our lives today. In the intersection of commonality between Mr. Tsukamoto and Kahn, and in the intersection of his perspective on networks through his Satoyama restoration activities and Heidegger's Raum, we find the ontology that forms the basis of today's architectural creation.

Fig.01　講演冒頭の西沢氏

講演 - 西沢立衛

　こんにちは。西沢立衛です。よろしくお願いいたします。今日は塚本さんと対談できるということで大変楽しみです。今日は僕自身がルイス・カーンのどこを面白いと考えているかについて、お話ししたいと思います。ただカーンの建築は出てきません。今回話したいのはカーンの言葉について、彼が言ったり書いたりして今に残っているものに限定して、僕が感じているルイス・カーンの可能性というものを話してみたいと思います。

カーンの言葉

　元々僕は、カーンのことをほとんど知らなかった20代の頃から、カーンは結構良いこと言う人だなと、なんだか偉そうですけども（笑）、良い言葉だなと感じる言葉がいくつもあって、それらを断片的にずっと覚えておりました。たとえば、カーンは自身の若い頃の苦しい時代を回想して、「自分は長らく大変美しい都市に住んでいた。その都市の名前はル・コルビュジエといった」というような、ちょっと表現は違ってしまっているかもしれませんが、そのような感じのことを言ったと記憶しています。その言葉に僕は、なんとも言えない輝きみたいなものを感じました。それは、自分の過去と自分が愛する建築家への敬意のようなものだと思います。また彼の「人間の大きな価値はその人が所有権を要求できない領域にある」という言葉にも、大きな魅力を感じました。ほかにも色々な、感銘を受けた言葉があります。

　カーンの言葉との出会いということでもうひとつ重要なのは、鹿島出版会から出ているSD選書の、前田忠直訳『ルイス・カーン建築論集』があります。カーンの言葉を読むという意味では最良の本のひとつですが、僕の場合はカーンの言葉の数々もさることながら、前田さんという存在にたいへん注目しました。前田さんはカーンを単に紹介する

というよりも、ハイデッガーとの関係で捉え直すというような試みをしています。また、読んだ方は分かると思うのですが、ただの直訳とはいえないものなのです。もちろん意訳ではありません。原文を読むと、前田さんはかなり正確に訳していることがよく分かります。しかしそれなのにただの直訳とはいえないような、前田さんの意志のようなものを感じるわけなのです。カーンはこういうことを言っているはずだという信念があり、またそれを超えて、建築というのはこうあるべきだという、そういう主張すら感じるものです。色々な意味で面白い本なのですが、日本語訳については、今回僕はこの本に依拠して話したいと思います。英語に関してはアレクサンドラ・ラトゥールという人が、カーンのエッセイや講演の主だったものをまとめた本がありまして、これに依拠してお話ししたいと思います。

心と存在

　まずカーンのどこが歴史的と言えるか、ということですが、色々な意見があるかと思いますが、まず一番大きなことは、心というものを建築の問題にした、ということではないかと、僕は考えています。もう1つは塚本さんが話してくださるということですが、存在論です。howよりもwhatを建築の中心課題にしたことです。この2つはモダニズム運動が問題にしなかった領域といえると思います。

　人間の心を建築の問題にするとは、例えばル・コルビュジエが300万人の都市という時、人間は300万というふうに数えられるわけですね。モデュロールというものは寸法でして、コルビュジエが描いたモデュロールマンは、片手をぐわっとつき上げた、すごい筋肉の男です。つまりここで人間とは、数えられるものであり、量であり、また外形的なものです。片方でカーンが提示した重要な概念に、「測り得ないもの」と「測り得るもの」があります。「測り得ないもの」とは unmeasurable で、「測り得るもの」は measurable という語です。「測り得るもの」とは、計量可能なものすべてですね。例えば、橋、建築物、道路、都市、

自然……、霧とか空気とかは一見見えませんが、でも見えないだけで物として存在していて、なんらかの形で計量できる。そういうふうな計量できるものは全て measurable「測り得るもの」です。それに対して「測り得ないもの」とは、例えば夢とか願望とか、意志とかというような、計量できないもののことです。この2つがカーンの世界ではものすごい力を持ちます。この2つの対比を使って言えば、カーンはそれまで「測り得るもの」に位置付けられていた人間を、「測り得ないもの」に置き換えようとした、というふうにも言えるかと思います。

2つ目の存在論は、簡単にいうと「建築とは何か?」という問いです。これは、先ほど言った心ということとほとんど一体のものとして展開します。

カーンはいくつか重要な概念や言葉を提示しており、それらのうちまず最初に「元初」から始めたいと思います。時間的な限界がありカーンの概念全部に触れられないので、他に「沈黙と光」そして「ルーム」について触れていきたいと思います。しかしそれらはすべて、「測り得ないもの／測り得るもの」をベースに展開することになります。それほど「測り得ないもの／測り得るもの」は、カーンの思想の根幹になっているからです。

元初／Beginnings

I love beginnings. I marvel at beginnings. I think it is beginning that confirms continuation. If it did not - nothing could be or would be.
私は元初を愛します。私は元初に驚嘆します。存続を確証するのは元初であると思います。もし元初が確証しなければ、何ものも存在しえないし、また存在しないでしょう。

（註：斜体は講演スライドで示された言葉。以下共通）

カーンは I love beginnings という表題のレクチャーを、1972年に国際デザイン会議でやりました。上の言葉はそのレクチャーの始まりの言葉です。いきなり I love

beginnings なので、聴衆は面食らったのではないかと思います。いろいろ指摘すべきことが多い冒頭文です。例えば、ここで前田さんは continuation を存在と訳しています。つまりここでカーンは、元初なくして存在なしと発言したことになっている。元初というものは存在を支えるものであるということで、元初が存在論の根拠になっており、カーンがいかに元初を重要なものとみなしているかが分かります。また continuation ですから、ここで言う存在というものがただの存在ではなくて、時空間的存在であることが分わかります。

元初とは何かというと、例えば学校であれば、単に今ある学校ではなくて、本来の学校とは何か、学校とはもともとなんだったか、というようなものです。つまり、学校の元初とは何だろうかを考えることは、学校という存在が何かを考えることでもある、ということです。元初を考えてしまうのは自分の性分なんだと本人は言っていて、元初はある意味でカーンが存在を考える上でなくてはならないもの、物を考えるためのドライビングフォースになっているように僕には感じられます。

前田忠直さんは、カーンのいう元初をハイデガーの言葉で説明しています。元初は英語で beginnings です。しかし、英語の世界で「始まり」はもう一つあり、start です。ハイデガーの「ヘルダーリンの讃歌」によると、beginning と start は違うものだとハイデガーは言っています。start というのは、物事が始まるやいなや置き去りにされていく、事態が進行するに従ってどんどん遠いものになっていくような始まりのことです。例えば入学式とかは、時が経てばいずれ遠い過去のものになっていく、置き去りにされてしまう始まりなので、start です。それに対して元初 beginning は、出来事が始まった時には存在してるかどうかよくわからないんだけど、出来事が進行するうちに、徐々にその全貌を現していく、それが beginning だと、両者にはそういう違いがあると、ハイデガーは書いています。beginning はいろんな例がありますが、例えば山田さんのために家を設計するとき、始めは深く考えずに LDK を並

べてみたり、色々な空間構成を思いついてみたりするわけですが、徐々に私達は、「山田さんの家」ってなんだろうかと考え始め、さらに遡って「住宅とは何だろうか」という、より根本的な問題に向かって行く自分に気付きます。これが beginning です。「住宅とは何か？」という問いは、設計開始当初は必ずしも大きく存在しているわけではなくて、しかし設計が進んでいくうちに、徐々に現れてくる。そういう意味では、start は字義通りのスタートであるのに対して、beginning はスタートというよりむしろゴールに近い存在かもしれません。

Beginnings と英国史全集

And of course my only real purpose is to read Volume 0 (zero), you see, which has yet not been written. And it's a strange kind of mind that causes one to look for this kind of thing. I would say that such an image suggests the emergence of a mind.

英国史全集を読む私のただひとつの真の目的は、いまだ書かれざる第零巻を読むことにあります。ひとにこのようなものを探させる心とはなんと不思議なものでしょうか。このような（元初の）イメージが心というものの出現を示唆しているのではないでしょうか。

　カーンは beginnings の説明をするとき、よくこの英国史全集の話をします。全8巻の英国史全集をカーンは持っており、しかし彼は第1巻のほんの最初しか読まない。それだけでなく、そもそも存在していない第0巻を読みたい、と言っていて、この短い文章にも僕は色々と面白さを感じています。

　まず、「いまだ書かれざる第零巻」という箇所です。英国史全集第1巻は、紀元前5世紀から始まるものですが、カーンがいう第0巻とは、さらに古い紀元前6世紀のことではないんですね。というのも、例えば紀元前7世紀というような、現在知られている歴史よりもさらに古い歴

史的遺構がイギリスのどこかで発掘されたとしたら、それは第0巻でなくて、いまの第1巻が改定されて新たな第1巻になるわけです。発掘調査によって新たに出てきた第1巻以前の出来事は、どれだけ古くても掘り起こされた瞬間に、全て第1巻になるということです。つまり第0巻というのは、いくら穴を掘っても決して出てくることはない、地球上からは出てきようがないものなのです。カーンはこれを未だ書かれざる第0巻と言っている。未だ書かれざるということは、もう少しちゃんというと、未だ書かれないし今後も書かれることがないものです。それは物ではない。先ほどの言葉で言えば、「測り得ないもの」ですね。

　図式化すると（註：板書をしながら話す。以下同様の場面を《板書》と表記）、まず左に「測り得ないもの」、右に「測り得るもの」、この二つに対応して、beginning と英国史全集の第0巻は「測り得ないもの」なので、左側に来て、start と第1-8巻は「測り得るもの」なので右側に来る［Fig.02］。

　上の文章には他にも面白いところがあります。例えば、二文目に「人にこのようなものを探させる心とはなんと不思議なものだろうか」と言っています。ここには、元初に向かおうとするカーンがいる。と同時に、そういう自分に驚くカーンがいる。カーンの特別な個性として僕が面白く感じているのは、超越論的態度です。「心は不思議だ」というところ、元初に向かっているそういう自分の態度に驚く自分という状態はつまり、問題の外に出ずに、その中にとどまりながら、その問題を外側から捉えているのです。僕はこれもカーンの才能の1つではないかと思います。

　三番目の文でカーンは、「元初のイメージが心というものの出現を示唆している」と言っています。元初に向かうということは、心なしにはできないということです。つまり元初というものが、自然界とか外界の世界の話というよりは、つまり「測り得るもの」の側の話というよりは、「測り得ないもの」の側に大きく関わっているということが分かります。

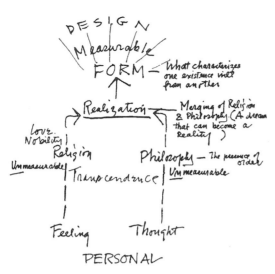

Fig.03 「測り得ないもの／測り得るもの」

So beginning is a revelation which reveals what is natural to man.（中略）I would say the beginning, then, is natural to all fumans. The beginning reveals the nature of the human, right? Right!
元初は人間にとって何が本来的なことかを露呈する啓示なのです。（中略）私はこう言いたい。元初はすべての人間にとって本来的なものであると。元初は人間の「本性」を露呈する。

　２文目の訳はとても前田さんらしいなと思います。ここでカーンは、元初は建築の本来的なありようを露呈するだけではなくて、人間の本来の姿をも露呈する、と言っています。元初に向かうということが、自分を本来の姿に戻す、人間を本来の姿に戻していくと言っています。確かに、建築ってそもそもなんなんだろうと人が考える時、建築ってこういうものなんじゃないかなあと思う時、それは元初に向かう過程なのですが、そこには当然その人の建築観みたいなものが出てくる。それは客観的なものというより、その人独自のものです。そういう意味では、元初を考えることは、自分が現れてくることだとも言える。
　ちなみにそういう意味では、元初は人によって違うという風にもいえるかもしれません。カーンは beginning にしばしば s をつけて複数形にしますが、人間の数だけ元初の数がある、という意味も込めているのかもしれません。
　いずれにしても、元初は英国史第 0 巻であったり、本来の建築だったり、どれだとしてもそういうものは地球上どこを探検しても見つからない。社会の事象とか情勢とかをいくら調べても出てこなくて、むしろ人間の内側からやってくるものではないかというふうに言っているようにも思えます。

測り得ないもの／測り得るもの

　カーンが描いた「測り得ないもの／測り得るもの」の図 [Fig.03] があって、まず feeling や thought が下のほうに

あって、unmeasurable（測り得ないもの）と書かれていて、上がってくると form になって、上のほうにある design が輝いています。《板書》feeling、thought というのは形なしに存在するものなので、「測り得ないもの」です。design は、アイデアに形を与えたときのその造形のありようのことだとすると、それは形があることで存在できるものなので、「測り得るもの」です。ちょっと脱線しますが、この design のところが光り輝いています。これはすごくカーンらしいことだと思っています。また、後半で説明できればいいのですが、「沈黙と光」にもつながることです。

The mind is really the center of the unmeasurable, the brain is the center of measurable.
心はまさに測り得ないもののセンターであって、頭脳は測り得るもののセンターです。

　「測り得ないもの／測り得るもの」の図式化として、《板書》右に頭脳があり、左に心がある。カーンはなんでも真っ二つにするんですが、建築も真っ二つにします。

A work of architecture is but an offering to the spirit of architecture and its poetic beginning.
建築作品は、建築のスピリットとその詩的元初への捧げものにすぎない。

　建築は、a work of architecture と sprit of architecture とに分かれます。a work of 〜の方を前田さんは建築作品と訳されています。a work ですから、形として実現されたもののことですね。それに対して spirit of archi-tecture の方は、スピリットですから、精神か、概念か、なにかそういうような、物ではないがなお存在しているような建築です。心の中にある建築みたいなものでしょうか。《板書》とりあえずそれを建築精神と言ってみるとすると、建築精神 spirit of architecture は「測り得ないもの」で、建築作品 a work of architecture は「測り得るもの」です。ここでカー

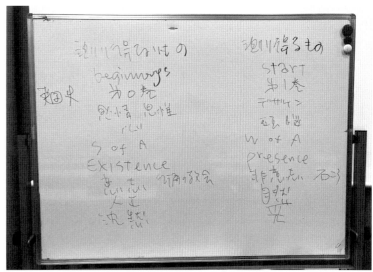

Fig.04　講演を通して書き分けられた「測り得ないもの」と「測り得るもの」

ンは、建築作品は建築精神への捧げものだと言っています。ここに、建築精神の方が作品よりも上だという序列を感じます。しかしこれは、建築作品が大したものじゃないっていう意味ではありません。捧げ物ですから、ある意味で最高の物です。神様に捧げ物をするときには、最高の物を捧げるので、相手が神様でなくても恋人であっても、ゴミは捧げない。プレゼントをするときはだいたい、心を込めた物を贈るわけです。建築作品が捧げ物ということはつまり、それはどうでもいいものではなくて、建築物というのはそれこそ捧げ物を作るような気持ちで作るべきものだ、という感じでしょうか。カーンの言葉で印象的なのは、物はすごいという、そういう感覚があることです。物質主義ですね。

You then make the distinction between existence and presence, and when you want to give something presence you have to consult nature.
そのとき、あなたは存在とプレゼンスを区別し、そしてあるものにプレゼンスを与えようとするとき、自然の助けを求めねばならないのです。

　存在はカーンにとってたいへん重要な概念ですが、この存在も二分されます。前田さんの訳では「存在とプレゼンスを区別する」となっていて、一瞬なんのことかわかりません。前田さんの訳の方針の1つに、ハイデガーの世界に出てくる概念は漢字に訳し、ハイデガー的でない言葉はカタカナに訳する、というのがあります。例えば、beginningsはハイデガーなので元初となり、formはカーン独自のものなのでフォームとなる。そういうことから「存在とプレゼンスを区別」というような、漢字とカタカナが混ざった言い方になります。しかしここは、英語では単純にdistinction between existence and presence で、existence と presence は違うと言っている。presence とは、私達の考えをプレゼンテーションすると言うように、アイデアみたいな形のないものを形ある状態に置き換える、言葉にす

る、形を与える、という感じです。presence とは形ある存在のことです。他方で existence の存在の方は、形になっていなくてもいい存在というか、物になっているかどうかは関係ない存在です。ここでも物か物でないか、の区別があるのです。

　両者の違いの例としては、道端の石ころというものは、確かに物として存在していますが、そこにあろうとする意志があるわけではなく、たまたまそこにあるだけです。一種の自然現象みたいなもので、そこに存在していることに意志はない。これは presence です。しかし街角の教会は、物として存在しているという意味では presence なのですが、同時に、石ころとは違う存在のしかたをしている。つまり、自然現象でたまたまそこに存在しているのではなく、過去の誰かの意思によって、人間の企てによって、そこに存在しているのです。その教会の存在には、存在しようとする意志があるわけですね。これが existence で、《板書》両者の違いはつまりその存在に意思があるかないか。existence / presence は、非−物としての存在／物としての存在という対比でありながら、意志ある存在／意志のない存在、という対比にもなっています。日本語でいえば、「居る／有る」の違いとも言えるかもしれません。意思的存在と非−意志的存在という対比は、それはそのまま人工と自然という違いにもなってくるかもしれません。この existence / presence の対比は色々な意味で面白いのですが、ものへの賛美、物質讃歌というものがありながら、それがそのまま人間の精神や概念を賛美する形に置き換えられていくという展開があって、僕は面白く感じています。物質主義はそのまま観念主義でもあるのです。

沈黙

　「沈黙と光」という、カーンの最晩年における思想があります。それの説明をしたいと思います。説明といっても、単に僕がそう考えたというだけなので、当たっているかどうかは全然分かりません。ともかくまず沈黙から始めて、

次に光にいって、最後に沈黙と光について考えてみたいと思います。

When you see the pyramids now, what you feel is silence.
人がいまピラミッドを見るときに感じ取るものが沈黙です。

沈黙とは何か？についてカーンはいろいろな言い方をしていますが、上の文章でカーンは、人がピラミッドを見る時そこに沈黙を感じる、と言っています。ピラミッドを見て色々な人が色々なことを感じるだろうけど、僕の場合であれば、ピラミッドを見ての第一感想はたぶん、「なんじゃこりゃ？」でしょうか。建築は普通こういうものだと思っている僕たちの常識とかけ離れている形だし、日本にはあんな三角形の巨大物はないし、これはなんなんだと、その威容にまず驚くと思います。

The desire to be/to express is the real motivation for living. I believe there is no other.
I began by putting up a diagram calling the desire to be/to express silence; the other, light.
＜存在しようとする／表現しようとする＞願望は、生きることの真の動機です。その他に動機はないと思います。
私は＜存在しようとする／表現しようとする願望＞を沈黙と名付け、他方を光と名づけた図式を描くことからはじめました。

「存在しようとする、表現しようとする願望」を沈黙と名付けて、他方を光と呼ぶ、と言っています。沈黙はdesire to be と desire to express だとあります。表現しようとする意思、それが生きることの真の動機で、その他に動機はないとも言っている。最初にこれを読んだ人は、相当極端なことを言っているなと思うのではないでしょうか。日本語で考えると、存在しようとする願望と表現願望がなぜ同じなのかがまずわからないし、なぜそれ以外に生

きる動機はないとまで言い切れるのかが、よく分からないのです。

この分かりづらさの１つには、表現という言葉が日本語ではすごく地位が低いということもあると思います。例えば「表現的」と日本語でいうとそれは、過度にアピールするとか、表面を飾り立てるみたいなニュアンスが入ってきます。しかし英語的には、express というのは、自分の中にあるものを、中から外に押し出すことなので、表現願望というものは「自分の中から押し出すこと」、つまり自分の思いを中からしぼりだしてきて、世の中に存在させようとすることであり、それは desire to be に近いことです。desire to be も desire to express も、どちらもイメージとか願望とか考えとかという、物でないようなそれらのことを絞り出して、物として存在させようとする意志という共通性がある。カーンはそれを沈黙と呼んでいます。なぜ silence という言葉になってしまうかというと、音声化してしまったらもうそれは「測り得るもの」であって、存在 presence しちゃっているわけなので、そこに至る前の、存在しようとするそれをあえて形容するなら非音声、沈黙しかないのです。

Let us go back in time to the building of the pyramids. Hear thedin of industry in a cloud of dust making their place. Now we see the pyramids in full presence. There prevails the feeling of Silence, in which is felt man's desire to express. This existed before the first stone was laid.
ピラミッドが建設されているときへ立ち帰ってみましょう。そしてその場所をしるすもうもうたる砂塵のなかの勤労に耳を傾けてみましょう。そして今われわれはピラミッドの完全なプレゼンスの中で見ます。そこには沈黙の感情がゆきわたり、その沈黙の感情の中に人間の表現せんとする願望が感じ取れます。最初の石が置かれる以前に、この願望は存在したのです。

これは、Architecture: Silent and Light という表題の、

晩年に書いたエッセイの冒頭文です。この人のレクチャーはしばしば唐突に始まるんですけど、このエッセイもそうです。ピラミッドが造られている時にちょっと戻ってみましょうと。そして、続く文から読み取れるのは、沈黙＝人間の表現せんとする願望ということがまずひとつ、またその沈黙というものは石が置かれる前、建設前にもうあった。つまり、spirit of architecture は a work of architecture よりも前に存在している、ということです。「測り得るもの」の前に、「測り得ないもの」があるということです。

Not how they were made, but what made them be, which means what was the force that caused them to be made, right? These are the voices of silence, right?
＜いかに＞つくられたかではなく、何がそれを＜あら＞しめたかということです。つまりピラミッドの形成を＜引き起こした＞力が何であったかということです。これが沈黙の声です。

ここでカーンにとって重要なのは、ピラミッドが「どう作られたか」ではなくて、「何がそれを可能にしたか」です。how でなく what のほうが問題なんだ、ということですね。例えば、ピラミッドを生まれて初めて見た観光客が、ツアーガイドの人にこれは何なんですか？と聞くと、「これは墓です」という答えが返ってくるわけですね。最初は、なるほど墓か、と思うんだけど、でもその答えにすっきり納得しない自分もいたりする。よく考えると、「これは墓です」という答えは、ピラミッドを何に使っているかという、使い方の説明であって、ピラミッドを見た時に私達が感じる「これは一体なんなのだ」という私達の驚きには、あまり答えてないわけですね。ピラミッドの威容を見た時の僕たちの驚きというのは、これは何だという what であって、how への質問ではないのです。そういう意味では、「これはなんなんだ」というのは存在論的質問と言えると思います。カーンはそれに応えようとしている。カーンはピラミッドを見るとき、四角錐という形状だけを見ているのではな

くて、その背後を見ようとしています。背後とは、ピラミッドが建設されるに至る経緯や歴史のことではなくて、それがどう使われるものなのかという、用途やプログラムのことではなくて、ピラミッドを実現しようとした人々の意思、願望です。

Solution is a "how" design problem; the realization of "what" proceedes it.
解くことは「いかに」デザインするかという問題です。「何」についてのリアライゼーションは「いかに」に先駆します。

how と what についてカーンは色々なところで色々なことを言っていますが、この文章では how より what の方が先だといっています。カーンの思想が、存在論的だということが分かる言葉の一つです。近代建築の時代、how の分野がたいへん進化しました。建築はどう作るか、どう使えるか、ということは大きな課題だったのです。今の建築学科の研究室を見ると、建築構法や構造、設計、建築計画とあり、それらはすべて「どう作るか」の学問であって、モダニズムにおいて how というものがいかに大きな研究領域だったかがわかります。しかしカーンは、「どう作るか」の問いよりも「何を作るか」の問いのほうが先だ、と言いました。これは、方法論よりも存在論のほうが先だということもできるかもしれません。

光

Light is material life.
光は物質の生命です。

次に光ですが、カーンが言う光とは何かというと、これもまた簡単なようで、分かりづらいところがいっぱいあります。最初に僕の考えを言ってしまうと、光とはまず第一に自然光のことで、次にそれは自然現象全般のことです。つまり光とは、「測り得るもの」の代表選手みたいなもの

Fig.05 クルックシャンクによる点描画

Fig.06 「ユダヤ六百万追悼記念碑」スケッチ

です。光についての一番分かりづらい言葉のひとつに、この Light is material life、光は物質の生命ですというものがあります。これだけ読むと何のことやらなんですけれども、この言葉をそのまま受け取るとですね、《板書》「測り得ないもの」（非物）と「測り得るもの」（物）のどちらなのかというと、光は「測り得るもの」の側、物質の側だということです。沈黙は願望なので、「測り得ないもの」で、光は物なので、「測り得るもの」の側になる。

またはカーンは光の説明をするときにしばしば、クルックシャンクという風刺画家の挿絵を使って説明します。それは点描の絵です [Fig.05]。点描画の世界が主張することはいろいろありますが、まず、物には輪郭がないということです。白紙の紙があって、そこに鉛筆で点をどんどん書き込んでいくと、光と影が生まれて、立体的な物になっていく。輪郭がないということで、感覚的にものと光が混ざった感じがしますね。点描画の世界は、光なしにはものが存在しようのない世界です。感覚的には何となく、ものと光は同類なんだということで、点描画がよく例として使われます。またカーン自身も、建築を描写するときにしばしば点描画で用いています [Fig.06]。

The choice of a square room is also the choice of its light as distinguished from other shapes and their light.
正方形のルームの選択は、他の諸形態とそれらの光から区別された正方形の光の選択でもあります。

正方形という物的形状と光をちょっと同一視というか、近いものとして捉えている感じの発言ですね。次の一文も、近い発言です。

To make a square room is to give it the light which reveals the square in its infinite moods.
正方形のルームをつくることは、はてしないムードのなかで正方形が露呈される光を与えることです。

正方形の部屋を作るということは、正方形の光を作ることだ、と。これはなにか僕としては、カーンはパンテオンをイメージして話しているのかな、と思える言葉です。窓を四角くしたら光も四角くなる、部屋を四角くしたら光も四角くなるんだというようなことで、光と物をほぼ同じものだとした一例と言えると思います。

I sense Light as the giver of all Presences.
光は全プレゼンスの賦与者です。

プレゼンス、物になることは、光によって可能になる、という意味です。これもちょっとわかりづらい言い方なのですが、「測り得ないもの／測り得るもの」の二分法に立ち返ると、「測り得ないもの」の世界というのは、心の中のことですから、光も影もない世界であって、物の世界はいわば自然界なので、光と影がある世界、自然の世界です。presence は、物として存在することなので、それは自然界です。アイデアとか思いとかは、光を当てようがないんですが、プレゼンスになった途端にそれは自然界に属する存在になる。形を与えられる、物になるというのは、心の世界から自然の世界に移動するということであり、光のない世界から光の世界に来る、ということです。

You then make the distinction between existence and presence, and when you want to give something presence you have to consult nature.
そのとき、あなたは存在とプレゼンスを区別し、そしてあるものにプレゼンスを与えようとするとき、自然の助けを求めねばならないのです。

まず最初に、existence と presence は違う、それらは区別しないといけない、と言っており、それに続いて、existence 的なそれを presence させようとする時、つまり物にするとき、あなたは自然の助けを借りねばならない、と言っています。アイデアっていうのは自由なもので、そ

Fig.07　Silence to Light / Light to Silence

れは自然の法則に影響されないから、アイデアのレベルで
は建築を空中に浮かばせることだってできるのですが、そ
れを現実の物に置き換えるとき、重力とか、物性とか、自
然界の掟がいろいろ出てきて、そういう自然の掟に相談し
ながらでないと、アイデアを物に置き換えることはできな
い。キャンティレバーをやる時には、重力に相談しないと
できない。レンガで水平梁は作れなくて、レンガであれば
当然アーチ形状にならないとダメなわけで、つまりレンガ
の物性が要求することに従いながらでないと、形にはなっ
てくれない。そういう意味では、「光は全プレゼンスの付
与者」というさっきの発言の中の光は、重力とか風圧とか、
物性とか、自然の掟全般のことでもあるのかなと。光は自
然全般の代表選手というか、代名詞というか、象徴のよう
な感じかなと思います。

沈黙と光

Silence to Light / Light to Silence / The Threshold of these
crossing / is the Singularity / is the Inspiration
沈黙は光へ、光は沈黙へ、それらが交差する閾はかけが
えのないものであり、それはインスピレーションだ

　沈黙は意志のこと、存在しようとする意志のことで、光
は自然現象全般のこと、というのがここまでです。そこで
「沈黙と光」です。
　先ほど紹介したエッセイのタイトル Architecture: Silen-
ce and Light ですが、これを素直に訳すると「建築は沈黙
と光からできている」というようになるかと思います。建
築は人間の意志と自然現象の二つから成る、というように
読めます。
　沈黙と光についてのカーンのスケッチを見ると、沈黙
と光は、互いにやたらと行き来がある絵になっています
［Fig.07］。沈黙と光がおのおの無関係でなく、交流しあっ
て建築になってゆくという絵です。カーンは別の文章で、
沈黙の光への移行と、光の沈黙への移行には限りなく多く

の閾があって、それらの閾は、私達めいめいのかけがえの
なさだと言っています。つまり、光と沈黙がどう交流する
かというと、それは人間のかけがえのなさの部分で交流す
る、ということです。
　沈黙と光の間の移行が無数にあって、それが人間の中で
起こるというのは、論理的にはどうかわかりませんが、感
覚的にはなんとなく分かります。イマジネーションの世界
ですごくかっこいい建築というのを、仮に頭の中で思い付
いたとして、でも考えの世界というのは寸法も光も何にも
無いので自由なのですけど、それを模型にしてみると、も
のすごくダサかったりするわけですね。期待したような
かっこよさが全然なくてショックを受けたりする。光の世
界というのは、寸法とか物性というものに万物を従わせる
ような、いわば無情の世界で、自分のイメージを裏切るよ
うな寸法が与えられてしまう残酷さがあるわけです。例え
ばピロティ空間を低くして、建築を横長にして、これは水
平的でかっこいい建築になるなーと思って形にしてみる
と、ピロティ天井高 1m くらいになって人が全然入れない
じゃないかってことで、3m くらいにすると、鈍臭い形に
なっちゃって、頭の中ではかっこいいと思っていたそれが、
現実の寸法世界ではものすごくダサい形になってしまう。
それで反省して、沈黙の世界に戻ってきて考えを変えて、
それでもう一回模型にしてみると、またとんでもない形に
なったりして、の繰り返しです。ともかく光の世界という
のは無情というか、厳しい物の世界で、寸法だとか重力だ
とか、自然界の掟がすごいのです。そういうわけで建築創
造というものは、沈黙の世界と光の世界の間を何度も行き
来して、徐々に建築になっていくという過程なのです。
　沈黙と光は観念的な二概念ですけれど、すごく現実的な
考え方でもあります。カーンの言葉というのは、どれだけ
観念的であってもなおプラクティカルというか、フォーム
にしてもルームにしても、沈黙と光にしても、設計事務所
の所長が、設計しているその苦闘の中で出してきた言葉の
ような感じがあって、そこは僕としては共感するし、わか
りやすさを感じてもいます。

Fig.08 The Room

さきほどの点描画をカーンはしばしば、沈黙と光の説明に使っています。白紙の上に鉛筆でどんどん点描してゆくわけですが、鉛筆のストローク（筆触）が描かれていくにつれて、立体物が生まれていき、また同時に、白紙部分が光になっていきます。ただの白紙だったはずの白が人間のストロークによって光になってゆくことに、カーンは驚きを感じています。点描画の世界では、意志と光は同時に生まれる。片方がなければ、もう片方もないような一体の存在だという関係です。

Without light there is no architecture.
光なしに建築は存在しない。

これは、カーンのなかでも特に有名な言葉ですが、色々な意味に取れるのですが、1つは room を説明する言葉として理解できます。つまり、建築には窓が必要、自然光が必要ということがまずひとつです。もう1つは光を自然光という意味でなく自然の摂理みたいに理解した場合、建築物というのは物である限りは自然の摂理に従わないとダメだ、という意味になる。または、点描画の世界でストロークと光が同時に登場したことを思えばその逆も同様なので、沈黙と光の二者は結局一つのことだという意味、つまり「光と建築創造は一体」という意味にも理解できます。色々な意味に解釈できる言葉なので、真意は僕もよく分かりません。

┃ルーム

ルームはいろいろな豊かな意味を持つ概念です。しかしここでは、沈黙と光の思想を分かりやすく説明する例として考えてみます。これはカーンが描いた、ルームを説明する有名な絵ですが [Fig.08]、ここに重要な言葉が絵に書き込まれており、一つ一つ本当は説明すべきなのですが、時間がないのでご興味ある方はぜひ読んでみてください。絵に描かれている風景は、クロスボールトのような天井を

もった部屋があって、窓があって、その先に光が見えています。その窓際に二人の人間が座っていて、話しています。その横には暖炉があって、衝立があります。というこの絵が、ルームの概念です。ここに描かれている諸々は、ルームを成立させる条件のようなものと考えられる。ルームの成立条件はまず第一に、建築の中に人がいること。窓があって外が見えること、光が入ってくること。光なしに建築は存在しないという言葉にも近いものです。また、建築がつくる部屋の中に、衝立や暖炉などでもうひとつの世界を作っていることも重要です。カーンはしばしば「世界の中の世界」と言いますが、ルームはそういう二重構造になっています。部屋を作れば、いきなりそれがルームになるわけではない。人は地べたにぺたっと座るわけではなく、ソファや衝立、机などの身の回りの道具を適切に配置して、空間の中にもうひとつの空間をつくる。なので、この入れ子構造もルームの重要条件です。

The room is the beginning of architecture. It is the place of the mind.
ルームは建築の元初です。それは心の場所です。

ルームは建築の元初だと言っています。建築の元初であり、それは心の場所だと言っています。建築というのは、ただの冷たい箱ではなくて、心の場所だということです。心というような「測り得ないもの」と、建築物や部屋という「測り得るもの」、箱とを、繋げようとする努力の言葉です。箱物建築を作りたくない僕たちはいつも内容と箱の一致を夢見ているわけなので、実務をやっている人間にとってこれは本当にそうだなあと思う、実際的な言葉です。建築の根拠を説明するときに、心ということを言った人がカーンの前にどれだけいたのか、僕はあまりよく知りませんが、カーンが初めてか、相当初期の人だったのではないかと想像しています。

the room wasn't just architecture, but was an extension of self.
ルームはただちに建築ではなく、*自己の延長であるという
ことです。*

　ルームは元初なので、ただちに建築ではないわけです。
それはいわば建築以前です。英国史の元初が歴史以前であ
るのと同じです。ここでカーンは、ルームは自分の延長だ
と言っています。ルームはただの箱ではなくて自分の延長
だということですね。例えば友達の部屋に行くと、室内に
一歩踏み入った途端に、その人らしさを感じたりします。
本棚を見ても机を見ても、その人の趣味、その人らしさを
感じたりする。部屋は人間から切り離されたものではなくて、
その人の延長になっている、ということです。洋服もそう
で、ファッションにはその人ならではの雰囲気が出るとい
う意味では、自分の延長です。ここでも箱と人間をつなげ
ようとするカーンの努力が感じられると思います。

*you realize that you don't say the same thing in a small room
as you do in a large room.*
ルームについて考えるとき、あなたはつぎのことを自覚し
ます。つまり小さなルームでは、*大きなルームにいるとき
と同じことを話さないと。*

　これはルームについてのカーンの言葉の中でも、僕がす
ごく好きな言葉の一つです。建築と私達の心というものが
いかに深く繋がっているかということを、すごく分かりや
すい形で、機能というものを使って説明しています。先ほ
どの「ルームは心の場所」にも繋がるのですが、こちらは
より具体的です。部屋の大小によって話す内容が変わると
いうのはつまり、建築の大きさや形が変わると、機能も変
容してしまう、ということです。例えばサッカーフィール
ドを1/3にしたら、人数も戦術もルールも全て変わってし
まう、もうまったく別の競技になってしまう。小さい部屋
で二人で話す場合と、大きい部屋で千人で話す場合とでは、

言うことが変わってくる。箱というものがいかに内容、機
能といった中身に影響を与えるか、いかに私達の生命とか
心というものに影響を与えるかということを分かりやすく
言った言葉だなと思います。

　最後のスライドです。Architecture comes from the ma-
king of a room、部屋づくりから建築はやってくる、と書
いてある。making に the を付けています。例えば映画の
制作秘話みたいな映画がありますね。『メイキング・オブ・
ナントカ』みたいな、本編の映画とは別に制作過程を撮っ
た映画作品がありますが、それみたいな響きを感じます。
the making of a room は部屋をつくるそのプロセス、部屋
づくりにおける私達人間の苦闘ですね。あーでもないこー
でもない、そういうことから建築はやってくるという風
に言っているように感じます。迷いなしにいきなり建築
が生まれるということはなくて、いろいろな逡巡、いろ
いろな苦闘から建築が生まれてくる。そういう意味では、
Architecture comes from the making of a room は、「沈黙と
光」を違った言い方で言った言葉であるように僕には感じ
られます。

　長々と話しましたが、「測り得ないもの」と「測り得る
もの」の二元論が構造となって、世界が展開していきます。
その二つとは人間と自然の対決です。人間と神かもしれま
せん。そして最終的には、というかそもそも元からという
か、その二つは点描画のそれのように、一つでもある。そ
ういう流れがカーンの世界にはあったのかなという気がし
ます。
以上です。どうもありがとうございました。

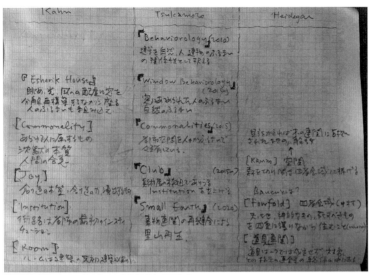
Fig.09　カーン・ハイデガーによる概念との関わり

講演 - 塚本由晴

カーン・塚本・ハイデガー

　私はそんなにカーンに熱狂していたわけではないです。皆さんに配られた資料に、恥ずかしい文章が書いてあります。ソーク研究所という、有名なルイス・カーンの作品があり、私も行ったことがありますが、学生の頃は知らなくて、近くの海水浴場でサッカーして帰ってきたのです。それくらい、カーンというのは学生の頃はとっつきにくいというか、全然わからないなと思っていました。私も前田さんのルイス・カーン建築論集が出た時に読んで、非常に感銘を受け、いくつかの作品を見ることになりました。実物を見て、その仕事に触れました。

　今日は現在性ということですが、どちらかと言えばカーンは、タイムレスなことについて語ってきたと思います。自分がやってきたことを後から考えてみると、カーンのやってきたことや言っていたことと関連していたと分かってきました。カーン作品の窓の一つが私の窓研究のきっかけになりました。自分たちがやっていることが、ハイデガーの言葉と響き合うところがあることに気づき、存在論を介してカーンに接続するかもしれないと考えています。

　これは塚本を真ん中にして、カーンとハイデガーを両側におくという図々しい図です［Fig.09］。私を串刺しにするように、二人が交流しているというアイデアを示しています。二人をつなぐ力になっているという感覚です。

ふるまい学

　私はふるまい学 / Behaviorology というのを常々考えています。ふるまいは、自然のふるまい、例えば光・風・湿気・水、重力などが含まれます。自然に備わっていて、人間に変えられるものではありませんが、ふるまいのキャパシティを決めることはできます。それから人のふるまい。

人のふるまいは、各人に帰属しているので誰かが独占できない、誰かの所有物にはなり得ない。その意味では、自然のふるまいと同じです。それから建物のふるまい。建物は繰り返され、反復される。タイポロジーという言葉がありますね。外国の街にいくと、その通りは自分が住んでいる日本の街とは全然違う建物でできている。その場所で手に入る材料、その土地の気候や生業、そういうものの関係性がバランスし、ストレスなく継続できるように長年の試行錯誤を経て、集合的に作り上げられてきたものです。住むということや、そこでの活動は本質的に同じですが、なぜかその現れ、Presence は国や文化や時代によって全然違う。これも繰り返されるもので、誰かが独占できるものではないのでふるまいと言えます。建築を、自然と人と建物のふるまいの関係性として捉えるというのが、ふるまい学 / Behaviorology のアイデアです。

窓のふるまい学

　続いて、ふるまい学を具体的にみんなで考えられるようにと Window Behaviorology、窓のふるまい学を始めます。窓というのが、建築の中で、一番自然、人、建物のふるまいを集めているからです。

　カーンが設計したフィッシャー邸のこの窓が、窓研究のヒントになりました［Fig.10］。この窓からは、周囲の森が綺麗に見えます。それは大きなガラスの Fix 窓があるからです。その脇に風を取り入れる板の窓があり、さらに窓辺に居られるようにベンチが組み込まれている。つまり、光、眺め、通風、座るといった窓に重ねられたさまざまなふるまいを、それぞれ別のパーツで作り、再構成することで、このコーナーが作られている。座るという人のふるまいを、風のふるまいや光のふるまいと同じように、窓枠や窓台に統合している。ここから窓というのが、自然のふるまいと人のふるまいを集めるものだと考えるようになりました。

　そして、世界中の窓を見て回って、そこに集められたふるまいを観察することから、窓にコンセプトがあり、そ

Fig.10　フィッシャー邸の窓

Fig.11　コモナリティーズ：コペンハーゲンの橋

れは誰が考えたかわからないけど、昔からずっと繰り返
されていて、世界の至るところで繰り返し作られていると
いうことを本にまとめています。窓のコンセプトという
のは、カーンの言葉を引くなら、desire to be や desire to
express の状態であって、それがいろんなところで実際に
presence となると言えると思います。

コモナリティーズ

　2014 年に出版されたコモナリティーズでは、都市空間
を人々がふるまいで領有して、すごく活き活きした状態に
しているのを世界各地で目撃し、日本で足りないのはそれ
ではないかと思って作った本です。その頃アトリエ・ワン
では、駅前広場や宮下公園、BMW グッゲンハイムなど、
壁で囲い込まないパブリックスペースのプロジェクトを続
けてやっていました。エンクロージャーなく、人がいられ
る前提には、ふるまいが共有されている、自分たちでやり
方が分かっている、自主的に使っていることが、壁とかは
ないけれども、場所というか、建築の始まりになると思っ
て観察を続けていました。

　この本の一つの章で、commonality という言葉を使って
いる建築家や建築理論書はあるだろうかと、遡って読んで
みたのですが、唯一使っていたのがルイス・カーンでした。
建築論集の『ブルックリン・ニューヨーク 1973』の中に
出てきますが、「誰かが独占できなくて、あらゆる人が独
占できる」「沈黙の本質である」「人間の合意を見せる場」
と書かれています。それと同時に Joy について書いてあ
り、「想像の本質」とか、「想像の力」「湧出するもの」と
いうような意味合いで出てきます。都市空間を人々が領有
している状態というのはまさに Joy で、それが人々を繋い
でいて、エンクロージャーのない建築を作っています。つ
まり、建築の元初的な状態、ある種 beginning に近いのか
もしれない。施設的なものの始まりや、人が集まる場所、
institution に近いものを感じています。

　この本の 2 章は、世界各地の都市空間の領有をドローイ

ングで表現しています。これはコペンハーゲンの橋ですが、
夕日が沈むタイミングで人々が集まり、南北に掛け渡され
ている橋の東側の歩道に座ります［Fig.11］。私が訪れたの
は、9 月の夕方で、自転車乗っている人がジャケットを着
ているように、かなり涼しいのですが、欄干に寄りかかっ
ている人は T シャツなど、夏の格好をして、ビールを飲
みながらギターかき鳴らしているのです。石の欄干に昼の
うちに溜められた熱が、夜になると輻射熱として寄っかか
る人の背中を暖めています。それで、夕日が沈むまでここ
で喋っていられるということです。

　ふるまい学的には、石を介した熱のふるまいと、人のふ
るまいが重ならている。人々はその熱のふるまいを発見し、
自分のふるまいをそこに沿わせている。窓にいろんなふる
まいが集められていることから窓のコンセプトを考えたの
と同じで、どういうふるまいが集められてその場所が特徴
づけられているのかを考えていました。

クラブシリーズ

　その頃、「クラブ」のプロジェクトをいくつかやるよう
になりました［Fig.12］。それは institution と commonality
に関係していると思っています。これはブルージュで作っ
た、Canal Swimmers Club / カナル・スイマーズ・クラブ
です。アートトリエンナーレに招待された私達は、ブルー
ジュの街を色々調べる中で、1978 年までは川で人々が泳
いでいたけど、それ以降は水質汚染を理由に禁止されたこ
と、しかし最近は下水が整備され、水質も改善されて泳げ
るようになっているが、心のバリアがあって泳げないこと
を知りました。じゃあ盛大に泳げる雰囲気を作ろうと、浮
き桟橋を作りました。泳ぎという、人々が身につけていた
ふるまいが、水質汚染というバリアによってブロックされ
ていたのを、アンロックしたということです。

　次は、Fire Foodies Club / ファイヤー・フーディーズ・
クラブです。深圳でコルビュジエの輝く都市型の開発をす
ると、地面部分は緑地になりますが、フランスと違ってジャ

Fig.12　カナル・スイマーズ・クラブ（左）ファイヤー・フーディーズ・クラブ（中）レイクサイド・ダンサーズ・クラブ（右）

ングルのようになってしまいます。毎日のように枝を払わなくてはならず、大量のバイオマスデブリが発生します。それと、アーバンビレッジのような、昔の農村の集落が都市化の波に飲み込まれて、地方から来る人たちの住まいを建て増していった高密度の街区もあります。その1階には食堂があり、道に面したところで火を使って料理を作っています。その二つを組み合わせ、バイオマスデブリを燃料に料理するために作ったのが Fire Foodies Club でした。こちらは Lakeside Dancers Club／レイクサイド・ダンサーズ・クラブです。廃墟となったお城が湖の中にあり、その畔でレイブパーティーをするためのメインステージです。

　これらクラブシリーズは、ふるまいを共有する人たちがいて、そういう組織が出来上がり、場が生まれるという想像を喚起するフィクショナルな実践によって、遡ってどうしてこういうものが作られることになったのかという背景をアブダクティブに見せたいのです。その背景は現実のものではなくて願望でいい。泳ぎたいなとか、妄想で構わない。クラブシリーズもカーンの言葉と重ねると、腑に落ちることがあります。今まで意識してなかったのですが、色々考えてみると、そういえばと思うようになりました。

里山再生

　コロナ禍以降、海外出張ができなくなった代わりに里山再生に関わる機会を得ました。一般社団法人小さな地球を作って、千葉県鴨川市釜沼という棚田集落で活動しています［Fig.13］。里山再生は、空間型の想像力ではうまくいきません。ふるまい学で常々言っている、自然のふるまい、人のふるまい、建物のふるまい、これらの関係としての事物連関型の想像力が有効です。里山再生は、ふるまい学のなかにあった事物連関の思考を強化してくれました。

　具体的には、古民家改修、茅葺の葺き替え、タイニーハウス建設とともに、竹藪になってしまった耕作放棄地の開墾や、棚田での米作り、草刈りや土手の補修などの環境整備、森の手入れなどを行っています。都市住民も維持管理

に参加できるコモンズを作ろうとしています。お世話になっている移住者で、農家になった方の家の屋根を覆っているトタンが2019年の台風で吹き飛んで、茅葺が露わになってしまったことがきっかけです。これを茅葺として再生しようということになり、ならば茅場から再生しなくてはということで、耕作放棄地の再生が始まりました。ここは天水棚田と言って、雨水だけで稲を育てるのですが、耕作放棄された棚田はセイタカアワダチソウに覆われています。土地をもっと乾燥させればススキが優勢になるはずなので、土手の法尻に排水溝を掘って棚田を乾かしています。溝を掘ることででた粘土を、古民家の土壁に使いました。あるいは、獣害対策用のフェンスが集落の事業として施工されるのに伴い伐採されたスギの皮を剥いで、建物外壁に使いました。農業や森林整備で出てくる副産物を、建築の材料にすることが里山では可能です。これを都市でやろうとすると高価なものになってしまうのは、農林業が建設業と業態として縦に分割されているからです。業態を横断する物質のフローは稀になっているのです。里山は資源に溢れ、業の縦割りがないので、横の融通が効く。そうやって事物の連関を作っている中に建築が生まれていくのです。

Raum

　耕作放棄地の藪を払いながら、みかん掘りみたいに、周りの藪に囲まれて空だけ見える丸く開けた場を作って遊んでいました。その時にハッと、これがハイデガーのいう「Raum」かと思ったのです。Raum というのはドイツ語の「空間」ですが、語源をたどると「開け広げる」という意味があったとハイデガーは書いています。

　「建てる、住まう、考える」で書いた四方界、4つのものが出会う、導き入れて集めることに捧げられた場がRaum です。4つのものというのは、天と地と神的なものと死すべき者です。その四つが折り畳まれたヒダを作ることが、住むこと Bonen であり、住むことが建てることBauen だと。Bonen という古語のなかにある住む・耕すと

Fig.13　里山再生活動と道具

いう意味との関係性でそういうことを論じていきます。

　確かに、天とか地とか神的なもの、死すべき者、これは人間のことですけども、これらが出会うためには、竹藪に占拠されていた場所を開けなければならない。これが開け広げること Raum なのです。そう考えると、空間は連関との緊張関係の中に成立しているものだということになります。天と地と神的なものと死すべき者を呼び込む開け広げは、土地の連関を竹だけに占拠されていた状態から解放するということでもあります。土と空が出会うということです。ということは、空間 Raum は何か新しい出会いを生み出すけれど、裏を返せば、そこにあった連関の解放も意味していたと言えます。空間は、そういう二面性で捉えなければならないと思うようになりました。

　20 世紀の間、人間が成長を目指してやってきたのは、明日は昨日と違っていなくてはいけないという強迫観念からです。産業革命によって手に入れた生産力を行使しないというのは倫理に反するので、みんなそれを疑わずにやってきたのですが、それが同時に地域の事物の連関で出来上がってきたものを駆逐して、非常に抽象的な空間の中での、拡大・成長を目指すように人間のふるまいをつくりかえてきたと言えると思います。

震災復興からの学び

　私はアーキエイドという建築家のボランティアネットワークのメンバーとして、震災の復興に 5 年間関わりました。高台移転地選びを集落の人と行い、そこに作られる復興住宅を、地域のタイポロジーである漁師住宅を下敷きに提案するなど、色々なことをやりました。しかし、それらの提案はあまり受け入れられず、基本的には短期間に大量の住宅を供給する産業的な生産様式が漁村に入ってきてしまいました。確かに数の上では、空間としては復興できたかもしれませんが、漁村集落の作り上げてきた事物の連関はキャンセルされ、産業社会的な連関に置き変えられてしまった。これは酷いなと思いました。そこから空間を、批

判をしなくてはいけないと思うようになりました。

　空間という概念がなければ、建築の議論はできず、研究もできず、色んな案を検討することもできません。絶対に手放されることはないでしょう。連関から人々を解放して、自由に思考することを下支えしている概念です。でもこれが積もり積もって温暖化や南北格差を生み、さらに加速させていると考えると、事物連関というものを空間の思考と対比させながら議論をしていかなくてはならないと考えています。

　事物連関を最初に空間批判的な意味で言い始めたのはハイデガーです。1951 年のダルムシュタット会議、これは西沢さんもさっき仰ってましたけども、第二次世界大戦を終えて、住宅を大量に供給しなくてはいけないという時に、標準化などどうやって作るか how が問題になったわけです。その時にハイデガーは what を言いました。それが「建てる、住まう、考える」の講演です。この存在論的なあり方が、ルイス・カーンの how ではない、what だという話と響き合っています。

道具連関

　もう 1 つのハイデガーの言葉、別の論考で出てきた「道具連関」です。道具というのは、1 つの道具だけで存在することはない。例えば、ハンマーと釘と、板と、ドアと、家と、というようにそれぞれ次の道具なり材料なりを指示していて、鎖状につながっている。その総体が道具であって、1 つの道具というものはないんだというのが、道具連関の考え方です。その傍にあるのが人間であると。それは世界内存在というものを理解する上でのメタファーです。それは我思う故に我ありという唯我論に対抗するものでした。

　ということで、私はカーンとハイデガーに両側からもみくちゃにされながら建築のことを考えているということです。ありがとうございました。

対談：西沢立衛×塚本由晴

存在論と建築

塚本：カーンもハイデガーも存在、西沢さんがお話しされた「測り得ないもの」を私達に教えてくれている。私のプロジェクトやリサーチは presence だなと。カーンやハイデガーの思索に触れると、随分昔に亡くなった人達ではありますが、彼らとの間で沈黙と光の関係をやりとりしているように感じます。それは人間的であり、感動的です。

なぜ今存在論的なものが、建築のアーギュメントとして浮上してくるのかを考えないといけないと思っています。磯崎新さんが 1970 年代に建築の解体ということを仰られましたが、今日の経済合理が全てに勝るような状況では、もはや建築的、都市空間的な価値が解体され尽くされているように思われます。出来上がったものに beginings、建築の元初が現れることはたいへん稀です。そういうなかで、もう一度建築的な価値を再構築するにはどうしたらよいか、その足がかりとして存在論的なものが浮かび上がっていると思います。

私は、空間に対し、事物連関が重要な批評性を担うと思っています。事物連関を考えるなかで、見えてきたことが二つあります。1 つは、物事には不変の行程があるということです。例えばものづくりをみると、一部の工程を機械化したり材料を別のものに取り替えることはあっても、工程そのものは昔から変わらない。陶芸でも酒造りでも米作りでも、いつ何をして、次に何をして、その次は、というように作業の順番は変えられない。なぜかといえば、物質、もっといえば自然を相手にしているからです。カーンが自然に相談しなさいと、言っていることと同じですね。ものづくりには、人間が勝手に変えられない自然が組み込まれています。

もう 1 つは道具です。いまの都市は、どんどん建物が増えてサービスが充実し、スマートフォンさえ持っていれば生活できるようになっている。飯も食えるし、美術館にも行けるし、タクシーや電車にも乗れる。何でもできる前提に、そういったサービスを提供する施設がある。建物からサービスを受ければ、自分は道具を持っていなくてもいい。一方、里山再生活動では、朝から夕方までの間に、3、4 の道具を持ち替えます。仕事が変わるごとに、相手が変わるからです。その相手と道具を持って向き合い、体の使い方を微調整しながら、できるだけ疲れない効率の良いやり方を見つけていくのですが、そういう体験は今の都市にはない。この経験から、都市は施設で溢れているけど、里山は道具に溢れていることに気づきました。その分、里山では自分で身の周りの資源にアクセスしやすいわけですが、同じような機会は都市にはなかなかない。でもこれからは、都市でも人々が道具を持つことが求められると考えています。20 世紀型のビルディングタイプは人々を道具から解放して、少し意地悪な言い方をすれば人々から道具を取り上げたのですが、21 世紀型は、人々がもう一度道具に触れて、身の周りの環境と遊べたり、色々なことができるようになるのではないでしょうか。これは、建築をどうつくるかというより何をつくるか、what の問題です。そういうふうに、自分としてはカーンの考えを展開しています。

西沢さんは、カーンをどのようにご自身の創作へ展開していらっしゃいますか？

西沢：今いろいろなことを話されて、いろいろな展開の可能性を感じました。どこからスタートすると良いでしょうか（笑）。

塚本：そうですね、最後が急に質問になってしまいました（笑）。カーンのご自身の創作への影響でしょうか。

時空間的な事物連関

西沢：実は、カーンが僕の創作に影響したことはかつてなかったし、今も直接的なつながりがあるわけではないのです。彼は北方の人間で、僕はアジアモンスーン地帯の人間で、たぶん各々が背負っている身体感覚、何を快適と思う

かということから、もう全然違っているのです。むしろ逆に、それほど離れた立場なのに、なぜここまで共感するかという不思議さがあります。建築スタイルや立場、地域を超えた普遍的思想をカーンが出しているということなのかなと思います。

　カーン自身の建築は、スタイルとしては類例のないものだったと思います。彼の過去にも後にも、あのような建築ってなかったのではないか。リチャーズ研究所のああいう垂直性は、モダニズムというものの中では、ミースやライトの水平的な建築がモダニズムだったとすると、ああいう突然ドーンみたいな、地面から立ち上がってくるようなものって、人々はどのように受け取ったのかなと、当時の雰囲気を知らないので想像するしかないですが、やはり驚きがあったのではないかと思います。しかし他方で、ミースよりも前を考えると、ある意味でさらに古い何かが復活したという感覚もあるような気がします。コルビュジエが横長水平窓のところで、パリのファサードについて文句を言っていて、下の階にいけばいくほど壁を厚くしないといけない不条理な法律があって、どんどん壁がごつくなっていって、どんどん窓は狭く細く、縦長になっちゃう。すごい垂直的な外観です。

塚本：そうですね。

西沢：カーンは自分の建築の模倣を他人に許さなかったし、自身も先人の真似をしませんでしたが、でもどこかで、伝統が彼を通して蘇るというところがある。塚本さんの言葉の事物連関につなげると、歴史的連続性というか、そういう連続性がカーンはあったのかなと思います。カーンのorder というものもそれですね。

　あと道具の話ですが、カーンもけっこう道具への発言は多く、たとえばクレーンを称賛したりしています。人間と道具の事物連関ということは、カーンは実務家として、少なからず興味があったのではないかと思います。

塚本：レンガのことでも、レンガが喜ぶようにというようなことを言いますものね。

西沢：そうですね、レンガがなろうとしてるようにと。

塚本：レンガさん、コンクリートの楣を入れるけどいいですか？と聞いたら、うーんそれは気持ちよくない、やはりアーチが良いのだよとレンガは言うだろうと。

西沢：そうそう。

塚本：こういう着想も、レンガの連関を考えることによって、壮大なるローマの遺構に接続しているというところは、たしかに時空間的な事物連関ですね。

institution

西沢：もうひとつ、塚本さんとカーンを繋げる問題としては、institution があります。institution は私達にとっては、あまり良い言葉ではありませんよね。

塚本：そうですね。制度ですから。

西沢：人間を縛るものですよね。ところがカーンは、institution はインスピレーションの家だという。つまり、institution があって初めて人間の自由なインスピレーションが可能なのだと。カーンが言っているインスピレーションの家の最大の例は、都市です。都市を商業地域、ビジネス地域、住宅地と分けるのは市場経済の思想であって、それは事物連関というものを認めない、おのおの区画し分類する思想であって、それによって本来の都市、人間の生きる空間というものがズタズタになるのだと。塚本さんが指摘されていたことと重なると思います。

singularity, particularity, commonality

塚本：教えてほしいのですが、singularity と particularity の対比のお話がありましたが、singularity と commonality の関係はどう考えればよいのでしょうか。

西沢：それは僕も色々とカーンに聞きたいことのうちの一つですね。

塚本：聞いてみたいですね。

西沢：僕の想像ですが、コモナリティという考えはカーンの思想の基底だったと思うんです。カーンは room の代表

例の一つとして街路を挙げていますが、「人々の合意による街路」という言い方をしています。街路が街路であるためにはまず人々の合意が前提だというふうな感じです。確かに、皆がそれを道と認めないかぎり、誰もそちらにむけて玄関も駐車場も作らないだろうから、道が道として機能するのは皆の合意の結果と言える。

　roomのスケッチ［Fig.08, p.116］を見ると、窓際で座る人間を中心にしてうまれる空間がroomですが、roomの中心にいる人間は1人ではなく2人で、語らっている。また、roomの別の一例として階段の踊り場を挙げているのですが、踊り場はどうしても移動スピードが落ちるので、そこで一休みしている老人に少年が挨拶したりとか、出会いが生まれるということを言う。こういう発言から、カーンは建築の元初たるroomの中心に、共同性、複数性を置いているのかなと、感じられます。大きな部屋では小さい部屋で言うことと同じことを言わないというのも、共同性のありようへのカーンの感受性の豊かさを感じます。

塚本：そうですね。私はやはり資本主義と民主主義がカップリングされた現代の個人主義、individualismではないもの、コモンズやコモナリティというものを何か展開するという意図のもとに色々な本を書いていることもあって、カーンのその側面にすごく興味があります。

西沢：カーンに限らず西洋社会において、共同性というものがすごく大きいと感じることは多々あるのですが、彼らには同時に、強い「個」というものがありますよね。

塚本：そうそう。あるんですよね。

西沢：共同性と個人主義は、一体のもののような感じがしますね。塚本さんとカーンの違いというのももちろんあって、例えばカーンの思想は、個に向かうというか、中に向かっていく感じがするんです。例えば、元初というときに、社会のほうに出ていってそれを探すというのではなく、自分の中に向かっていく。元初は心の中にあるというふうなことになってくる。それは社会をいくら探査しても出てこないんです。他方で、塚本さんがいう事物連関というのは何か広がりをもっている。小さい差だと言われればそうか

もしれないけど、大きいといえばたいへん大きな違いという気もします。

塚本：だから存在論のほうには、個ではない方向に開いていくというような感じがある。

西沢：ハイデガーはそういうものを望んでますよね。

塚本：ただ、カーンの場合は、いわゆる近代的な民主主義社会のなかで登場する個ではないのだなということは思います。だからどういうふうに、個をイメージをしていたのかということが気になります。

西沢：近代的個を何と位置付けるかにもよるのですが、もしそれが標準的人間というようなことであれば、カーンの個はそれではないですね。カーンにとって人間は、いわば心というか、測り得ないものです。数えられないもので、例えばカーンはsinguralityと言っています。

　singuralityとか、シンギュラーな人間というのは何かというと、日本語でいうと単独的とか、唯一無二とか言うのでしょうか。particularityとの対比で言えば、パティキュラーもシンギュラーもある意味で複数的なものを示す言葉だけど、パティキュラーは数えられるもので、シンギュラーは数えられないものという違いがある。カーンは、人間とはシンギュラーなものだという、数えられないものだ、という前提があると思います。singuralityを前田さんは、「かけがえのないもの」というふうに訳しています。このsinguralityは、個のベースになっている気がします。でもそれは共同性と対立するものでもない。

塚本：浸透しあっているわけですね。

西沢：singuralityとcommonalityは対立しない概念なんだと思います。カーンは、「教えるということは、かけがえのない人によるかけがえのない人に対する技術だ」と言っています。また、「かけがえのない人だけがかけがえのない人に教えることができる」と。つまり、singuralityなくしてcommonalityはありえない、という感じがあります。

塚本：言葉としては、単独性というと共同性と対立するのかなと思ってしまいますが、対立はしない。面白いですね。

西沢：そう思います。西洋の民主主義とか市民社会という

ものは、各々にものすごく強い個を要求する集合なんじゃないでしょうか。

ポストモダニズムからみたカーン

塚本：ところで、測り得ないものの方に街角の教会があるのだけど、存在として existance なのはわかるのですが、街角の教会そのものの presence としての側面はどうなるのですか［Fig.04, p.111］。

西沢：それは指摘されたくないところですね（笑）。測り得ないもののほうに街角の教会を入れたのは僕のミスです。わかりやすいかなと思って…、その辺りは大目に見てください（笑）。

　でもカーン本人も、たまにあれ？と思うような、一見矛盾したことを言う場面がしばしば出てきます。例えば、形のない段階のものを沈黙と呼んで形を与えるのは、矛盾してるわけです。また、ルームは建築の元初だということですが、つまり測り得ないものなのですが、他方でルームは物の例として登場することもあります。でもまあ、ルームはここでは概念なのだと、このときは具体的な部屋の話なのだと、相対的に変わるわけですね。人間も話によっては測り得るものになったりならなかったりです。

塚本：つまり、いま西沢さんの板書にはないけれど、singurality は、測り得ないものになるわけだよね。

西沢：そうです。

塚本：そして commonality も、やっぱり測り得ないものなのではないかな。

西沢：そうですね。

塚本：そういう意味で矛盾しない。対立しない。

西沢：そうです。

塚本：私は、コモナリティがよく現れているのが、ふるまいだと思うのですが、ふるまいもあるのだけど数えるものではなくて、いくらでも分けられる。それを身に付ければその人のものになっていける。自然の要素も、ある条件が揃えば、それらが内在させている原理によって動き始める。

数に還元できない面白さがあります。

西沢：うんうん。

塚本：そういうものが組立の一番最初にある建築は信頼できます。

西沢：そうですね。ふるまいは数量的に評価できないものだし、またそれは誰かの占有物ではなくて、誰でも使える共同性がある。

　事物連関は、ポストモダニズム前後の時代に展開があったと思います。それは、モダニズムによって分断された世界を回復しようとする努力としてあったような気がするのです。ひとつはコーリン・ロウのコンテクスチュアリズムがあって、もとは詩の時空間配列から来ていると思うのですが、建築は一個では建ちようがないのだという感じで街並みに向かう、これは事物連関ですね。

塚本：はい。

西沢：カーンもコーリン・ロウも、再開発によって巨大建築と巨大空地ができて街並みが破壊されて、歴史や記憶が失われる、ということへの反省があって、どうやったら人間の世界を取り戻せるかという、バラバラなものを再びまとめあげようという問題意識を感じます。

塚本：そうですね。カーンは用意されたフリースペースの中に機能を形にした建築がポツポツ建つようなやり方ではなく、大型の建築でも街のようにつくるし、森のなかにポッカリ空いた広場のようなホールもある。

西沢：カーンの思想の面白いところのひとつは、room も form もそうなのですが、スケールを超えるんですよね。

塚本：そうそう。

西沢：form というものは、家具のような、すごく小さな世界でも言えることで、また都市のような大きな世界にも見出せるものだというふうな形で、スケールを超えていく。2人だけの空間というところから、都市全体にまで大きくなっていく。ああいう広がりでもって世界再生に向かうというのは素晴らしいですよね。

塚本：ダッカの国会議事堂にも似たところがありますね。

西沢：まだ、僕は見に行けてないんです。

塚本：私も見に行けてはいないのですが、図面を見ると、木と木の間の居場所が小さな建物のように現れているところもあれば、あるところは木を外して、森の中に木々に囲まれた大きな空所ができる。それは原理的には木と木の間の小さな場所と変わらないけど、サイズが違う。1から足していくと100になる、というような設計ではない。

西沢：ああ。

塚本：まず、最初になんでもできるオープンな場所があって、そこにいろんな形を置いていくのが、例えばコルビュジエの都市計画ですが、そういうプランの作り方とは位相が違うといいますか、組み立てる数学が違いますね。

form の完璧さ

塚本：話題をもうひとつ程とのことですが、西沢さんの方からいかがですか。

西沢：塚本さんとカーンを並べるということを未だ考えたことがなくて、強引に並べようとすれば並ばなくもないというこの力技が僕の今回の一番の感動です（笑）。

塚本：ははは（笑）。

西沢：しかし、コモナリティは確かにそう言えると思います。カーンの研究であまり本格的に取り上げられていない点かもしれません。

　塚本さんはどう思われるのか、ぜひ伺ってみたいのは、僕はカーンの言葉はすべて素晴らしいと思うのですが、あえて言うと form というのが、僕はちょっと苦手で、できれば form は避けて喋りたいなというのがあります。order は素晴らしい。institution は素晴らしい、でも form はちょっとなと。このことは、塚本さんを横に並べた時にすごくはっきりするのですが、form はあまりに完璧という感じがするんです。塚本さんの言われる事物連関というのは、もっと雑というか、雑と言ったら失礼なのですが（笑）、いろいろ入れられる広がりがあるというか。何か目に入ったものからやっていくような、良い意味でいい加減な感じがするのです。もちろん理論的な正確さがあるし、概念的な取

組みなのですが、なにか開放感がある。一方でカーンの form という概念は凄すぎて、なんというか、完全だと思うのです。カーンを批判しているわけではなくて、個性の違いでもあるかと思うのですが、この完璧さというものが多少息苦しいというか、逃げ場がないというか。form は、塚本さんはいかがお考えですか。

塚本：それゆえか、彼は後期になると institution に展開しますよね。

西沢：そこは素晴らしいですよね。

塚本：いろいろな丘がある中で、あの丘に神殿を建てようと人々が合意した。こういう側面は form にはないけど、institution の根幹になっているわけですね。

西沢：そうですね。

塚本：そして神殿が出来上がると、その丘は神殿が建てられるためにあったかに見えるという。つまり、丘の中にすでに神殿があった、それを人々の合意の上に見つけて作ったのだという言い方になる。この例が institution というものを理解するのにすごく良いなと思うのです。form というと、こういう開かれた側面がないような気がします。だから完璧すぎるということになると思う。

西沢：そうなんですね。room は、form のひとつの実現ではあるのですが、room がいいのは、概念の中に人間がいるわけです。でも、rorm は、椅子は脚と座と背から成るのだというふうな感じで、人間なしに成立する概念です。institution にもなんとなく人間の活動が入っている。概念の中に人間が入っているかどうかは大きいですね。

塚本：道具連関は英語だと equipment という複数形をもたない語になるそうです。道具を言うときは tools で、s がつく。furniture も furnitures にはなりませんね。これと同じで、総体を捕まえようとする概念が言葉の中にある。そういう一つ一つに分かれてしまわないものを捉える感覚が、昔の方が生き生きとあったということだと思うんです。カーンの測り得ないものというのは、ハイデガーが注目したこととかなり似ていると思うのですが、要するに可算名詞になり得ない概念があって、それを拠り所に、個と全体

という測り得るものの切り分けに抵抗していくということではないかと思うのです。

西沢：うんうん。そうですね。

塚本：その辺りはもう少し調べてみたいと思っています。

西沢：カーンは装飾の元初はジョイントだということを言うのですが、これも事物連関のことで、柱と梁をどう繋げるかを考えるとき、もしピン接合だとすると、柱頭を平らにして台座みたいな感じにして、上に梁を乗っける。梁と柱をどうジョイントするかという試行錯誤が、柱頭の装飾の始まりだと。機能的道具のみならず装飾ですら事物連関から登場してきていることをわかりやすい言葉で示した例と思います。

塚本：ハイデガーは、それを配慮と気遣いと呼んでいますね。配慮と気遣いというものが、ものを作るときにはあって、物とその物の外側にあるものとを繋いでくと。それがある種の形を生み出しり、ある見方を安定させたりするの

だけども、今のカーンの説明はその話ですね。

西沢：まさにそうですね。

安田：まだまだ話は尽きないのですが、この辺りで区切りにしたいと思います。Q&Aの時間もと思っていましたが、このお2人にたっぷり時間を使いたいな思いまして、少し延長させていただきました。塚本さんは先ほど、ハイデガーとカーンの間に挟まれていると仰いましたが、対談をみていますと、西沢さんは塚本さんとカーンの言葉に挟まれていました（笑）。

西沢・塚本：ははは（笑）

西沢：驚きですよね。カーン・塚本ですから（笑）。いや、ハイデガー・塚本はまだいいけれど、カーンと並ぶのはほんと驚きですよね。繋がるから大したものです（笑）。

安田：本当に今日はどうもありがとうございました。

西沢・塚本：ありがとうございました。

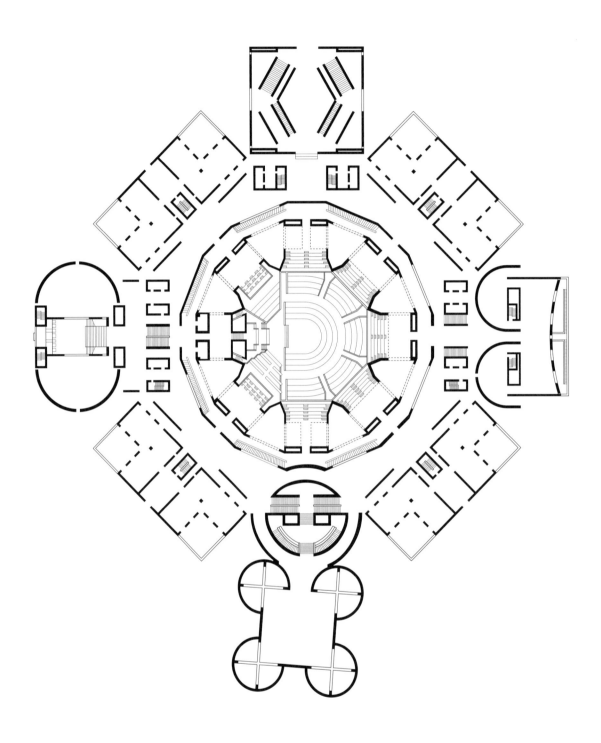

バングラデシュ国会議事堂
1：1000

04 カーンの現在性

金沢 21 世紀美術館
1: 1000

いま語り継がれるカーンの霊気

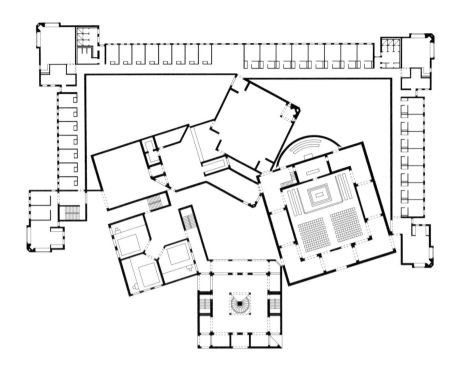

ドミニコ会女子修道院
1: 800

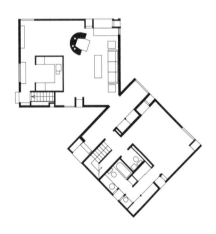

フィッシャー邸
1: 300

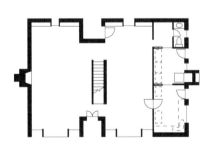

エシェリック邸
1: 300

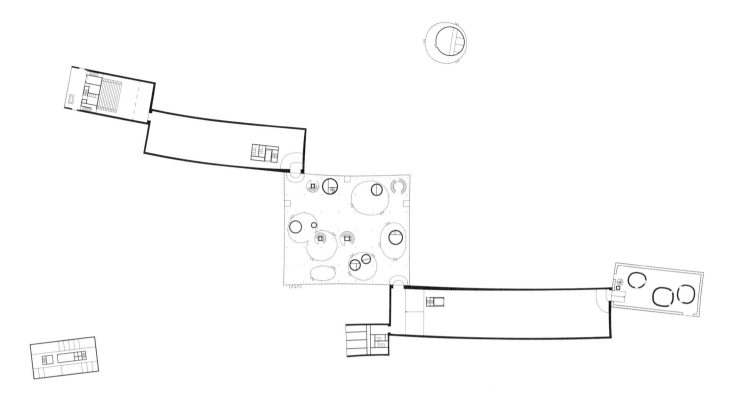

ルーブル・ランス
1:2000

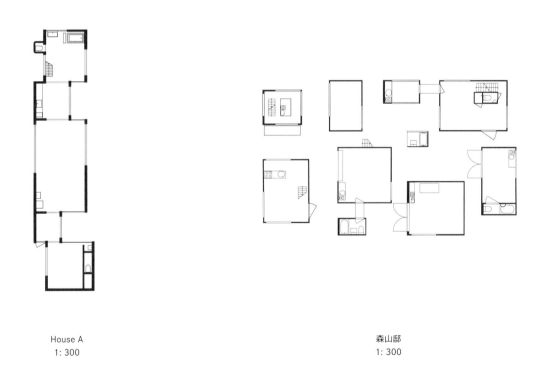

House A
1:300

森山邸
1:300

ルイス・カーンおよび西沢立衛による建築作品の平面図集
図面制作：伊藤暁・鈴木真・岩下昂平

新居千秋
ARAI Chiaki

1948	島根県生まれ
1968~71	武蔵工業大学建築学科
1972~73	ペンシルベニア大学大学院建築学科
1973~74	ルイス・カーン建築設計事務所
1974~76	ロンドン市テームズミード都市計画特別局
1975~76	AA School 講師
1977~	武蔵工業大学（現 東京都市大学）講師
1979~10	東京理科大学 講師
1980~	新居千秋都市建築設計
1998	ペンシルベニア大学客員教授
2008~20	東京都市大学 教授
2013~15	シンガポール国立大学 External examiner

主な著書
1999	『喚起／歓喜する建築』（TOTO 出版）
2001	Architecture for Arousai Chiaki Arai（L'ARCAEDIZION）
2021	『市民とつくる図書館』（勉誠出版）

松隈洋
MATSUKUMA Hiroshi

1957	兵庫県生まれ
1976~80	京都大学建築学科
1980~85	前川國男建築設計事務所
1985~00	（株）前川建築設計事務所
2000~08	京都工芸繊維大学 助教授
2008~23	同大学 教授
2023~	神奈川大学 教授・京都工芸繊維大学 名誉教授

主な著書
1999	『ルイス・カーン 構築への意思』（丸善）
2005	『近代建築を記憶する』（建築資料研究社）
2016	『建築の前夜 前川國男論』（みすず書房）

LOUIS I.KAHN
LECTURE SERIES

ルイス・カーン研究連続講演会

講演日：2022 年 11 月 18 日
会場：東京工業大学
百年記念館フェライトホール

05

近代建築史における
カーンの位置付け

Kahn in the history of Modern Architecture

新居千秋×松隈洋
ARAI Chiaki, MATSUKUMA Hiroshi

講演会概要

第5回は、晩年のカーンに師事した新居千秋氏と、モダニズム建築研究のなかでカーンを論じてこられた松隈洋氏を招き、近代建築史におけるカーンの位置付けをテーマに講演いただいた。なお、当日は会場の新居氏とオンラインの松隈氏を繋いだハイブリッド形式で行われた。

新居氏は1971年よりペンシルベニア大学に渡り、72年からカーンのコースで学んだのち、73年にカーンの事務所に入所し、74年にカーンが亡くなる日まで勤務された最後の日本人所員である。講演は、「名前のあるものを疑え」、「建築は再解釈から生まれる」、といった直に聞いたカーンの言葉の解釈から始まり、カーンコースでの学びから、近代から現代にいたる建築家とカーンの影響関係の詳細な考察へと進んだ。さらには、古典建築のみならず現代建築の再解釈を試みるなど、事務所で日々格闘するカーンの姿を、担当作であるイエール大学英国美術研究センターやアバスアバダの都市計画などとともに紹介され、新居氏の経験に蓄積されたカーンの教えと近代建築の文脈が織りなす熱気あふれる講演となった。

松隈氏は、新居氏も審査に関わられた1992年の「ルイス・カーン展」懸賞論文を契機に執筆された著書『ルイス・カーン 構築への意志』をもとに講演された。カーンが生涯の大半を過ごしたフィラデルフィアの街の成り立ちを前史として、イエール・アートギャラリーの天井における「構築の始まり」から、バスハウス、リチャーズ医学研究棟等へと続くカーンの作品展開を追うことで、問いを立て自ら乗り越えていく、カーンの思索の骨格が捉えられている。そして、カーンの遺したものに、モダニズムの出発点に共有されていたもの、すなわち街角の風景や無名の人々の記憶へのまなざしを見出し、建築が人間の拠り所となるために、私たちが問い続けなければならないことへの糸口として、カーンを位置付けられている。

The fifth lecture was given by Chiaki Arai, who worked with Kahn in his latest years, and Hiroshi Matsukuma, who has written a book about Kahn in his research on modern architects.

Mr. Arai entered the University of Pennsylvania in 1971, studied at Kahn's studio from 1972, and was the last Japanese to work at Kahn's office until just before Kahn's passing in 1974. The lecture began with an interpretation of Kahn's words that he had heard firsthand. Next, from his experience at Kahn studio, he moved on to a detailed investigation of Kahn's influence on architects from modern to contemporary era. In addition, he introduced efforts of Kahn, who creates works by reinterpret not only the classic architecture but also the same age architectural works, including Yale University Center for British Art Research Mr. Arai took in charge. It was a passionate lecture that interwoven the teachings of Kahn and the context of modern architecture in his experience.

Mr. Matsukuma gave a lecture based on the book he wrote as a result of the first prize essay on the 1992 Louis Kahn exhibition, which Mr. Arai was also joined as jury. He introduced the development of Kahn's work, from the "beginning of construction" with space frame, to Bathhouse, and Richards Medical Research Building, with the history about Philadelphia city, where he spent most of his life. The lecture captured the framework of Kahn's thinking, which involves asking questions and overcoming them on his own. He also stated that Kahn's legacy was shared by the starting point of modernism. In other words, finding ways to look at streetscapes and the memories of anonymous people. This is a question we must continue to ask in order for architecture to become a place of refuge for humans, and he positioned Kahn as an architect who reminds us of this.

『YOU USE MY NAME ALL YOUR LIFE』

…この言葉を受けて、74歳までカーンについて語ることをできるだけ避けていた。

カーンは50才まで大 コルビュジエの勉強 をしていた。私もカー ンについて書評や特 集について書いてい たり、勉強している。

【SD】1986/11：書評：そして、だからもう一度ビギニングス
【住宅特集】1994/1-2-3-4：ルイス・カーンの9つの住宅をめぐって
【建築技術】1998/4：書評：思考を喚起させる詩
【Casa BRUTUS】2004/7：ルイス・カーン特集
【建築への旅 建築からの旅】2017/5：「ルイス・カーン」の建築6選

Fig.01　講演時に配布された新居氏の建築作品

講演 - 新居千秋

You Use My Name All Your Life

　今まで私はあまりカーンのことについて書いてきません でした。カーンを語る自信がある程度できてからにしよう と考えていたからです。"You Use My Name All Your Life" カーンが私に言った言葉です。当時のカーン事務所は、キャ シーという秘書にお金を払い、スタッフは無給でした。後 で、エスター夫人が全額払ってくれましたが、その頃の経 営状態では給料が出せなかったのです。文句を言ったら、 「君たちは私のところで働いて私の名前を使って生きてい くことができるが、キャシーには何の利益もないから払う んだ。」その時、アン・ティンが寄ってきて言いました。「コ ルビュジエは所員をタダ働きさせ、ライトは働くにも金を とった。ルウは支払おうという意志があるだけ大進歩だ。」 カーンの葬式で、棺が沈んでいくのを見送りました。次の 日、私達夫婦は結婚式を行い、その翌日には事務所の大部 分の所員が解雇されました。No2のデイヴィットが「君 らのようなリトルカーンが居られるパラダイスはここに はもう無い」と、次の事務所で使える推薦状を書いてくれ ました。ペンシルベニア大学に呼ばれ教えていた50歳の 頃、始めてカーンについて書かないかと言われました。そ の時はかつてカーンに言われた言葉がトラウマになってい て、もう少し待つことにしました。60代でシンガポール 大学で教えていた時も再びカーンについて書いたらと言わ れ、考え始めたのですが、いつの間にか74歳になってし まいました。カーンの最後の学生で最後の所員として、近 代建築史におけるカーンの位置付けも含め、今初めて"私 のカーン"を話すことにします。

① You use My Name All Your Life
② ルイス・カーンに侵されず何かを得られたのは
③ ルイス・カーンコースで学んだこと ④近代の建築家とカーンから現代まで
⑤ モダニズムとカーンが出現した時代
⑥ モダニズムにおける土地や都市へのアプローチ
⑦ カーン事務所から学んだこと、担当した仕事
⑧ カーンのメンター　アン・ティンとガボア ⑨ルームの発見について
⑩ Room はどこから来たのか
⑪ I Love Beginnings

0	We are here to think in terms of what we believe.		
1	I am myself, you are not I.		
2	Architecture is not something I want to be but I should do.You will come to great designs and great realization by thinking about things fundamental.　That which is eternal that which is universal		
3	Architecture does not exist but works of architecture does exist.		
4	What does the archtecture want to be ?		
5	To<know what> is greater than to <know how> .		
6	A good question is greater than the best answer.		
7	Being an amateur is the best way to be an Architect.		
8	Do not think you know everything or presume the functions of a building.		
9	Think about "Beginnings". Think again about the things which have names.		
10	Words are important. Eventually you may come to eat them.		
11	The development of architecture depends on the reconsider of spaces and programs.		
12	Architecture is the thoughtful making of space. The continual renovate of architecture comes from changing concept of space.		
13	Nature cannot make architecture, but architects can make nature.		
14	The importance of ruins does not lie in their antiquity, but in the sense of silence they evoke		
15	AURA / PSYCHE　　Existing will		
16	Silence and Light Luminosity, non,Luminosity Light and shadow	Light Lightless Darkless Dark	desire to be desire to exist ?
17	measurable / inmeasurable / unmeasurable = psyche Commoness - inspiration - Order is - Form - Be Existing - Room - aura　articulation		
18	What was has always been　/　What is has always been　/　What will be has always been		

Fig.02　カーンが授業でよく言っていた言葉

⓪ We are here to think in terms of what we believe.：私達 は信じることのために存在する。

　カーンは、インスピレーション＝始まりに感じること を大事にしろと言っていました。私も学生達に自分に自信 を持つこと、一番最初に自分が思ったことは、誰に言われ ても守り抜けと言っています。

① I am myself and you are not I.：私は私自身、あなたは 私ではない。

② Architecture is not something I want to be but I should do.　You will come to great designs and great realization by thinking about things fundamental.　That which is eternal that which is universal.：建築は私がどうあるべきだと考え るのではなく、どうすべきなのかということです。基本的 な事を考えることが偉大なデザインや偉大な現実につなが り、永遠で普遍的なものです。

　カーンは what= 近代の建築より、that which= 古典の組 積造のように、What を使わず that which を使いました。

③ Architecture does not exist but works of architecture does exist.：建築というものは存在しない（空間や建築は こうだというものは存在しない）、しかし建築は存在する。

④ What does the archtecture want to be ?：建築は何にな りたいのか？面積表にある部屋の名前や面積が重要なので はなく、始まりにある Commonness、共有できる何かが 重要だと言っています。

⑤ To<know what> is greater than to <know how> .： どうやって作るかということよりも何のためなのかが重要

⑥ A good question is greater than the best answer.： 良い質問は良い回答に優る。

　ノーマン・フォスターは、カーンは最初物事をめんどく さくして、考えて、考えて、シンプルにしていく。私は イーストアングリア美術館の時のように、通常の美術館は 20％位しか収蔵品を見せないが、逆に80％見せると考え る。その中で要らないもの、その時にできないものは最初 に切り捨てる。私の方が、シンプルな案に早く辿り着くと 言っていました。本当はノーマンはカーンが好きでした。

Fig.03　カーンの指導を受ける新居氏

⑦ Being an amateur is the best way to be an Architect.：アマチュアであり続けることは建築家になるための最良の方法である

⑧ Do not think you know everything or presume the functions of a building.：すべてを知っていると思ったり、建物の機能を推測してはいけない。

⑨ Think about "Beginings" Think again about the things which have names.：ものごとの最初を考える。名前のあるものについてもう一度考え直せ。この頃カーンは倒産しそうで、銀行員が大嫌いでした。昔土手の下で怪しいお金を扱ったやつをバンカーと呼んでいたのが、最近は銀行員という名前に変わったと言って、名前のあるもの、面積表にあるビルの名前などの全てを疑えとと言っていました。

⑩ Words are important. Eventually you may have come to eat：言葉は重要です。時々あなたは、それを食べなければいけないから。詩的な言葉の意味は、始原（元初）に戻って使えということです（＝言葉を吟味して使うことが重要）。

⑪ The development of architecture depends on the reconsider of spaces and programs.：建築の思慮深い形成であり、建築の進歩は空間とプログラムの再解釈だ。

⑫ Architecture is the thoughtful making of space. The continual renovate of architecture comes from changing concept of space.：建築は思慮深い空間の考え方です。建築を絶え間なくよみがえらせるには空間のコンセプトを変えることです。

　私がオックスフォード大学出版の LEONARD DA VINCI ★ NOTEBOOKS ★ RICHTER のレオナルドのスケッチとカーンのダッカを比べて、「先生これが元ですか」と聞いた時、「天才は、似たことを時代が違っても考える。建築の進歩は、似ている形や空間を再解釈することが重要だ、レオナルドと似ていて全然問題ない」と答えました。私は学生に、真似だと言われることを恐れずに、自分の考えで再解釈すれば良いと教えています。

⑬ Nature can't make architecture, but architects can make nature.：自然は建築を作れないが、建築家は自然を作れる。

⑭ The importance of ruins does not lie in their antiquity, but in the sense of silence they evoke.：廃墟の重要性はその古さにあるのではなく、それが想起する、沈黙にある。彼は例をとって次のように説明しました。

　「小高い丘に一本の木があって、そこに建築家がコートヤードを作ってかなり長い間満足に過ごした。そこに雷が落ちて、木が枯れて、つまらない家が現れた、それを見て彼は自殺してしまいました。つまらないものに凝ったり自然に頼ったりするのではなく、その建物が、千年経って発掘された時の廃墟やUFOが飛んできて、こういう生活だと分かるような平面図を作れ」と言っていました。

⑮ AURA ＝霊気＝人・場所・物から発散していると考えられる微妙な雰囲気 / PSYCHE ＝霊魂… 個人を動かす原動力としての精神的・心理的なもの、常に測りえないものとして存在する / Existing will= 存在の意義

⑯ Silence and Light：沈黙と光。Light and Shadow：光と影。Luminacity and Nonluminacity：光り輝くもの輝かないもの。この考え方は、私の次に事務所に入る予定だったスティーヴン・ホールの Porosity and Luminacity の多孔質と光輝くものにも影響していると思います。

Light　　：光輝く光
lightless ：光がありたいと思う、部屋が望むやわらかい光。
darkless ：ほのぼのと暗い、存在のある闇や光。
dark　　：真っ暗な明かりがあると説明しました。
Even dark room want to get light.：暗室ですら光を求めると言いました。

　アルヴァ・アアルトはカーンは七面倒臭いことを言っているが、私は私のプロポーションで窓をつけるから、私の建物の方が美しい建物ができると言っていました。

⑰ inmeasurable-measurable-inmeasurable/unmeasurable：建築は計り知れないものから始まり、計り得るものとなり、再び計り知れないものになる。

　ある地域、ある場所、ある空間の Commoness（共同性）を考えていくと、突然 inspiration（インスピレーション）が浮かぶ、そこに Order is（is がついているので、序列、命令、

私の授業風景は『ビギニングス』や『カーンのノルウェイの講義』等。数多く紹介されています

①ガボア ②ル・リコレ ③ノーマン・ライス ④ルイス・カーン ⑤新居 ⑥コーネリアス ⑦ペアー

Fig.04　新居氏が参加したカーンの授業風景

Fig.05　ファーネス・ビルディングとトニー・アトキンス教授のコメント

Fig.06　新居氏がカーンを知るきっかけとなった日本で取り組んだコンペ案

秩序ではない何か）が存在する。Beginning-Existing will：物事の始まりに存在の意義・意味があり、それを Form と呼ぶ。そして、Room（空間というだけの意味に限定されない）が現れ、それが Aura、Psyche を発信する。それは Institution（古い歴史を持つものや、その社会で極めて大切に考えられている事・施設）を喚起する。これらの Articulation：ディテールを含めての明瞭な関連付けの方法を考える。色々な試行錯誤から出てきた言葉です。

⑱ What was has always been.

　What is has always been.

　What will be has always been.

　かつてあったものは今も存在していて、

　今あるものはかつてあったもので、

　いつかあるであろうものもかつてあったものだ。

　フランク・ロイド・ライトも同じようなことを言っていたり、クリスチャン・ノベルク・シュルツはゲニウス・ロキ＝地霊ということで、集まり来たらされるものと言っています。私はノスタルジック・フューチャー＝懐かしい未来を作るというのが、建築家の役目だと教えています。

ルイス・カーンに侵されず、何かを得られたのは

　カーンのコースでは、20 人位の学生の半分以上が、詩人になるか、カーンと同じ幾何学を使うようになる。私はペンシルベニア大学の百周年記念の本＝ 100 年の 100 人のアーキテクト・アーティストの 1973 年の代表で掲載されています。私の紹介の頁に、トニー・アトキンス教授が His English was poor to no existance . 彼の英語はどこにも存在しない、相当ひどかったと書き、建築という学問は言葉なのかデザイン力ということを CHIAKI で実験した。彼はカーンや他の教授との間に言葉を超えたコミュニケーションができたと書きました。その語学を超えた建築を理解する力が幸いしました。

　私がカーンを最初に知ったのは、日本でコンペに取組んだ時です。リーダーの七海さんがカーンの熱狂的な信者で

毎日カーンやアメリカの建築が載っている本を見せられて辟易しました。私は同じ本に載っていたジョゴラの方が良いなと思いました。

　大学 3 年の時、ヨーロッパ旅行に行ったのですが、ヴェンチューリの「建築の多様性と対立性」で批判されているジョヴァンニ・ミケラッチの太陽の教会に入って感動し、ハンス・シャロウンのベルリンフィルハーモニーにも感動し、ジェイムス・スターリングのケンブリッジ大学の図書館などを見て私の中に違う神々が根付きました。

　この時代は日本が瞬間的に経済が良かった時代で、全額支給でアメリカに送ってくれるという創和設計という会社に入りました。その時の会社の顧問が志水英樹でした。

　ポートフォリオの作り方を教わったり、1 階を first floor、2 階を second floor と訳し、私は英語が全然できないから、その他は日本語のまま送ると言うと、しょうがないか、これでいくか、と言って許してくれました。その時自分で書いた説明は I can`t write read, speak english very well, but I am young, Please put me wherever you can think. でした。志水さんはこの本を読めとか、カーンはね、とか教えてくれるカーンを知るための最初のメンターでした。

　アメリカでの身元引受人になった磯辺幸久という芸術家は、イワン・マックハーグのコースを取っていて、カーンよりマックハーグの方が学ぶ価値があると言いました。彼は後に田中角栄にマックハーグの環境アセスメントを売り込み、今みなさんが知っているアセスメントはここから始まったのです。

　カーンのコースに入る前の 1 年に宮田節男（カーンのコース）、田中高（通常のコース）、フランク川崎（ペンシルベニア大学教授）という人達に会いました。宮田さんはカーン関係の本や原広司の『建築に何が可能か』の読み方を教えてくれました。田中さんはカーンに疑いを持っていて、川崎さんはヴェンチューリの最初の所員なので、ヴェンチューリのほうが良いと私に言い続けました。

　ペンシルベニア大学は、通常の大学院のコース 3 年半を 2 年に縮めて入学させてくれました。

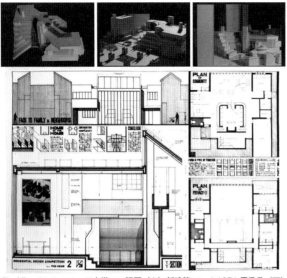

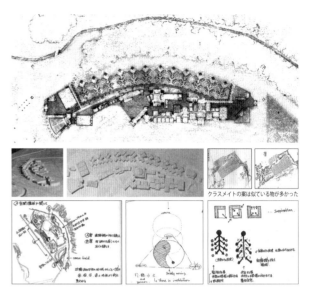

Fig.07 ペンシルベニア大学での課題（上）新建築コンペ 1971 優秀賞（下）　　Fig.08 ジェラード・カレッジ＝Fish・・・Fish Bone

マリオ・ロマニャック（コルビュジエの弟子でハーバード大学で竹山実を教えた人）がカーンが通りすがった時に、この学生はどうですかと課題を見せて聞くと、カーンがHe might be geniusと言いました。ペン大もカーンがそういったから飛び級させようということになり、半年で私はカーンのコースに行くことになりました。ところが、ノーマン・ライス（前川國男がコルビュジエの事務所に在籍したころのチーフ、カーンの同級生）という先生が、半年で飛び級させるなんてダメだと言って、通常のコースをあと半年受けさせて、飛び級させて、授業料は全額免除してカーンのコースに入学させろと主張しました。ノーマン・ライスは、私の将来を考えてそうしてくれたのだと思います。

最初の1年の間に、デイヴィット・ポーク（バスハウス設計担当）に頼んで選択科目として、新建築のコンペに取組み、優秀賞になって15万円貰いました。また、アン・ティンからはメタモフォロジー、ガボアから建築の哲学、老子などを学びました。イーブル・ペアーというカーンの弟子で当時1番人気の教授から人の真似をするな、自分だけのものを考えろと言われました。カーンのコースに入る準備をして通常のMasterを貰い、advanced master course with Louis I. Kahn：修士と博士の間に入学できました。

半年待っている時期も加えて最初の1年間で、エドモンド・ベーコンから『都市のデザイン』＝軸線、都市の構成を、ドクシアデスの『ギリシアのサイトプラン』から都市を構成する建築の角度を、ゴードン・カレンの『タウンスケープ』から都市風景をつくる諸要素を、ケヴィン・リンチの『都市のイメージ』から都市の結節点のあり方を、クリストファー・アレグザンダーから『パタンランゲージ』を学びました。

イワン・マックハーグからはアセスメントの手法、色々な要素を重ねることを学び、その時の講師のローレンス・ハルプリンから具象的ランドスケープ、ファコート・プラザなど具象的なランドスケープや、都市の活性化としてニコレットモールを学び、ピーター・ウォーカーの抽象的なデザインを学びました。

ローレンス・ゴールドバーグとグロリア・デ・サマの授業で、ハルプリンが机の上に飛び乗ってほとんど裸に近い状態になり、身につけてたエッグマン（彫刻家）の人が中にいる丸いリングをゆすらせながら「peace／ピース」と叫び、床に寝ろ「Feel Earth／地球を感じろ」と言った時、彼の奥さんが裸に近い服で入ってきた時は驚きました。

ヴェンチューリとデニス・スコットブラウンからは、日常的なもの、ビルボードの意味『ラーニング・フロム・ラスベガス』（ペン大でこの本を作っていました）などを学びました。計画論のジョン・ラングからはクリストファー・アレグザンダーの『都市は木ではない』『パタン・ランゲージ』、オスカーニューマンの『まもりやすい空間』、エドワード・T・ホールの『かくれた次元』、アルビン・トフラーの『フューチャーショック』、レイチェル・カーソンの『沈黙の春』、ローマクラブの『成長限界』などを学びました。構造のコースではル・リコレ、バックミンスター・フラー、フライ・オットー、キャンデラなどの授業を受けました。

┃ カーンのコース＝彼が一番興味のある、特に仕事として取り組んでいる物

①ジェラード・カレッジ＝Fish…Fish Bone

フィラデルフィア郊外にある孤児のための学校です。実際に、現地でジェラード・カレッジの人に説明を受けました。皆のように学校と寄宿舎を離して対峙させるのではなく、街を作ろうと考えました。東西に長く東の日が登るところに出会いの場所や祈る場所を作り、南側に教室などが、中央には大きな広場と図書館のコンプレックス、中央の西日の美しい広場で食事やイベントを作りました。西側の街や入口に近い部分には、スポーツ、音楽などの空間があります。北側に中央の棟と間隔を開けて少しずつ平面・断面の違う12の寄宿を置きました。カーンがfish bone（魚の骨）のような平面と言ってくれました。良い魚は全部食べ終えた後、その骨を見ると生前の魚の姿がわかる。君の建築の平面も幾何学を見ると、同じように感じると言ってくれた時、私も建築家になれると思い、胸が高鳴りました。

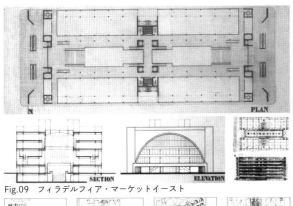

Fig.09　フィラデルフィア・マーケットイースト

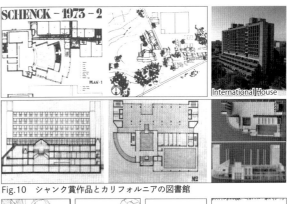

Fig.10　シャンク賞作品とカリフォルニアの図書館

Fig.11　ペンシルベニア大学在学中のノートより

②フィラデルフィア…マーケットイースト

　大きな鉄道の駅の正面のような円弧。リチャードソンやエリエール・サーリネンの駅 (吊棟状の大空間)。カーンのイタリアの Plangu de congressi、カナダのイートインスクエア、イスタンブールの市場、ミラノのガレリア等々を勉強して、元の西側の街区の道に内部の２つの道を加えショップフロントを増やし、平面やファサードを作りました。2022 年の東工大の講演会のために古いカーンの本を見ていたら、なんと 1924 年に自分がやった課題を 1970 年代に私達に出していることが分かりました。何回でも自分の案を練り直す。これがカーンの性格です。

③シャンク賞

　1 年に 1 度の伝統的な学生のコンペで、私は 47 回目のシャンク賞受賞者で、カラードで初めてでした。1998 年に私がペンシルベニア大学で教えた時、中国人が 2 人目の受賞者になりました。アアルトっぽい空間、コルビュジエのステンシルを使って、カーンに案はアアルト、文字はコルビジエで、便所・タイルの目地に時間をかけ、人の留まる居場所に家具すら書いてないと怒られました。

④カルフォルニアの図書館

　ライブラリーに住まうことを提案したのですが、結果として図書館と住居棟が隣接しただけのものになり、図書館で暮らす事をもっと考えるべきだったと思っています。

　ジョン・バウアーがつくったインターナショナル・ハウスに住んでいたので、その影響のある案を出して、カーンにはぶつぶつ怒られました。もうだめかと思っていたら、日本に帰ってもう一回戻ってきたらと言われてびっくりしました。当時 SOM が時給 8 ドルで、カーンは 5 ドルだと言いました。日本に一度帰ってから戻ると、では 3 ドル 50 にしようと言われました。君はこれからはアプレンタシスだと言われ、アプレンタシスという特別な地位だと思っていたら徒弟だと知ってがっかりしました。

　この時カーンは、私が後にチーフになる Graduate Theologycal Library（神学系のための図書館）をやっていました。この建物はカーン死後 14 年後に建ちました。

⑤ Urban design（記憶にない課題）

　4 回目の課題は思い出せません。ノートに少しだけ書いてあり、どうしても取り組んだ物が見つかりません。考えられる理由は、①途中でカーンが病気になった。②私のスケッチブックを見ると、窓のスケッチやノーマン・ライスの顔のマンガが書いてあるので、段々に疲れてきて案が出なかった。③シャンク賞の賞金が、当時の給料の 50 か月分の 250 万円で、新建築の篠原一男さんの時のコンペでも 15 万円貰い、master はひとつもっているし、日本に一度帰って、今の奥さんにガールフレンドになってもらおうと思ったり、めずらしくフワフワしていたかのもしれません。カーンと禅問答のような授業は大変疲れるものです。

近代の建築家とカーンから現代まで

　1950 年頃からのアメリカを中心とする評論家はモダニズムの建築家を 1900 年代くらいから第 1 世代、第 2 世代、第 2 世代と第 3 世代の間、第 3 世代、White and Gray、ポストモダン、レイトモダンに分けて説明しています。

　第 1 世代はコルビュジエ、ミース、ライト、第 2 世代はフィリップ・ジョンソン、エーロ・サーリネン、ポール・ルドルフ、丹下健三。カーンは、第 3 世代のケヴィン・ローチ、ヴェンチューリ、ジョゴラなど自分の弟子に先を越されています。ヴィンセント・スカーリーを除いて誰もがカーンに興味を示さず、ギーディオンに至っては 2 行しか言及していません。50 歳を過ぎてのイェール・アート・ギャラリーで世の中に現れます。私が「先生、それまで何していたんですか」と聞くと、「勉強していたんだ。ただ周りが認めなかっただけだ。」と言っていました。

ル・コルビュジエ

　産業革命の後、例えばテナントメント＝連続長屋的集合住宅で 250 戸に一か所の便所が作られ、急激な都市開発によって街がスラム化し劣悪な環境が建つ一方、ボザールの様式的な建築が王候、貴族、ブルジョワジーのために建てられていました。古い考えを破壊する強力なイズムを持

ル・コルビュジエ 『地上との切断』 古典主義からの解放 / ボザールの否定	ミース・ファン・デル・ローエ 『地上の無機質化』	フランク・ロイド・ライト 『有機的建築』『積層』 建築は積層されて / 下から積み上がる / 水平線の建築
 サヴォア邸　ユニテダビタシオン	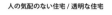 シーグラムビル　ガラスのスカイスクレーパー　バルセロナパヴィリオン	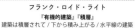 HC プライスカンパニータワー　落水荘　ラーキンビル
①ピロティ… 建物を持ち上げて都市、人に開放する ②住宅は住む為の機械である 　工業製品、ヒコーキ ③自由なファサード 　壁などを構造体から解放することによって自由にデザインすることが出来る。均等ラーメンのなかの自由 ④水平連続窓 ⑤ルーフガーデン・空も庭だ 　バラガンに影響を受けた　カーン（ソーク研究所）	①形態はそれ自身としては存在しない ②建築とは空間へと翻訳された時代の意志である 　透明で軽く、地上にも activity を感じさせない ③我々は形態（Form）の問題を認めない 　認めるのは建築物（building）の問題である ④形態は我々の目的ではなく結果でしかない ⑤形態の意図するところはフォルマリズムであり 　それを我々は否定する	①アメリカの住宅 / 郊外住宅の原型 ②【サーブドスペース・サーバントスペース】の原型 　ラーキンビル…【吹抜 / 空調】の開発 　ユニタリアン・チャーチ…【空調】の開発 ③【スチール家具】…コクヨ・オカムラの祖先 ④【シースルーエレベーター】→ジャン・ヌーヴェルに影響 ⑤【コンクリートブロックの開発】
《Free Free Free》　自由に自由に自由に 自由な発想、形による、自由な形、サイロ、工業製品、新しい学問 部屋のシーン ビアトリス・コロミーナ アドルフ・ロースとの比較 『マスメディアとしての近代建築』の中で コルビュジエの内部空間、人がまさに今までいて、立ち去った雰囲気	《Less is more》　より少ない事はより良い ディテール、アーティキュレーションの単純化。アメリカの商業主義や工業化と結びついて、ジェネリックな人の住めない建築を作る ロバート・ヴェンチューリは《Less is bore》少ないとつまらない と言ってミースを批判しました。	《wrapping by ornament》　装飾が発明や発見を覆いつくす 後ろにある近代、それを超えるアイデアが彼の装飾・芸術的感覚によってどんどん組み込まれていくライトの発想、発明した建築は分かりにくい フランス国立図書館（アンリ・ラブルースト） →ジョンソン・ワックス本社ビル（ライト） →オリベッティ（カーン）へつながる
人が去るところ	人の気配のない住宅 / 透明な住宅	住まい方を規定した

Fig.12　第1世代

つ、コルビュジエのような扇動者を時代が必要としました。

　ピロティ、建物を持ち上げて都市空間を人に開放する、住宅は住むための機械だ、自由なファサード（水平連続窓）、ルーフガーデンなどと言い、『建築を目指して』や『プレシジョン＝闌明（せんめい）』『ユルバニズム』『輝ける都市』『モデュロール』などの本を記し、色々な古い組織とコンペや議論で激突しました。カミロ・ジッテの広場論はロバのあゆみの時代の考えだと言ったりしました。パリ計画1922やアルジェの計画、船、サイロの工業建築、工学製品、新しい学問を提唱し、1ha 当たり 3,200 人、1 家族 57㎡の極小住宅を作ることの経済性に徹した人間的でない提案をしました。日本の House55 も彼の影響があり、世界が大きいサイズの家に移行しても日本は変えずに作り続け、今のウサギ小屋と呼ばれる家に住むことになりました。

　ビアトリス・コロミーナが、アドルフ・ロースのラウムプランは閉ざされた外部、内部からのまなざし、内部の居場所について語っているが、コルビュジエは開放された外部、外部からのまなざし、人が立ち去るパースを書き、居場所については語らないと指摘しています。

　カーンは、「私はしばしば自分自身にこう問いかけます。私の仕事ぶりはいかがでしょうか、コルビュジエさんと」。師事したのはポール・F・クレでしたが、コルビュジエも先生だったと言えます。しかし、彼らが成したように〈しない〉という事を私は学びました。〈模倣する〉のではなく彼らのスピリットから引き出すのです。」と言っています。

ミース・ファン・デル・ローエ

　地上の抽象化、ガラスの半透明な計画案やシーグラムビルを作り、最もコピーしやすい建築の作方を示した。ミースの特徴は地上の無機質化と、アーティキュレーションのない、エレベーションが立ち上がるというものです。ニューヨークにおけるスーパーブロック計画はマンハッタンの街を 3 棟の建物と無機質な空間に変えるというもので、人が住める街ではなく、注目されませんでした。

　カーンはシーグラムを見て「Beautiful woman behind corcet」と言って批判し、「美しい女の人がコルセットに

よって締め付けられている。ミースは美しい空間を作ったが、人の居場所は作れなかった」と言いました。ミースはディテールやアーティキュレーションを単純化したり、今のジェネリックの建物の開祖だといえます。

　ヴェンチューリはミースの言葉 less is more＝ 削ぎ落されたものはより良いを批判して、less is bore＝ 単純はつまらないと言及しています。

フランク・ロイド・ライト

　有機的建築、建築は積層されて積み上がる、プレーリーハウス＝草原住宅。住宅の重要な部屋に直接入らず、両方に分割し暖炉などを迂回して入る新しい空間構成＝十字壁の平面計画を提案し、ルネサンスのルーツのネイサンス＝始まりにあった素晴らしいことに戻ること、内部空間の重要性について語り、カーンの Beginnings などに影響を与えたと思います。ブロードエーカーシティでは郊外住宅のあり方を、日本の旧帝国ホテルは用美強にも優れていることを立証しました。ヨーロッパの近代建築家にも多大な影響を与えました。ミースに「英語が出来る様になったら、いつも私の建築を真似していないで勉強しに来なさい」と、手紙を送る位自信のある人でした。カーンのサーブドプレイスやサーバントスペースという考えは、ラーキンビルやユニティ教会が原型だと色々な評論家が指摘しています。スチール製の家具、シースルーエレベータ、コンクリートブロックを生み出しました。ライトの建築は装飾で包んでしまうので分かりにくいところがありますが、多産系の母や子だくさんの父のようなもので、近代建築を出会った人ごとに子供を作らせるすごい強さをもっています。

　この頃の建築はアメリカが主流で、ヨーロッパも 55 年頃からやっと戦後復興があり、もっと評価されるべき、ジョバンニ・ミケラッチ、ハンス・シャロンやジェームス・スターリング、アルド・ヴァン・アイク、アルヴァ・アアルト、ヨーン・ウッツォン、デニス・ラズダンなどの建築家が、言葉の関係もありアメリカの第 1 世代のようにある種のオピニオンリーダーとして評価されず、個別に評価されました。AA スクールなどが活躍してくるのは 60 年代以降です。

個人が時代に合わせる

フィリップ・ジョンソン		エーロ・サーリネン	
シーグラムビル	AT&Tビル	イェール大学 インガルス・ホッケーリンク	MITチャペル（上）JFK空港第5ターミナル（下）

ポール・ルドルフ		丹下健三	
イェール大学	グラフィック・アーツ・センター	代々木体育館	東京カテドラル型マリア大聖堂

Fig.13　第2世代

すぐれた建築を作っているが、この時代はアメリカの時代だったので、コルビュジエ、ミース程メディアには出なかった。

ルイス・カーン	ジョバンニ・ミケルッチ	ハンス・シャロウン	アルヴァ・アアルト
Yale Center for British Art	太陽の高速道路協会	ベルリン・フィルハーモニー	フィラデルフィアホール

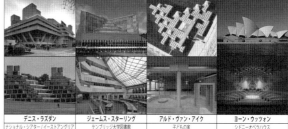

デニス・ラズダン	ジェームス・スターリング	アルド・ヴァン・アイク	ヨーン・ウッツォン
ナショナル・シアター（イーストアングリア）	ケンブリッジ大学図書館	子どもの家	シドニーオペラハウス

Fig.14　カーンの出現した時代

第2世代

フィリップ・ジョンソン

MoMAのキュレーターの後、建築に移った人なので時代の潮流を読んで作ることに長けていました。ヒッチコックと一緒に、International Style（国際様式）を提唱しました。この国際様式が今の世界の建築をミスリードしています。シーグラムをミースと一緒に作ったかと思うと、ぱっとポストモダンに転向してAT＆Tビルを作るような人でした。

エーロ・サーリネン

MITのチャペルの美しい光の落とし方、力強い西部への道、ケネディ空港やディア・カンパニーの美しい鉄骨などがあります。移民したエリエール・サーリネンの息子で非常に造形に優れ、モダニズムをイズムからもう少し洗練しました。サーリネンのノートにはアイデアが溢れていると言われ、一つ一つの建物に類型がなく時代を先取りしました。色々な学校で講評を行い、そこで優秀な人を雇い、それぞれの個性や好きな材料をサーリネンなりにアレンジして作りました。ケビン・ローチ、シーザー・ペリなどが51歳で早死にしたサーリネンの事務所から出ています。

ポール・ルドルフ

フィリップ・ジョンソンの愛弟子で若くして才能を見出され、30歳位でイェール大学の学部長になりました。いきなり断面の構成から空間を作り、断面図のような平面を描いたと言われています。イェール大学の学科棟の正面の大階段を上ると、大きなガラスがあり、ハイヒールで蹴った跡があります。エリザベス女王が階段を上がって行くと、そこから入れないので怒って蹴ったと言われています。彫刻家の学生が大階段の横の小さな入口から彫刻を入れられず、頭に来て建物を燃やした。シャマイエフとアレグザンダーの授業で、シャマイエフが君が生まれる前から建築をやっている先輩なのだから言うことを聞いてくれと言った時、ルドルフはシャマイエフにそんなに長くやっていて私を越えられないのは無能の証だと言ったので、シャマイエフとアレグザンダーがイェールを去りました。多分彼が非常に優秀だったので、やっかみや逸話ができたのだと思い

ます。私が大学4年生の時、来日して岡田新一司会で公演をしました。21世紀のブリック（レンガ）をトレーラーハウスだと考え、それを積み上げた都市を作りました。

カーンを含めて近代・現代建築に警鐘を鳴らす人達

カーンが第2次世界大戦の戦勝国でかつ1945年〜70年代まで世界の経済を牽引していた国でゆっくり育っていったのと対照的に、戦争に負けたり（ドイツ、イタリア）、イギリス、フランスのように戦勝国でも国土はボロボロで、経済的にも立ち上がりが遅れた国（私が70年頃にパリで泊ったホテルの最上階に爆弾を受けた跡がありました。）には、言語がバラバラで、世界が彼らの流れに個人としては注目したのですが、全体の流れとして捉えられなかった建築家達、量産化されたモダニズムを賛美する流れにあってはカーンと同じように大主流にならなかった人達がいます。今の日本のようにガラスの立面、人の居場所のないエントランス、廊下と面積表上の部屋、近代建築の煮詰まったものを作り続けていることに警鐘を鳴らす人達です。

ジョヴァンニ・ミケルッチ、アルド・ファン・アイク、ヘルマン・ヘルツベルガー、ヨーン・ウッツォン、ハンス・シャロウンなどには独特の内部空間や内部からのまなざしがあり、沈黙や光のあり方等は学ぶべきところが多くあります。チャールズ・ムーアが1976年にすでに指摘しているように、つまらないサッシの組合せや外観から設計するのとは違った方向を示しました。

丹下健三

ミノル・ヤマザキやイオミング・ペイなどを入れる人もいますが、日本の丹下健三はオリジナルより良い建築を作りました。日本のSONYがそうであるように、最初に発見しないが、作ったものはオリジナルより良くなる、という位置付けでこの世代を代表しています。代表作の国立代々木競技場はサーリネン設計のエール大学体育館に影響されていると言われていますが、空間の良さやスケールはオリジナルを超える強さがあります。76歳位でポストモダンの東京都庁舎を作りました。他の建築家のポストモダン建築が色褪せていく中で彼の建物は評価されています。

左表:

トム・ウルフ	バーナード・ルドルフスキー	アルビン・トフラー	カミロ・ジッテ	ゴードン・カレン
『バウハウスからマイホームまで』『そしてみんな軽くなった』	『建築家無しの建築』『Streets for People』	『未来の衝撃』	『広場の造形』	『都市の景観』

エドワード・T・ホール	ジェイン・ジェイコブス	C.A.ドクシアデス	ポール・クリー
『隠れた次元』	『アメリカ大都市の生と死』『発展する地域、衰退する地域』	『古代ギリシアのサイトプランニング』	『Thinking eye』

クリスチャン・シュルツ	ローマクラブ	イーフー・トゥアン	レイ・オルデンバーグ	マーシャル・マクルーハン	エドモンド・ベーコン
『ゲニウス・ロキ』	成長の限界	『トポフィリア』	『サードプレイス』	『メディアはメッセージである』	『都市のデザイン』

右表:

ビートルズ	ジョン・レノン	スタンリー・キューブリック		
『Het Jude』	『Shaved Fish』	『2001年宇宙の旅』	『時計じかけのオレンジ』	『博士異常な愛情』

ロッド・スチュワート	ブルース・スプリングスティーン	ケネディ暗殺	ベトナム戦争	ピースコープ	いちご白書
『アトランティック・クロッシング』	『ボーン・イン・ザ・U.S.A.』				

ボブ・ディラン	イーグルス	クイーン	ロン・ヘロン	アーキグラム ウォーキングシティ
『風に吹かれて』	『ホテル・カリフォルニア』	『Night at the Opera』		

ピンクフロイド

『アニマルズ』	『the division bell』	『Dark side of the moon』	『Wish You Were Here』

文化	歴史/社会事象	経済	コンペ
ミニスカート	イラン皇帝シャー	保守党 労働党	アバスアバダ計画

Fig.15　カーンの出現した時代の著作や文化

モダニズムとカーンの出現した時代

　モダニズムはイズムで歴史の切断をし、エコール・デ・ボザールを否定し、都市の人口集中に対し、量的に建築を作り出す方法でした。また、人間をメートル法や量で測り、人がどう暮らすかや居場所などはあまり考えていません。ナチスによって追われた、バウハウスのグロピウスがハーバードで、ミースがイリノイ工科大学で教えました。その学生にフィリップ・ジョンソン等々がいて、アメリカの第2世代を形成します。インターナショナルスタイルにアメリカの工業主義、商業主義が加わり、建物が量産に向かったのが近代建築です。

　ヴィオレ・ル・デュクとヘンリー・ラブルースト、ジャン・ニコル・デュランという建築家が確立したエコール・デ・ボザールの建築を、アメリカから留学したポール・P（フィリップ）・クレが1950年代までアメリカで唯一のボザールの教育をしていました。カーンはクレからエコール・デ・ボザールの古典主義建築の影響を受け、人間の居場所や歴史の継承の上に建築を取り組み始めました。

　カーンのコースはペンシルベニア大学図書館（別名ファーネス・ビルディング）にあります。フランク・ファーネスという人は、ヴィオレル・デュクの影響を受けており、サリヴァンを教えていて、サリヴァンがライトを教えたというアメリカ人の建築の開祖の一人です。カーンはこの建物を見ながら育ち、コースもそこにあったので、そのまま体の中に血として入っています。

　カーンは、1950年まではなんとかコルビュジエに追いつこうとして、驚くほどつまらない建物を沢山作っていたのですが、イェールの直前のローマ旅行後に、グロピウスやコルビュジエの本を捨てる時が来たという決意を表明しています。「武蔵工大は有名ではないので、私の先生の広瀬鎌二に手紙を書いてください」と言って書いて貰いました。その書き出しはミースが神はディテールに宿ると言いましたが、その中でミースのようにディテールのためのディテールを作ってはいけないと書いています。この時代、

トム・ウルフが『バウハウスからマイホームまで』、バーナード・ルドルフスキーが『建築家なしの建築』を書き、エドワード・T・ホールが『かくれた次元』で人と人との距離は人種によって違うと述べ、ジェーン・ジェイコブスが『アメリカ大都市の死と生』『発展する地域衰退する地域』を書き、クリスチャン・ノベルク・シュルツは『ゲニウス・ロキ』で都市は集め来たらされるものだと言い、少し遅れてイー・フートゥアンが『トポフィリア』（その場所に対する狂おしい愛）を書きました。こうした時代に、カーンが出現します。

　文化的にもビートルズがHey Judeを作り、ピンク・フロイドという全員建築学科出身のグループはDark side of the moon、クイーンがNighy at the Operaというレコードを出した時代でした。この時代までシングル盤で曲は出ていたのですが、それを全部編集して、ある種の物語へと音楽もプログラムを考え、Storyに重きを置く時代でした。

　私がAAスクールで教えていた時、ロン・ヘロンというGLCにも勤めていた教授でアーキグラムの一員が、経済やファッション（ツイギーというすごく痩せたモデルでミニスカートを流行させた）、戦争の写真などと建築のコンペティションの関係を写して、建築は単発に出現するのではなく、文化と一緒に出てくるという説明をしていました。近代建築が様式化した1960年前後の時に、急にカーンだけが出てきたのではありません。

　『パースペクタ』という雑誌に、ジャン・ロワーンという人が「1920年以降の40年間、建築の理論も批評も教育も、建築自身の問題から離れ、異教の神々の礼賛に終始してきた。異教の神々とは、絵画であり、彫刻であり、あるいは経済学、社会学、心理学、自然科学、工学技術などのことである。建築自身から考えを出発させず、これら異教の神々から発想を得ようとしてきたのが、それまでの建築だった」と言い、カーンはその方向に対して始めて逆方向を示した建築家だと書いています。カーンは古典の再認識によって、近代建築の方向を変え、後のホワイト・アンド・グレイやポストモダン、レイトモダンに影響を与えました。

White & Gray			ポストモダン		レイトモダン	ヨーロッパの動き
革新か歴史か			表層的 ヒストリカルクラシシズム		20世紀のゴシック ブルータリズム	プログラムの解釈

White & Gray

Gray はルイス・カーンがメンター
ロバート・ヴェンチューリ 『建築の多様性と対立性』 マザーズハウス

チャールズ・ムーア …『Dimension』

White はコルビュジエがメンター
リチャード・マイヤー …純粋なコルビュジアン

ピーター・アイゼンマン
…タフリー『建築神話の崩壊』…コールハース『Delirious New York』
IAUS 「Institute for Architecture and Urban Studies /建築都市研究所」
（グアズミー・シーゲル）…New York Five という語呂合わせ
ヴィンセント・スカリー『アメリカの建築とアーバニズム』

デニス・スコット・ブラウン …『ラーニング・フロム・ラスベガス』
ロバート・スターン Tour Carpe Diem
ロマルド・ジョゴラ
ジョン・ヘイダック
マイケル・グレイブス …ポストモダンへの転換 - 庁舎
コーリン・ロウ …『マニエリスムと建築』『コラージュ・シティ』

ポストモダン（表層的 ヒストリカルクラシシズム）

古典的なボザールが構成した街の立面などから表層的な建築をつくった。表層的なヒストリカルクラシシズムとなり、ムーブメントとして終わるが、高級ホテル等ではこの方向で今でも人気がある
トムウルフ
『バウハウスからマイホームまで』の中で一般の人は白旗（モダニズム）より星条旗（より多くの事）を好むと指摘している
テリー・ファレル
チャーリングクロス駅

一脱構築主義 デコンストラクティビズムー
ジャック・デリダ
1988年『脱構築主義者の建築』展
ピーター・アイゼンマン
ダニエル・リベスキンド
コープ・ヒンメルブラウ
MICHAEL BENEDIKT
『DECONSTRUCTING THE KIMBELL』

レム・コールハース
バーナード・チュミ
ザハ・ハディッド
フランク・O・ゲーリー
モーフォシス
エンリック・オーエンモス

レイトモダン（20世紀のゴシック ブルータリズム）

リチャード・ロジャース レンゾ・ピアノ
空間と設備の Articulation / 20世紀のゴシック
自然エネルギー
リチャードメディカルの影響
サーブドスペース / サーバントスペース
手法として単純な平面、設備の配管などを建物の外部にあらし、デザインするところから始まり、交換ができるものをデザインする。内部のプログラムの構成、巨大な吹き抜け、環境コントロールをDX化し、気流のスタディでシミュレーションから街区のデザインまで行う。
構造・設備にひと工夫あり、環境を設計しようとしている。都市までシミュレーションしている。
ノーマン・フォスター

ヨーロッパの動き（プログラムの解釈）

AA School
アルヴィン・ボヤンスキー
アンリ・スミッソン
チャールズ・ジェンクス
レオン・クリオ（アルド・ロッシ）
ベルナール・チュミ『建築と断絶』
ラヴィレット公園
コロンビア大学のペーパーレススタジオ

アーキグラム
ピーター・クック / ロン・ヘロン
レム・コールハース /OMA/AMO
新しいプログラムが空間をつくる
Mecanoo
Herzog & deeuron
ダニエル・リベスキンド
ザハ・ハディッド
斜行する壁ラッピング
スティーブン・ホール
ボラスシティ / ルミナスシティ

Fig.16 ホワイトアンドグレイ・ポストモダン・レイトモダン・ヨーロッパの動き

ホワイト・アンド・グレイ（White and Gray）

1973年に New York で、リチャード・マイヤーやジョン・ヘイダック、マイケル・グレイブス、ピーター・アイゼンマン、グアズミー＆シーゲルが New York 5 というグループを立ち上げました。メンターはコルビュジエでした。それがきっかけで、ロバート・スターン等がロバート・ヴェンチューリ、チャールズ・ムーア、ロマルド・ジョゴラらを集めてグレイという一派を作り、メンターがカーンでした。コーリン・ロウがホワイトを、ヴィンセント・スカリーがグレイの応援をするという形で論争になりました。

背景にはフィラデルフィアのペンシルベニア大学、ニューヨークのコロンビア大学のようにスラムがある治安の悪い都市の建築家と、ボストンのハーバード大学、ニュージャージーのプリンストン大学、イサカのコーネル大学などの美しい緑に囲まれた地域の建築家の違いもあります。ヴェンチューリはデニス・スコット・ブラウンの影響もあって、ラーニングフロムラスベガスの頃からどんどんポストモダンや日常的な物に傾倒していき、建築作品としては、母の家の後、あまり良い建築を作りませんでした。

チャールズ・ムーアはディメンション、建築デザインの基本、記憶に残る場所などを書いたり、シーランチ、イタリア広場などに取り組み、その後だんだん商業的な建築になりました。ロバート・スターンはグレイの中心人物でポストモダンを引っ張っていたのですが、ニューヨークの集合住宅の頃から仕事も増え、ガラスの超高層を作ったり、何がやりたかったのか分からなくなってしまいました。ジョゴラがオーストラリアの首都キャンベラなどまで行きついたものの、次の世代にあまり影響を残せませんでした。

ホワイトはみな白っぽい模型や建物も白く、リチャード・マイヤーが多分 white の代表で今でも外観も内部空間も白く美しいダイナミックな建築を作っています。

ジョン・ヘイダックだけが若い頃に物が作れず、アイデアとしては良かったのですが、できたものを見てがっかりしました。マイケル・グレイヴスは私達にコルビュジエを修行しろだとか、私を神だと思えなどと講義をしていたと思ったら、3，4年後の1976年にポストモダンに変わりました。ポストモダニストの中心人物です。

ピーター・アイゼンマンは IAUS という教育機関を作り、歴史家のタフリーやコールハースがいました。私がロンドンにいた頃は、コールハースはニューヨークやロンドンを行ったり来たりをして、『錯乱のニューヨーク』という本を書いたりしていました。アイゼンマンはその後も ANY,ANYWHERE などで磯崎新、コールハースを指導し、デコンストラクティビズムを牽引し、時代時代に色々なコンセプトを出して建築の潮流に多大な影響を与えました。

ポストモダンは、最後はヒストリカル・クラシシズム：表層的なクラシズムに陥って滅びます。トム・ウルフの『バウハウスからマイホームまで』という本の中で、一般の人は白旗（これはモダニズムなのですが）よりも星条旗、より多くのことを好む、と書いています。このポストモダンの流れは建築家の中ではもう死語になっていますが、今でも高級ホテルなどの考え方の中にアルマーニがホテルを作ったり、クラシックの簡易版としてのポストモダン等が一般の人の根強い支持を受けています。

レイトモダン（Latemodern）……20世紀のゴシック

ノーマン・フォスター、リチャード・ロジャースとレンゾ・ピアノ等です。ミラノのトーレベラスカという建物の設計者の一人がロジャースの父親で、レンゾの父と兄が施工者だった関係で早くから仲良しでした。3人ともカーンの建物や思想に影響を受けています。ロジャースのロイズ・オブ・ロンドンはサーブド・サーバントスペースに、ピアノはカーンの事務所に居たこともあって色々なディテールのアーティキュレーションが特徴です。二人の作ったポンピドゥーセンターも含めて、20世紀のゴシック建築と呼ばれています。フォスターのガーキンビルは、風が下から螺旋状に抜けるものです。フォスターはインドの街全体を大きな模型で全部作り、街区に風を通すところまで取り組んでいます。日本ではこういう学問や技術が15年くらい遅れています。ロジャースは『Cities』という本も書いています。今言われている SDGs の考え方が根底にあります。

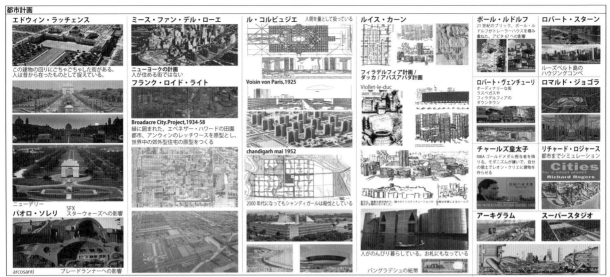

Fig.17　モダニズムにおける土地や都市へのアプローチ

　AA スクールに私がいた頃、ボヤンスキーが集めたモダニストやポストモダニスト、あるいは合理主義のアルド・ロッシやベルナール・チュミやコールハースがいて、まだ無名に近いダニエル・リベスキンドもいました。ピーター・クックやロン・ヘロンが少々片隅に追いやられている時代で、私は 6 か月間だけコンペの勝ち方というコースで教えて、負けてクビになりました。ザハ・ハディッド、トム・ヘネガン、スティーヴン・ホールなども学生で、その人達がどんな勉強をしていたかも知っています。例えば、ロシア構成主義など、こうした近代と現代の間に、いろいろな疑問を投げかけるカーンがいたのではないかと思います。

モダニズムにおける土地や都市へのアプローチ

　植民地時代に、エドウィン・ラッチェンスがニューデリーを作りました。土地への配慮が守られていて、インド人は意外とラッチェンスが好きです。

　ミースは、ニューヨークの 3 分の 1 くらいを 3 棟の建物だけ建てるという謎の計画を出して誰からも支持されませんでした。フランク・ロイド・ライトはアメリカの郊外住宅、湖がある土地。ハワードの田園都市やアーウィンがやったレッチワース等とともに、現在の建売業界に影響しているブロードエーカーシティを提案しました。

　コルビュジエは 300 万人の都市で、全部ピロティで持ち上げて 1ha に 3,200 人を住まわせる案。これは採用されませんでしたが恐ろしい案だと思います。2006 年にシーラカンスの小嶋一浩、ワークショップの北山恒達と一緒にインドに行きました。ツテがあったので、シャンディガールの国会議事堂やダッカの中を見せてもらいました。シャンディガールの周りには人がいませんでした。機関銃などを持った人がいて、内部を案内してもらっている時も人がずっと後ろについていました。コルビュジエはインドの中ではあまり、根付いていないような気がしました。彼の影響を受けたオスカー・ニーマイヤのブラジリアもあまり成功していません。

　カーンはヴィオレ・ル・デュクが描いたような、都市と郊外の境界に車を円形のパーキングに止め、その上に半円の集合住宅を作り、人は街の中に歩いていく考えや、人の流れを矢印で示す案を提案しています。ダッカに行くと、国会議事堂の横で釣りをしている親子がいる風景が見られるくらい長閑な場所で、ダッカは紙幣にもなっています。ポール・ルドルフはトレーラーハウスを 20 世紀のブリックと呼び、それを積み上げて都市を作る案を提唱しました。モッシュ・サファディのハビタ 67 に共通する所があります。ベンチューリはオーディナリーな街が良いとしましたが、ではどうするのかという問いにはボードに電話器や街を書くなどの案しかありませんでした。ロバート・スターンは、私達が負けてクビになった、ルーズベルト島の集合住宅の 1 位止まりで、都市まで行きつけませんでした。ジョゴラだけが巨大な半径 300m 位のキャンベラというオーストラリアの首都を作りました。ジョゴラに頼んで中を見せてもらいましたが、構成も幾何学も良く美しいものでした。

　今度のイギリス国王チャールズはモダニズムが大嫌いで、RIBA のゴールドメダリストの授与を辞退して以来 RIBA と決別し、『英国の未来像』という本を書き、レオン・クリエを雇い、自分の領地にポストモダンの建物を作り続けている頑強な人です。ロジャースは『Cities』という本を書き、フォスターもインドの街の建物全体の風の流れのシミュレーションをしています。この環境は街全体を作っていく考えが、今後の都市作りの主流になると思います。アーキグラムのインスタントシティやムービングシティ、スーパースタジオが指摘する白い無機質の未来や、パオロ・ソレリがアリゾナに作っているアルコサンティのような手作りの未来があります。アーコサンティはジョージ・ルーカスのスターウォーズの宇宙船のようなものに影響を与えたり、ブレードランナーで示されているキッチュで人の居場所のある未来に繋がっています。一方は、頭で考えたクリーンな人気のない白い空間にロボットがいる未来があります。日本の丹下健三、菊竹清訓、黒川紀章、磯崎新、大谷幸夫らが色々な都市像を発表したのもこの頃です。

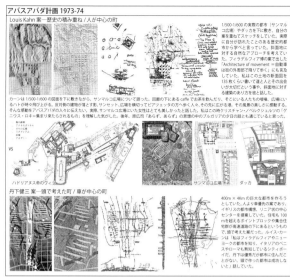

Fig.18　アバスアバダ計画

Fig.19　カーンのベッドの下の本

カーン事務所から学んだ事、担当した仕事

アバスアバダ計画

カーンと丹下健三が戦ったコンペでした。この時、私達のチームは1人のチーフとリトルカーンの、新居、ファローク、ジャクソン、田中高の5人でした。丹下チームは磯崎新が主幹でした。カーン案と丹下案です。私とカーンのスケッチで、もっとあったのですが、カーンの事務所が倒産した時のゴタゴタでこれしかありません。カーンは大きい建物や都市の設計では、1/500から1/600のハドリアヌス邸のヴィラの図面、ピラネージの図、サンマルコ広場を自分の計画図の下に入れてなぞり、歴史を積み重ねてアディショナルな自分の歴史の街を作ろうとしていました。彼はサンマルコ広場のカフェがとても好きで、そこの女の子が美しかったとか、鳩が飛び上がるさまや、美しい夕日の中でピアツェッタへ向かう人達がいる。そんな景色のある街を作りたいと話していました。自分が知っている街や個人的な体験、その喧噪、匂いをアディショナルにつなぎ合わせてアバスアバダを作ろうとしていました。

丹下案ですが、400m×4kmの幅の巨大な人工地盤です。上に高速道路が通り下に集合住宅があり、ポイントブロックという、こうした百何mの超高層が砂漠の中にバンバン建つものでした。カーンが亡くなるひと月前にとても喜んで、「見ろ、私はフィラデルフィア生まれのシティボーイで、丹下は都市に住んでいないから勝ったんだ」といって大喜びしていました。このコンペはカーンが勝ったのですが、急死してしまいました。丹下チームが少し続けたらしいですが、シャー（イランの国王）がイランから追われたので計画自体がなくなりました。

評論家の誤解の正解というのがあります。提出の2日前くらいに、模型が間に合わないと分かりました。カーンがどうするのかと聞いたので、自然を残してみますかと提案しました。実はこれ未完の模型です。その後、評論家や色々な人が、さすがカーンで自然を残したと言っています。

そうした誤解がある種の正解を生み出しました。

カーンのベッドの下の本（カーンが参考にした本）

カーンは私のカーンのコースの先輩の香山壽夫の時のように、大きな本を持って来て説明するようなことは私の頃はありませんでした。友人と本（カーンのベットの下の本）はこれではないかと探し、話し合いました。

①『ヒューマニズムの建築』というウィットカウアーが書いた本がその一つです。コーリン・ロウが1959年にカーンにあげたということを、ベンチューリが話しているのがa+uに載っています。この本の内容はウィトルウィウス、アルベルティ、パラディオが神や人間の身体性などが図入りで解説されています。

②デュランの建築講義要録は、建物のパタンを分析し、ボザールに影響を与えたものです。

③オックスフォード大学出版 LEONARD DA VINCI ★ NOTEBOOKS ★ RICHTER の中のレオナルドの言葉とカーンの言葉は似ています。カーンが右から左に書いたのはレオナルドの影響ではないでしょうか。その中にあるダ・ヴィンチのスケッチとダッカと大変良く似ています。

④ピラネージの本やパトリシアヌ邸、楕円について研究しました。ミケランジェロのカンピドリオ広場は床に書かれた楕円、サンピエトロ広場のベルニーニの楕円は短辺から入り、同年代のボッロミーニは長辺から入る。その前時代のヴィニョーラは両方だと分析したりしました。

パンテオン、ルイ・ブーレーのニュートン記念堂、ルドゥーのショーの製塩工場、ブーレーのスケッチとキンベルの屋根の関係について考えたり、パラーディオのヴィラロトンダ、ルドゥーの通行税収所（アスプルンドのストックホルムの図書館に影響）等々の平面や断面の関係、パオロ・フランクルの『建築造形原理の展開』を読んで勉強しました。フランス革命の三人の建築家、ブーレー、ルドゥー、ルクールについて、カーンはルクールは Too much sexy（セクシーすぎる）と言い、ほかの二人は高く評価していました。

この二人はルイス・カーンが世界の建築家になるきっかけを作った。

Anne Tyng　カーンに幾何学や Structure を示した

Walworth Tyng residence

イェール大学アートギャラリー　フィラデルフィアシティタワー　トレントンバスハウス　ブリンモア大学エルドマンホール

Gabor

ガボアは根本的な質問をする。軽い空間を作るには必ずしも軽い材料である必要はない。その材料と他の材料のバランスが重要。白い空間、黒い空間、グレーの空間のつくるものは何か。It`s comming.
そしてそれらの建築、
君の建築は何を目指すのか…

Fig.20　アン・ティンとガボアー

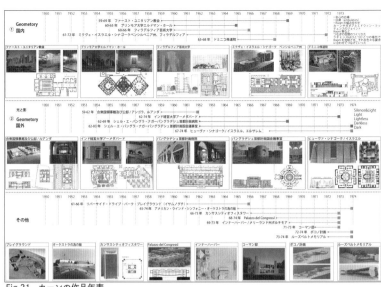

Fig.21　カーンの作品年表

ジョン・ソーンの家の複雑さ、個室（空間のあり方）についても考えました。カーンはユダヤ人であるため、ナチスやファシストに関係したシュペアーやテラーニはあまり語りませんでしたが、友人たちと語り合いました。

イラン人のファロークが「なぜヨーロッパばかりなのか」と主張し、アラブの国々に関する建築、建築家、例えばアルハンブラ、コルドバの大モスク、アヤソフィアや、建築家のメフメト・アーの建築や空間構成について学びました。ペンシルベニア大学、特にカーンのコースでは空間構成の意味や平面と断面の関係や幾何学を重視していましたが、ロンドンのAAスクールでは立面の構成のパターンについて勉強していて違う視点で見ていることを知りました。

カーンのメンター　アン・ティンとガボア

アン・ティンはカーンに影響を与えています。ティンは、私のメンターの一人で当時50歳くらいでした。そばに寄ってきて手なんか握られると、ドキッとするくらいキュートな人でした。メタモフォロジーというコースで、三角形の平面図を組み合わせたり、線材を組み合わせて色々やっていました。ただ彼女は、建築のデザインが幾何学に頼りすぎて、建築そのものは時代をリードしませんでした。彼女の母の家はまさにアンバランスなデザインです。ティンとカーンは同じポスターに出ています。ティンは載せなければ、別れるとでも言ったのだと思います。フィラデルフィアのタワーやブリンモアも含めて、ティンは幾何学的な案を探求しています。普通は所長が説明している案の横で自分の案を置いて説明する人なんてあまりいないと思うのですが、ティンはバンバン言ってしまう。ティンとカーンが別れたのはハビタ67で、モッシュ・サファディがコマンダントとアン・ティンを連れて行ったからという説があります。二人は愛人関係ではなくなりますが、事務所には最後までいました。ナサニエル（MY ARCHITECT の映画を作った）の母（ハリエット・パティンソン）が下の階に外に、エスター夫人が家にいるという不思議な関係でした。

ガボアという怪人がいます。一昨年くらいに98歳で死ぬまで私と仲が良かった人です。普通、教授でもなく建築家としても有名でもない人が大学に現れて「君の建物はグレーか？ホワイトか？ブラックか？」などと言ったり、君の空間はどこか変だとどもりながら言われると、みんな頭にくるでしょう。ガボアはそういう人で、教授達や同級生もなぜ彼が教えるのかと言う人が6割位いました。カーンが非常に好んでいて、何故彼を雇っているのですかと聞かれた時、生活に関わるものだからという意味でI paid electric and gas：電気代とガス代を払っていると答えました。ガボアは私にとってメンターで、彼はカーンは陰陽道、タオリズムだといい、TAO（老子）の24番を見ろ…中心と空虚の話を考えろ。ライトは岡倉天心の茶の本から、やはり老子を学んだ。二人ともヘーゲルやハイデッカーなどは関係ないと言っていました。物の真の本質は空虚のみに存する。部屋の実質は屋根と壁で囲まれた空虚に思い出されるのであって、屋根と壁そのものではない。水差しの効用は水を入れる内部にあるのであって、水差しの形状やその材質にあるのではないと解説してくれました。カーンは空間を「空間の共同体」として見直し、面積表に従って特定の用途や機能をおさめるのではなく、予想外の出会いや思いがけない出会いの機会の場を作る。それを感じるインスピレーションが重要だ。建築の重さや軽さは使われる材料によるのではなく、それらが作り出す比率による。例えば、ベルニーニのサンピエトロ大聖堂の楕円を構成する太い柱は、巨大なサンピエトロがあるので細く見えると教えてくれました。アン・ティンとガボアの二人が、カーンを50代にして今のカーンに変身させました。

カーンは「人が哲学者であるのは、哲学書を読んだからではありません。全くそんなことはありません。人はただ生まれながらにして哲学者なのです。建築家の最初の仕事は与えられたプログラムを取り上げて、そしてそれを変えることだと信じています。プログラムをただ満足させるというのではなく、それを建築の領域に導くことは空間の領域に導くということです。」と言っていました。

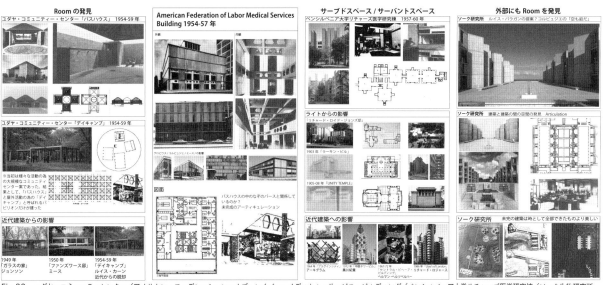

Fig.22　ユダヤ・コミュニティセンター／アメリカン・フェデレーション・オブ・レイバー・メディカル・サービス・ビルディング／ペンシルベニア大学リチャーズ医学研究棟／ソーク生物研究所

ルームの発見について

ユダヤ・コミュニティセンター

　Room の発見、各部分のアンジュレーションがここから始まりました。私の先生だったデイヴィット・ポークが担当したとされています。ユダヤ・コミュニティセンターの中で建ったものは、バスハウスと、そのそばにあるパビリオンです。カーンは、必ず似たようなことを繰り返す性格があります。ミース／ファーンズワース邸とジョンソン／ガラスの家と似ているスケルトンを、バスハウスのそばに建てています。似たような建物と違う自分を発見したかったのだと思います。

アメリカン・フェデレーション・オブ・レイバー・メディカル・サービス・ビルディング

　立面は、グロピウス、ミース、コルビュジエを貼り付けているようです。バスハウスでは六角形の穴の空いた梁が書かれた謎のパースがあり、この建物に使われています。これはカーンのコースで先生の横に座っていた時に、このビルが壊されていますと学生が言ってきて、聞き間違いでなければ、カーンが That's good と言いました。ミースやコルビュジエを一生懸命真似したけれど、上手くいかなかったので好きでなかったかもしれません。後に均等ラーメンにポール・メロン・センターで戻ってきますが、その時には新しいモダニズムの再解釈になっています。

ペンシルベニア大学リチャーズ医学研究棟

　正方形の主空間＝サーブドスペースとタワー状のサーバントスペースは、フランク・ロイド・ライトの影響があります。アーキグラムのプラグインシティ、黒川紀章の中銀カプセルタワーに影響しています。ヘルマン・ヘルツバウアーが作ったセントラル・ビヒーアー・ビルディングは、ヘルツバウアーの文章にリチャード・メディカルから学んだと書いてあります。ヘルツベルガーが進化させたのは、空間を作っている点です。また、リチャード・ロジャースなど、21 世紀のゴシックを作っている人達もその影響を受け、さらに進化して今の環境建築に向かっています。リ

チャード・メディカル自体は使いにくいと言うクレームが数多く出て、次のソークで改良しています。

ソーク生物研究所……Room としての中庭の発見

　中庭のシーンだけ世界的な建築になっています。リチャード・メディカルとソーク研究所の違いは、大きい空間をフィーレンディール梁で伸ばし、各階ごとに設備の変更ができ、研究者の個室があり、リチャード・メディカルでの失敗を直しています。ソークは一方から見るとコンクリートの塊で、反対から見ると先生達の部屋が真ん中にある。中庭に大きい木が植わっているアイデアでした。好んで人の意見を聞く人ではないのに、バラガンに意見を聞いた理由は、おそらくコルビュジエが言っている「空も庭だ」から影響を受けて、本当は木のない中庭をやりたくなって、ソーク博士を説得できず、メキシコの有名な建築家からこうしたほうが良いと言われたと、博士に言って実現したのではないかと思います。カーンの建物は最初は滅茶苦茶なひどい形から始めて、だんだんシンプルになる。これの 2 倍の量の建物があって、さらに周りに建物があったのが長い間設計しているうちに全部やめろと言われました。建物というのは全部作られない方が、かえって良い建築になります。ソークはそうした力を持っている建物だと思います。

イェール・アートギャラリー

　50 歳を過ぎてほぼ初めて集合住宅以外を作ったカーンなので、色々な建物を勉強したと思います。暗いし、何が良いか若干わからないところもあるのですが、ボザールの影響もあり、ミースやグロピウス、コルビュジエの影響。窓も後のカーンと違いこれだというものがないものです。パースを拡大していくと、当初案の一つに天井がヴォールトになっているものがあります。天井について、何か提案しようとした跡が見られます。アン・ティンがフラーに参加を促したのではないでしょうか。この建物で評価すべきは丸い階段の中の見上げなどにおけるボザール的な考えで、すごくきれいな階段で、光の落とし方からおそらくカーンがここから始まったのだと思います。

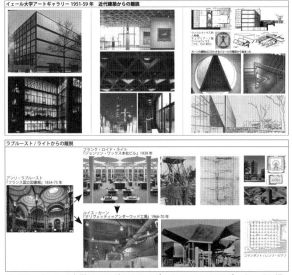

Fig.23　イェール大学アートギャラリー／オリベッティアンダーウッド工場　　　　Fig.24　フィリップ・エクセター・アカデミー図書館／キンベル美術館

オリベッティアンダーウッド工場

　アンリ・ラブルーストがつくったパリの国会図書館は、フランク・ロイド・ライトのジョンソン・ワックスに影響したと思います。そして、カーンのオリベッティに繋がると考えられます。ジョンソン・ワックスのスパンは8mで、カーンは16mくらいあります。ライトはこの下に立って、この建物は構造的に強いと写真に撮っています。それと同じ写真のアングルで、カーンも撮っています。授業でノーマン・ライスや、多分カーンと行きました。カーンはあまり語らないし、好きではないと感じました。実際にはデッドなエレベーションで、コマンダントがリードして、クライアントも急いでいたのですぐにデザインが終わってしまい、カーンらしさがなく、ステンレスのダクトと天井の照明などもちぐはぐです。担当はレンゾ・ピアノで、すごく優秀なのであっという間に終わったのでしょう。Room などと言っている時間もなかったのではないでしょうか。

フィリップ・エクセター・アカデミー図書館

　事務所に入って最初に、デイヴィッド（カーン事務所No.2）からエクセターの実施図をランチタイムによく見ろと言われました。教科書のような建物でカーンの木造のディテールが、この建物である程度の完成をみたのではないでしょうか。アルベルティの本にあるように、人がこのバッテンの梁になり、反射光がほの暗く上から落ちてくるというものです。カーンに何か1日1つくらい教えてくださいと言ったら、「本は重いから、重いものに対してコンクリートの梁とコアで支える。レンガが好きだから周りをレンガで囲う、そこに2階建ての空間をつくり、本のための窓と人のための窓を作る。さらに、本を人工光で読むのに疲れたら、さっと窓を開けて綺麗な外が見えたり、風が入り、鳥がいるのがわかる。」と説明してくれました。カーンは、力の流れに従って窓と合わせて立面を作りました。

　窓の大きさも全部違うので、この回廊の部分は物凄いコストになりました。パラーディオの階段やスペイン階段を例に、階段の重要性について教えてくれました。エクセターの担当者のだるい建物が隣接して建っています。増築する

ときにカーンではなく、担当を施主が替えたのだと思います。カーンだと何年もかけてコンパクトな締りのある建物にしたと思いますが、施主が耐えきれなかったと思います。

キンベル美術館……新しい空間へ　均質な不均質

　コマンダントがヴォールトでやろうとしたことを、カーンはそうではないと否定し、ある種の片持ち梁を提案しました。ブレーの案です。その影響を受けたと見られるアンリ・ラブルーストの建物はパリの下町にあります。カーンは「structure comes after space　構造は空間の後に来る」と言っており、コマンダントとの仲はこれ以降悪くなりました。コルビュジエのスケッチにも似たものがあります。ポール・メロン・センターを考えた時の断面を途中で検討しています。それも挫折して、結局この丸に戻ってくる。そうした繰り返しでだんだん吟味したんだと思います。光を反射させて落とす方法や、柱と片持ち梁のアーティキュレーションを考えて、微妙なバランスを作り出しています。一つの単位がなんとなく複雑につながっていくさまが、近代ではない何かに向かっていたと思います。

　槇文彦が、ユニバーサルデザインでもないし、何でもないけれど変な見え隠れする感じ、均質な不均質、見え隠れする回廊があると文章で書いています。

イェール大学英国美術研究センター（ポール・メロン）

　私は金属パネルと水切り、天井の照明、木部の一部を担当しました。コンセントや電気弁を EV7-EV5-EV7 と位置を変えては戻し、戻しては変える。これを何週間も繰り返させられて辟易しました。1つのコンセントの位置を決めるだけでも全部図面を書き直していく。他の図面と関係しているので、直し間違えると全部の図面がダメになるということをずっとやっていました。水は外で切るということを、カーンに言われて考えたのがこの水切りです。また材料の選択では、このステンレスは発色させています。光によって影や色が違って見えます。このパターンは、実は後ろにある内部空間のあり方＝家具の配置などが滲み出てくるものです。内部からのまなざしがすべてを決めています。

　この均等ラーメンの図面を最初に見た時に、私はカーン

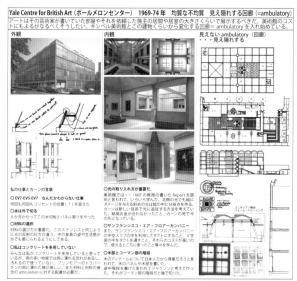

Fig.25　イェール大学英国美術研究センター（ポール・メロン）

Fig.26　グラデュエート・セオロジカル・ユニオン・ライブラリー

は堕落した、イェール・アートギャラリーに戻ってしまったのではないかと思いました。壁の隙間の開き方の違いは、均質なものを不均質とするという見え隠れするアンビュラトリー、回廊のようなものが背後にあると思います。部屋から部屋への移動に関して伊東豊雄がメキシコの美術館で、始まりの発想は違いますが、斜めに空間を抜いていくことを考えています。普通、美術館は人工光が多用されていますが、個人の家で自然光で見ているのと同じような雰囲気で絵を見せたかったのだと思います。

　カーンは、太陽に追従してルーバーの方向を変えられ、光がやわらかく落とせるのではないかと思っていました。MIT の教授に聞いたり、レポートを読んで、絵に北側の光でもクラックが入るのでどうするか考えろと言われました。私は色々考えたのですが、マーシャルという現場の担当がおそらくローコスト化のために変更したのだと思います。実際には向きの違うルーバーで分光しています。床の断面の一部ですが、サンフランシスコ・エアフロー・カンパニーのアイデアで中空スラブの変形で、空気を通していくと風が通るというのを入れました。全部入れていないのはコストの問題です。あと木造の部分は私の担当です。ジャクソンが私に木造階段を書いてくれないかと言ったので、日本のディテールを見て階段を書きました。後にコーマン邸に行ったら、その階段がありました。屋根を外して階段を建物を中に入れた、という話を聞いてドキドキしました。東洋の大工のせいだということになっています。

グラデュエート・セオロジカル・ユニオン・ライブラリー

　私がずっとコンセントや EV7、EV5 の位置を変えていたら、ガボアが一番弱そうなチーフを見つけ、その仕事を奪い取れ take it over と言われ、案を考えてカーンに説明して、結果彼が辞めて私がチーフになりました。前任者の案は、平面図の幾何学が美しくありませんでした。1 階まで光が入って終わるというものでした。幾何学（丸い吹抜）を調節して階段やエレベータの位置や意味を調節してシンプルな平面としました。丸い吹抜は 1 階まで光を導き、三角形のものは地下まで続き二方向に分かれて光を導くとい

うものです。1960 年にコルビュジエとミースが合わさったようなワシントン大学のコンペに出したものをカーンは時々持ってきては、良いだろうと私に見せました。

　パースは私が下書きした上に、先生が描いていく方法で進められました。パースの中に Unfinished、未完成と書いてあります。全部書き終えたら建物がわからないくらいに木が生えていたので、建物が分かりませんとカーンに言うと、シューベルトも未完成交響曲というもので有名になったのだから、私も未完成と書いておけば 50 年後くらいに誰かが、カーンは何を考えていたのだろうと不思議に思うだろうね、と言って木を消していました。言い終わった途端にポケットから、ネクタイを逆向きに巻きつけて芸者と踊っている写真を見せて、Geisha girl はすごく良いという話を始めました。なぜ Geisha girl に話が変わるのは良くわかりませんが、それが私の毎日でした。

　それからカーンはスケッチがとても速い人で、左と右の手を両方動かせる、そのくらい速いと言って、書いている写真があります。私に速く描くと建築が悪くなるから、そして少しラフに描けというのでそうすると、カーンが三角スケールを当ててスケールが違っていると文句を言う。そういう人でした。私が担当して 1 年弱やっていたのですが、カーンが死んでしまったので、14 年後にこの建築を建てた人達がいますが、少し怠い建物になっています。私とカーンが生きていてもう 2 年位かけて検討し、光の取り入れ方、アーティキュレーションを考え続けていれば、施主に首になっていたか、もっと優れたものになったと思います。暗いところでものを探し、明るいオレンジの木の下で本を読むと素晴らしいね、というカーンのアイデアは残っています。それ以外は守られなかったのではと思います。出来た建物は、アーティキュレーションやカーンの執念が感じられないのが残念です。

　建築を作る時に重要なのは、自分自身（アイデア）を捨てられるかで、昨日の案を今日の案に、今日の案を明日に変える、事務所の経営など、ギリギリで考えることを学びました。このやり方では決してお金持ちになりません。

149

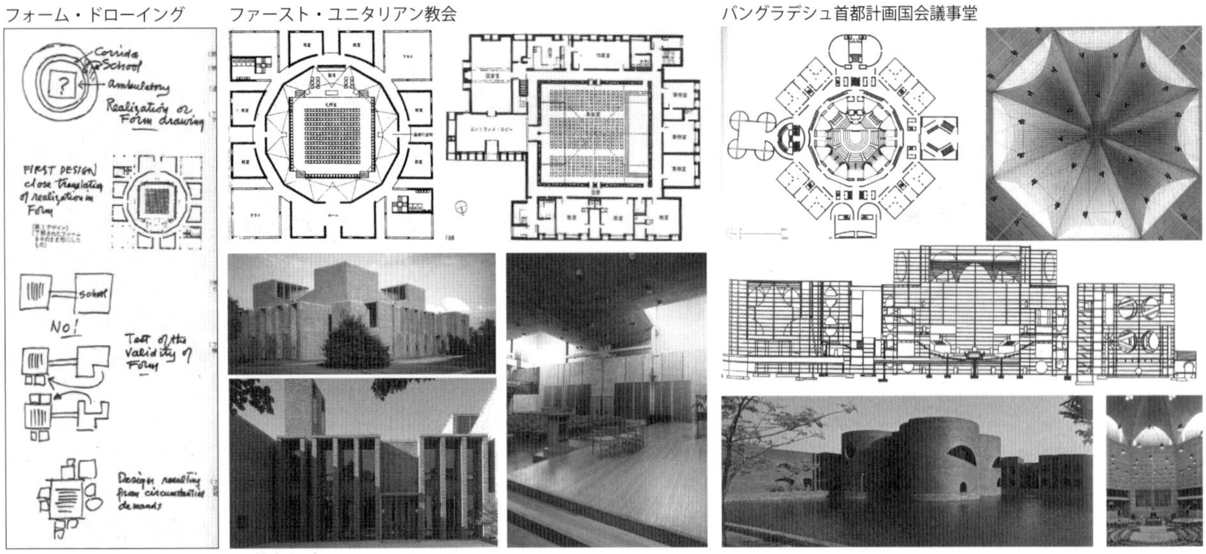

フォーム・ドローイング　ファースト・ユニタリアン教会　バングラデシュ首都計画国会議事堂

Fig.27　ファーストユニタリアン教会とダッカのアンビュラトリー

ファーストユニタリアン教会……アンビュラトリー

ユニタリアン教会は、カトリックでもプロテスタントでも仏教徒でも回教徒でも受け入れます。宗教を変える人は、最後の礼拝堂に入る前にどうするか考える空間が必要だと、カーンは考えました。アンビュラトリー（amburatory）はぐるっと回って考えられるある種の回廊です。遺書などの変更、撤回ができるという意味もあります。今まで礼拝堂に入ったことのない人、自分の宗教を捨てて他の宗教に入ろうとする人、意を決して礼拝堂に入ることを決めた人などが、考えを決めるためのある種の空間としてのamburatoryを考えました。中心の礼拝堂の周りにアンビュラトリーがあり、同心円状に空間を付加していく構成です。

カーンは三重の円を書いて、the sanctuary is merely the center of question and that school -which was constantly emphasized -was that which raises the question　…and I felt that which raises the question and that which was sense of the question -the spirit of question　—were inseparable：礼拝堂は本質（クエスチョン）が存在する中心です。それは度々強調されている学びの場所、要するに本質を問う場所です。本質を問うことと、問いの本質−いわば問いの精神は不可分です。

中央の礼拝堂の光の採りかたは　inspiration - Order is - Form - Room - institution の考え方に沿ったものです。ライトのユニティ教会に影響を受けたと言われています。ユニティ教会の光の取り入れ方は箱の四隅をふさいで十字の方向から光を取っている古典的なもので、カーンは十字の部分は天井を低くし対角線方向45°振って光を採り入れる案を考えました。最終的にはトップライトを浮かせて、構造の光のアーティキュレーションを見せました。

国内のイェール・アートギャラリーから始まったカーンのユダヤ・コミュニティセンター「バスハウス」で、ある種の Order（Order is）アーティキュレーションを考え、リチャードメディカルでライトのシカゴのユニティ教会を再解釈し、サーブド・スペース、サーヴァント・スペースの考え方に至り、ソーク研究所の積層する研究棟と小さく分かれている研究者用の部屋、中央にあるコートヤードで、外部にも Room を発見しました。ファーストユニタリアン教会で考えたアンビュラトリーはブリンモア大学の内部空間で、Light, Lightless, darkless, dark の考えにつながります。ファーストユニタリアン教会は、光との対話が一番最初に実現したものです。国外のルアンダにおける輝く太陽の下の明るい強い光との対話の試行錯誤に始まる建物と、光の入れ方などが違います。立面は同時期のトリビューン、レビュー社、オリベッティ、そして国外のルアンダ領事館のものと相互に影響し合っています。

構造家は「力の流れ」やコストなどを考えて屋根やトップライトを考えます。カーンは「光の流れ」を考えて作ります。Structure is the giving of the light = 構造は光の与え手である。……という考えの出発点の建物です。

ダッカのアンビュラトリー

国内でキンベル美術館、ポールメロンセンターというシンプルな空間の内に隠れたアンビュラトリーや、織りなされた空間を作ったのと対照的な建築です。ルアンダの光の強い地域に始まるある種のブリーズ・ソレイユ（光を遮る装置）、二重に囲んだ壁、インド経営大学、アーメダバード、バングラディッシュの病院、イスラエルのヒューシナゴーグなどの集大成。初期のユニタリアン教会で発見したアンビュラトリーの概念を強い光の下で構成した名作です。

ソークの未完の建築にある二重の壁の空間、シグヴェーイスラエルシナゴーグの内部の中空の柱（＝ある種のルーム）や、ヒューヴァーシナゴーグイスラエルの一連の影響もあります。更に議事堂の空間にモスクなどがあります。The realization that assembly is of a transcendent nature. 集うことが人智を超えた本性（超越論的本性）からなり、リアライゼーション。理解、議事堂、モスク、そして宿泊施設がそれらの相互作用のなかで心的に結び合う関係はある本性を表現する、人々はコミュニティの精神に触れるために集ってくるものだと説明しています。議事堂の行為は、人間の知的なインスティチューション（制度）を形成するものだとも言っています。

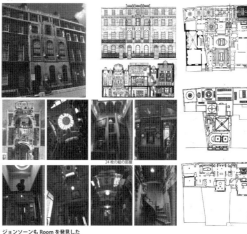

「なぜ暖炉をつけるのですか」と聞くと、カーンは「恋人と二人でいて、火にあたろうとしてそこに暖炉がなければ生涯悔やむことになる。一生に一度しか使わなかったとしても暖炉は必要だと」言った。

ジョージ・クルークシャンク「バンブル氏とコーニー夫人がお茶をする様子　オリバー・ツイスト』1860 年（ジョージ・ウィリアム・リード『ジョージ・クルイクシャンク作品解説目録』第 3 巻、ベル・アンド・ダルディ社、ロンドン、1871 年からの転載）カーンは、紙の白さとそこに描かれた線の暗さの対比として光をとらえ、クルイックシャンクが繊細に実現した光に触発された。

Memorial to Six Million Jews New York City

A room is a marvelous thing a word with in a word.A building is world whithin a word.
Libraries Architecture and Equipment
Michael Brawne

「St. Jerome in his study」
Antonello da Messina

この本で重要な物はこのセントジェロームの絵だけだ。セントジェロームが 3 段高い Room にいる。彼の目はお気に入りの本に注がれている。だから光が差している。本棚には読むべき本と、それほどでもない本が光によって判別されている。足元には彼のペットのクジャクや鳥達がいる。一番の仲良しの猫があたりをうかがっている。遠くにある回廊から色々な空間が見える。光が輝く交叉ボールトの天井があり、奥の部屋にはダヴィンチの書いた様なシーンがつながる

24 枚の絵の部屋

ジョンソーンも Room を発見した
SHANK 賞の賞金でヨーロッパ旅行するとカーンに話すと、イギリスに行ってジョンソーン邸を見学するように言われた。ジョンソーンは個室と光、その性格に気づいた最初の人だ。エドウィン・ラッチェンスも Room に気づいたが、彼ほどではない。実はジョンソーンは平民の階級で婦人は高貴な生まれであまり仲良くないが、婦人の遺産が入り、両隣の家を買って、彼の旅行で集めたものや、趣味の総てを入れた。

Fig.28　カーンのドローイングと Room

Room はどこから来たのか

Architecture comes from the Making of a room.
The Plan. A society of rooms is a place good to live work learn.

建築はルームを作ることから生まれます。平面はルームの共同体で住み、働き、学びにふさわしい場所です。

Architecture is the making of a room: an assembly of rooms. The light is the light of that room. Thoughts exchanged by one and another are not the same in one room as in another.

建築はルームを作ることです。つまり色々なルームの集まりです。ふたりの間にとりかわされる思いは、ルームが異なれば異なったものになります。

The place of the mind. In a small room one dose not say what one would in a large room. in a room with only one other person could be spontaneity. The vectors of each met. A room is not a room without natural light.

ルームは心の場所です。小さなルームでは、人は大きなルームにいるときと同じことを話しません。ただ一人の他人とルームにいるとき、人は自らを開放します。それぞれのベクトルが出会います。もし、ルームに自然光が無ければ、ルームとは言えません。

　上図の中央に暖炉が設置、その傍らで向き合って対話する 2 人の人物が描かれています。左の人がリアルなのに対して、右の人は空の向こうに見える自然（樹木）に溶け込むように描かれ、プレゼンスを持つ人とプレゼンスを持たぬ半ば非実存の人の対話が描かれています。天井のフレームが、ルームの概念を際立たせる。そのフレームの下の床に書かれた "The Room" という文字が、2 人の居場所を二重に包んでいます。カーンにクルークシャンクの中の暖炉や一般的に暖炉がなぜいるのかと聞くと、恋人と 2 人で火にあたろうとして、そこに暖炉がなければ生涯そのカップルが悔やむことになる。1 回も使われなくても良い、1 回のチャンスのために暖炉をつけるべきだと答えました。

Natural light gives the time of day and the mood of seasons it enter. 自然光は一日の時間と季節の移り変わりを入ってきたときに教えます。

A great American Poet once asked The Architect. What's pice of the sun dose your building here. What light enter your Room as if to say the sun knew how great it is untill it attack the side of a building.

かつて、アメリカの偉大な詩人は建築家にこう問いかけました。「あなたの建築がどのような太陽のかけらを持っていますか。あなたのルームに訪れるのは、どのような光でしょうか。」と。太陽は建築の側面に光を当てた時にはじめて自らの素晴らしさに気づくのです。

　メモリアルホールでは、白い地をだんだん黒く塗っていくと light, lghtless,darkless,dark が現れ、更にだんだん黒を増していくと白い光が現れる。そこに本質があるそうです。光は影によって意識されるということだと思います。

　ある日カーンが Library という本を見ろと言ったので、アアルトの頁を見ていたら、『重要なのはこのセント・ジェロームの絵だ。本の説明にあるようにジェロームが本を読んでいて、本棚に 23 冊位の本があり、ジェロームに光が当たり、回りが少し暗く描かれている。ペンギンやピジョンがいて、キャットがあたりをうかがっている。交差ヴォールトがあって、連続するシーンの向こうにレオナルドの絵のようなシーンがある。これが Room 』だと言いました。

　ロンドンに行きますと言ったら、ジョン・ソーンは個室を発見した人だから見てこいと言われました。ソーンは英国銀行などを作った人です。奥さんが貴族の出でとても金持ちで、彼は中流の階級出身で 2 人は仲がよくありませんでした。奥さんの遺産で、世界中を旅行して、隣の家を買ってどんどんぶち抜いて Room の連続を作りました。ある部屋の 4 面には絵が掛かっていて、4 回位あけていくと向こうに庭が見えます。トップライトや階段も含めて迷路のような家を作りました。また、カーンはエドウィン・ラッチェンスは一つ一つの部屋を矩形で作り、そのつなぎに違った形の Room を作り部屋をつなげていくと話しました。

I love beginnings. I marvel at beginnings.
I think it is beginning that confirms continuation.
If it did not-nothing could be or would be.
I revere learning because it is a fundamental inspiration.
It isn't just something which has to do with duty; it is born unto us.
The will to learn, the desire to learn, is one of the greatest of inspirations.
I am not that impressed by education.
Learning, yes; education is something which is always on trial because no system can ever capture the real meaning of learning.
In my own search for beginnings a thought has recurred-generated by many influences--out of the realization that material is spent light. I likened the emergence of light to a manifestation of two brothers, knowing quite well that there are not two brothers, not even One. Eut I saw that one is the embodiment of the desire to be to express; and one (not saying "the other") is to be to be. The latter is non-luminous; and "One" (prevailing) is luminous, and this prevailing luminous source can be visualized as becoming a wild dance of flame which settles and spends itself into material. Material, I believe, is spent light. The mountains, the earth, the streams, the air, and we ourselves are spent light. This is the center of our desires. The desire to belto express is the real motivation for living. I believe there is no other.

Fig.29 "I love Beginnings" の訳出

I love Beginnings

　建築を考えている時、自分は時代に合っているかと考えたり、時代に埋没してしまわないだろうかと考えてしまう。ルイス・カーンは全く迷わずに自分を発見できたのだろうか。カーンは彼より15年程先に生まれたコルビュジエやミースを必死に勉強し、その時代や時代精神を学ぼうとし、失敗し、ある時は行き詰ったと思う。フランク・ファーネスの建物から学んだり、ポール・P・クレによって植え付けられたボザールの血に加えて、35歳年上のライトの建築の理念という本に書かれている、ネイサンス＝始まりという考え（ほとんどBeginningsに近い）やライトの「私は知っている、少なくとも生命それ自体が形式をとったものであることを、したがって、昨日それが世界に存在したように、そして今日も存在し、また永遠に存在し続けるであろうように、生命の最も真実な記録である。」これはカーンのWhat was has always been. What is has always been. What will be has always been. に影響を与えていると思います。そして、コルビュジエやミースの時代の先進的な建築や時代精神を作るということから離れることを決意、彼らの考えていたこと、やっていることを捨てると宣言し、ひとつひとつ物をイズムではなく建築として作っていく過程の中でRoomの発想にいたり、光や沈黙の意味や量産されない建築を作り始めました。建築家は哲学者から学ぶのではなく、生まれながらにして哲学者だと気付き、職人が物をひとつひとつ作る（articulation）ように考え、面積表などで使われている言葉を疑うべきだと私達に教えました。

　50年前、私が24歳位でカーンが73歳だった時、事務所は倒産寸前でお金もなく、カーンに1枚しかシャツを持っていないんですかと聞くと、いや2枚持っていると答えたり、夜の10時頃クルミを手でカラごと割って、汚い手のひらにのったピースを「ここにすごくエネルギーが詰まっているんだChiaki、2人で食べよう」と言ったり、「実はもっとのんびりしたいんだ。女の子が好きなカーンと建築家ルイス・カーンの二人がいてしんどい。」汗で素肌の

私は始まりに驚嘆し、その始まりが好きです。
私は、継続を確認するのは始まりだと思います。そうでなければ、何も生まれないし、生まれないでしょう。私が学問を尊ぶのは、それが根源的なインスピレーションだからです。学ぶことは義務ではなく、私たちに生まれながらにして備わっているものです。
学ぼうとする意志、学ぼうとする欲求は、最も偉大な霊感のひとつです。私は、教育にはあまり感心しません。教育というのは常に試されるもので、どんなシステムも学習の本当の意味を捉えることはできないからです。私自身が始まりを求める中で、さまざまな影響を受けながら、物質とは光であるとの思いがよみがえってきたのです。私は、光の出現を二人の兄弟の出現になぞらえたが、兄弟は二人でさえないことをよく理解していた。しかし私は、一方は表現するために存在したいという願望の具現化であり、一方（「他方」とは言っていない）は存在するために存在するのだと見たのです。後者は非光であり、「一」（優勢）は光である。この優勢な光源は、炎の乱舞となって落ち着き、物質へと費やされると視覚化することができる。物質とは、使い果たされた光のことだと思います。山、大地、小川、空気、そして私たち自身が、使い尽くされた光なのです。これが私たちの欲望の中心です。表現したい」という欲望が、本当の生きる原動力なのだ。それ以外にはないと思っています。

…ルイス・カーンに会って建築は私にとって宗教になり、教育が生きる喜びになりました。

上に着たワイシャツがぴったりくっついてフウフウ言っているカーンがいました。私が「先生、ここらで少し休んで、もう一度旅に出るのが良いんじゃないですか」と言うと、「そうだ日本に行って芸者ガールに二人で会いに行こう」と言っていたカーンを思い出します。神学者の図書館なのに、食べながら、酒を飲みながら話せる場所を作る。ルーズベルト島のプロジェクトで、できたものにはありませんが、ルーズベルトの顔の像に光がどう当たるか、壁に切り込みを入れ、時間や角度を検討していました。アバスアバダ計画でもピラネージの地図の意味を考え、サンマルコ広場を、ダッカの図面を下に敷いて検討し、楽しい街が作れ、その街がいつかアウラやサイキを発せられないか考えていました。バングラディッシュの洪水の話をしていた時、私が日本のテレビシリーズの「ひょっこりひょうたん島」はあちこちに流れついてそこで一つの話ができると話すと、カーンは「すばらしいアイデアじゃないか、洪水の多地位に浮かぶ都市を作ると、それが流れ着いた先に新しい文化や文明ができ、ノアの話のようだ」と言っていました。

　連日、老体に鞭を打ってオリジナルなことを考えられないかと考え続け、もう一回ビギニングスに戻ろうとしていたカーン、暑いインドにお金をもらってくると出かけNew Yorkの駅で倒れ、貧乏な身なりだったので、死体置き場に置かれました。その時もう一度beginningsを考えていたのか、もういいと思っていたのかは定かではありません。

　日本の大多数の建築関係者が、今の時点で一番作りやすい、安いことを良しとし、SDGsと言いながら真逆のガラスとサッシの組合せで作った建物を正当化するための技術の開発をしています。ジェネリックな外部に内部を廊下に沿って面積上の部屋を割り、多少の吹抜だけでごまかしているやり方に対して、幾何学として意識されないAmbulatory（考える空間）を考え、それに廊下や個性あるRoomを作り、内部からの眼差で断面や立面を作りました。光と影をもっと煮詰めて考え、沈黙やサイキ等々を何回も考え直すカーンのやり方は警鐘を鳴らすと思います。

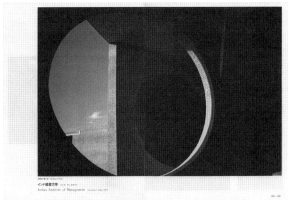

Fig.30　松隈氏が出会ったインド経営大学の写真

Fig.31　「ルイス・カーン展」群馬県立近代美術館（1992）

講演 - 松隈洋

ルイス・カーン　構築への意志

　カーンに身近に接しておられた新居さんの後に、素人同然の僕が話をするのは本当におこがましい限りですが、先ほど配布していただいた資料にもあるように、新居さんと僕の年齢の差が如実に出ているところから話を始めたいと思います。1974年にカーンが亡くなるまでの最後の3年間に、新居さんがアトリエに居られたというのはすごく羨ましくて、僕は、没後の1976年に大学に入っているので、本当に遅れてきた青年なんです。間に合わなかった。今日聞いておられる学生さんの立場に近い。この本は、そんなカーンの一ファンにすぎない人間が、カーンの建築をどういうふうに考えたら良いのか、自分なりにやってみた結果として出した拙著ですが、カーンの残した、「重要なのは、日時や何が起きたかではなく、彼が環境を通じていかに人間を発見したかなのだ。」という言葉が彼の建築の性格をよく表していると思います。そして、カーンの仕事をみていると、一人の建築家が、人間と建築や都市との関係を、これほど突き詰めて考え尽くすことができるんだ、と思いました。そこに共感というか感銘を覚えました。

　個人的な出会いの話になりますが、1976年にカーンが亡くなった後、日本でも追悼でいろんな特集号が出版されました。僕が1978年に大学の設計課題をやっている時に、早稲田大学の教授になられた高口洋人さんのお父様で、当時、奈良女子大学助教授だった高口恭行さんが非常勤講師で教えに来られていて、僕がもたもた設計をしていたら、「ルイス・カーンを見て勉強したら？」とアドバイスされたんです。当時は、カーンの名前さえ知らなかったので、あわててこの特集号『a+u臨時増刊 ルイス・カーン－その全貌』を買って、何も知らずに開いたら、インド経営大学の写真に出会った［Fig.30］。同時代にこんな建築を作る人がいるのか、と建築の狭い枠組みで考えていたら絶対わ

からないことを感じる強烈な経験でしたね。さらに、同じ年の夏休みに、宮脇檀さんのアトリエにオープン・デスクの研修に行ったら、ちょうど工藤国雄さんの『私のルイス・カーン』が話題で持ちきりになっていて、スタッフから「お前この本読んだか」と言われた。そこで、これもあわてて購入して読んで、カーンがどんなことを考えながら設計を進めていたのかを知ったんです。そして、1980年4月に、前川國男の事務所に入社するのですが、これも偶然に、ちょうど『LOUIS I.KAHN COMPLETE WORKS 1935-1974』が出た直後くらいだったか、前川事務所の初任給が11万円しか貰えない時に、この2万円以上する本を、光栄堂という洋書の本屋さんが見計らいに持ってきた。多分、事務所では20冊ぐらいは売れたんじゃないかと思うんですが、やはり僕もどうしても欲しくなって、泣く泣く買ったんです。そうしたら、その数年後、改訂増補版が出たんで買いませんか、と見計らいに持ってきた。またなけなしの金で買ったので、今でも手元に2冊持っています。設計のプロセスの分かるスケッチとカーンの言葉が収録されていて、すごく面白かった。実は、前川國男が晩年に作品集をつくることになった時に、僕と同期入社の横山聡君が前川さんにこの本を見せたら、前川さんは暫く手元に置いて眺めていましたね。自分の作品集がこういう感じだったら作っても良いかな、と前川さんは思ったのかもしれません。

　それで、もう30年前なんですね。1992年に、磯崎新さんの群馬県立近代美術館で、「ルイス・カーン展」が開かれて［Fig.31］、このページの左側に小さく懸賞論文の募集要項が掲載されていますが、これに応募して、幸運なことに最優秀に選んでいただいた。その表彰式の後で、新居さんの案内で展覧会を観るバスツアーに参加して、30年前の10月ですが、東京からバスに乗って新居さんの横に座って、今日のように新居さんが車中ずっとカーンを語り尽くす時間を与えられた。しかも、渋滞でなかなか着かなかったんですよね。3時間くらいかかって、ようやく群馬に着いた記憶がある。それ以来ですからね、こういう形でまたご一緒するなんて思ってもいなくて、だから嬉しいんです。

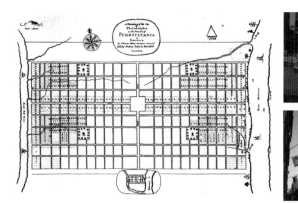

Fig.32 『ルイス・カーン 構築への意志』（1997）　　Fig.33 フィラデルフィアの街：ペンによる計画図（1682）と煉瓦造りのアパートメント

それで、展覧会を見た後、賞金で購入した CONTAX-T2 という高性能のコンパクト・カメラを持って、副賞でルイス・カーンの視察ツアーに 2 週間連れてっていただいた。小林克弘さんの案内で。それで撮ってきたカラー・スライドの写りの良さに喜んでいたら、実はその手紙も大切に取ってあるんですが、1996 年 4 月に、突然、審査員の香山壽夫先生からお電話があり、監修者である丸善の建築巡礼シリーズにルイス・カーンで 1 冊書かないか、君なら 3 日で書けるだろ、と依頼を受けたんです。結局 2 年近くかけて書くことになったんですが（笑）。懸賞論文の原稿用紙 5 枚とは違って、僕の本はシリーズの中でも一番文字が小さいと思いますが、図版も入れて原稿用紙 200 枚で良いのに、書き始めたら原稿だけで 220 枚になり、結果的に、活字が小さくなってしまった。でも、僕にとって最初の単行本であり、貴重な執筆の機会でした [Fig.32]。今日お話しする内容も、この本がネタ元です。その概要をダイジェストで紹介しつつ、カーンを通して何が見えてくるのか、をお話ししたいと思います。

フィラデルフィアの街とルイス・カーン

これも有名な言葉（「都市とはその通りを歩いている一人の少年が彼がいつの日かなりたいと思うものを感じ取れる場所でなければならない。」）ですが、僕は、カーンは有名とか無名とかではなく、都市というものからいろいろなことを学び取った人だと思うんです。その時に、Philadelphia という街の存在が大きかった。カーン一家は、「ポグロム」というユダヤ人の迫害を逃れてエストニアからアメリカに家族で移住し、スラムに暮らしたんですが、Philadelphia は独立宣言が起草された自由の聖地みたいな都市でした。ウイリアム・ペンが作った計画図の中に、すでに市役所とかいくつかの広場が配置されていて、今の地図にもちゃんとそれが載っている [Fig.33]。この都市には、ルイス・カーンの「コート」とか「ストリート」という概念の元になる原風景があったんですね。こういう歴史的な

街区が残っているので、カーンが育った頃とは随分違うとは思うんですが、ロー・ハウスという煉瓦造りのアパートメントの奥に中庭が見えていたり、外階段ですね。有名な「ロッキー」という映画に出てくるシーンにも映っていたと思うんですが、こういうものをカーンが見ていた。これも印象的で新鮮だったんですが、ロー・ハウスの妻側の外壁には暖炉の煙突が出ていて、この造形が、人が集まって住む場所を象徴している。こういうものがカーンの建築のヒントになっていく。

カーンは、後年、無名時代はスタディ、研究をしていたと回想していますが、何をしていたのかというと、住宅問題の解決のための調査などをやっていた。このことが最後にも触れますが、ル・コルビュジエや前川國男ら、当時の建築家たちと同じく、目の前で起きている住宅不足をどうしたら解決できるのか、いかに効率的に最小限の部材でたくさんの住戸を作れるかと、こういうプレハブの集合住宅に取り組んでいた。だからこそ、そのためにカーンは、「私は全生活をかけて壁を薄く薄く、もっと薄くしようと努力し、努力し、努力してきたんだ。それは私がローマへ行ってみるまで十分だとは感じられなかったんだ」と嘆いていた。自分がやっていることは間違いないことで、世の中の人のためになるんだという強い思いでやっていたに違いない。けれども、本気だったからこそローマに行って、自分が目指していた方向性の根本的な間違いに気づくんですね。

これが面白いんですが、住民に「都市計画とは何か」ということを説明するパンフレットのイラストをカーンが描いていて [Fig.34]、「The Plan of a City is Like the Plan of a Home」、すなわち都市を考えることは一軒の住宅を考えることと同じなんだ、とイラストで分かりやすく説明している。住宅地がどうあるべきかは、一軒の家の寝室のあり方を考えるのと同じことなんだという。必ず同じ視点で、大きな都市だろうが住宅だろうが考えられる。だから、彼の中では、住宅とか都市とかの区別は特になかった。人間との関係で決めていく。そういう彼がローマに滞在した時

154

05 近代建築史におけるカーンの位置付け

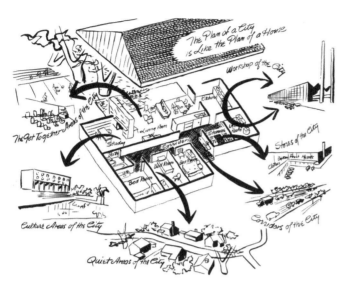

Fig.34　カーンによるイラスト

Fig.35　イェール・アートギャラリー「呼吸する天井」

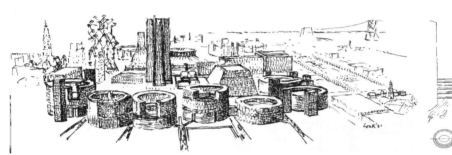

Fig.36　フィラデルフィアの交通スタディ

に、フィラデルフィアというアメリカ東海岸のそんなに自然光の強くないところから、いきなり地中海の強い太陽の日差しの中で立ち現れるような、古代遺跡の建築を見たときに、自分のやろうとしてきた方向性は、果たして建築の本質を捉えていたのか、ということに気がつかされたと思うんです。だから、「発想の源として残る」と言っている。カーンが面白いのは、気がついたことをその都度言葉にしながら自分で概念化していくけれども、最終的には形のないもの、人と人との関係を作り出すためにどういう空間や構成があれば良いのか、という思考を発展させていくことですね。

構築の始まり／静かな革命

このイェール・アートギャラリーで実現したのは、先ほど新居さんがご説明された通りで、僕たちの使っている今のオフィスビルもそうですが、何で作られているのか良くわからないようなボード類とかで覆われていて、建築が一体どういう構造体なり骨格によって作られているのか見えない形になってしまっている。そこで、それを原型に戻してみたら何ができるのか、ということを試みたわけです。それで、「呼吸する天井」と名付けた構造体が生み出される［Fig.35］。この時、カーンの発想が面白いのは、昔の建築にはなかった空調ダクトとか配管、照明器具をどう扱うのかという課題に対して、それを排除するのではなく、新しく抱えなきゃいけなくなったそれらに適した構造体のス

ペースを与えればいい、という考え方をしていることですね。でも、このアート・ギャラリーの段階では、「オーダー」という言葉に表れているように、まだミースに近いところにいたような気がする。自由に使えるユニバーサルなスペースを作っていることも含めて。ミース自身も、「2個のレンガを注意深く置くときに、建築が始まる。建築は、厳格な文法をもつ言語であり、言語は日常的に散文として使える。また、言語に堪能な人は、詩人になれる。」と書き記していますが、カーンも、レンガやコンクリートなど、材料そのもの、構造そのものをどう扱えば建築が語り出すのか、という構築の方法に、この時期は集中して取り組んでいたのだと思います。

変わるものと変わらないもの

その後、「フィラデルフィアの交通スタディ」［Fig.36］として、交通渋滞で酷くなった街をどうするか、というリサーチを依頼されます。矢印によって車の渋滞状況を表現し、その改善を提案するのです。それまでの歩行者中心の都市の中に車が侵入してきたら、車というものをその使用用途別に性格付けして、荷物を運んでくるトラックなのか、自家用なのか、商業用なのか、によって区別し、それ自身にそれぞれの場所を与えてやれば良い、という考え方です。この改善案よって、［Fig.36］にあるような、同心円状に整理されたものになる。これも面白い言い方だと思うんですが、隠喩的に、RIVERS、HARBORS、CANALS、DOCKS と、

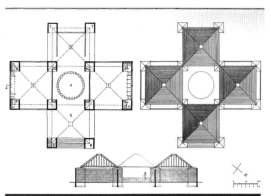

Fig.37　バスハウス

Fig.38　リチャーズ医学研究棟

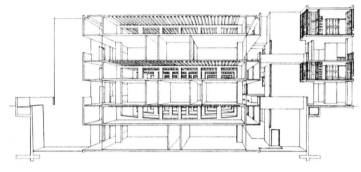

Fig.39　エシェリック邸の窓

Fig.40　ソーク生物学研究所の断面図

自動車を船のように扱い、街路を川に見立てて、都市の中に車が入らないようにして、歩行者のための都市を取り戻そうということを提案するんですね。これも、現代が抱えてしまった自動車という異物に対してきちんと場所を与えてあげれば良い、という論理の組立て方です。それで、「街路を取り戻せ。コミュニケーションという本来の機能に戻せ」と言っている。とても明快な方法ですが、ある意味では、非常に図式的に考えていた印象がありますね。

このタワー状の超高層の駐車場ビルは、本当にこのまま実現していたらどうなっていたのかなって思うんですが、参考にしたのでしょう、サンピエールとかパンテオンの平面図を横に描き込んでスケールを確認している。こうして、遠くからフィラデルフィアの街に帰ってきた市民たちが、こういう新しいパーキング・タワーを見た時に、Philadelphia という都市のアイデンティティを感じてくれるんじゃないかと考えた。まあ、ある意味で素っ頓狂なことをやっていたとは思うんですけどね。

カーン哲学の「原型」の現れ

そして、続くバスハウスという小さな建物 [Fig.36] で、カーンはこの交通スタディの考え方を発展させて、「サーバント・スペース」と「サーブド・スペース」、「召使の空間」と「主人の空間」という空間構成の方法を言い出すわけで、この辺りも昔の石でできた建物とコンクリートでできた今の技術によって何が変わったんだということで、この中空の石になった部分に、サーバントな役割を与える、そういうことを考え始めていく。

「構法の秩序」の構築

その1つの成果として出てくるのが、リチャーズ医学研究棟 [Fig.37] で、これも一番大事なのは、この言葉、「私はすべての人間が自分自身の世界で働けるような3つの研究室棟を設計した」だと思うんです。彼は、建築が人間に対してどういう場を与えることができるのか、研究室とはそもそもどういう場所なのか、という問いを立てた。今もありがちな真ん中に廊下があって両側に部屋があるような、そういう単純な空間の連続ではなくて、それぞれが自分の研究室だという、そういう世界を持てるような部屋を作って積み重ねようと考えるわけです。これは構法の問題よりも、実際にできたこの場所がどうだったかということで、これが結局、カーンがすごいなと思うのは、やってみてかなり失敗して、それを乗り越えるために次の概念に進む、ということを繰り返していくんですよね。これは窓際に個人の研究スペースがあって、真ん中のところで共同の実験をやればいいし、実験室なのでパイプの配管を統一して取り替えやすいようにしていたんですけれど。実際にはこのガラス窓はコストがなかったので普通のシングルとなり、暑くて使えないし、結果的に個々の研究者が囲い込んで非常に閉鎖的になってしまった。なおかつ、この上の露出したパイプ・スペースから埃が落ちてきて、もうどうしようもない場所だったという。1992年のカーン・ツアーで案内された時、「そんなに良い建物なら、ここを建築学科と取り替えてほしい」と研究所の人が語っていたのが印象的でしたね。でも、竣工時の写真を見ると、「あいつらまだ頑張って研究してるよ、俺たちもがんばろうぜ」みた

Fig.41　ソーク生物学研究所の中庭

いな、それぞれがその場所の主人公になっている、そういう研究室の積み重ねとして関係性が作られているんです。

「光と影」の発見と「窓」の主題化

カーンがすごいのは、リチャーズ医学研究棟で失敗したことを、次の計画で乗り越えているということです。窓がどういうものなのかという分析を進めて、光を取り入れる窓と、換気をする窓、みたいな形で変わっていく。エシェリック邸で印象的なのが、香山先生も話されていましたが、先ほどご紹介したロー・ハウスの妻壁の煙突を彼なりに再解釈して、暖炉の煙突が持つ住まいの象徴性という性格を表現して、それをわざわざ外壁から離すことによって、夕方にはそこから明かりが漏れて、室内から外に対しても、この家の暮らしの象徴でもある、そういう光景を作り出していることです[Fig.39]。

「中庭」の発見

リチャーズ医学研究棟での数々の失敗を見事に改善したのが、ソーク生物学研究所だと思うんです。1992年に行った時は、手前の森の部分が残っていました。実は、カーン・ツアーの交流会にカーンの夫人のエスター・カーンが来られていて、「みなさん、カーンのソーク研究所の前に別の建物が計画されているので反対してください」と叫んでいたのが印象的でした。これも良くできていて、何よりも中庭を研究室が直接囲み、その奥に共同のスペースがある。普通は逆だと思うんですが、そうしないところが素晴らしいですね。断面図[Fig.40]が明快で、「パイプ・ラボラトリー」と名付けた配管用のスペースと人間のスペースとを分離して、なおかつこちらが完全空調する共同の実験室になっている。階高の低いパイプ・ラボラトリーの階の中庭側には個人の研究室を置いて、こちらは自然の木を使って自然換気ができるようにした。そういう明快な使い分けをしている。

これも有名な話で、カーンは、誰かと対話をしながら自分の考え方を煮詰めていくタイプの建築家かもしれないんですが、実験室が4つあって中庭が2つある配置図の計画案を見た施主のソーク博士が、「この案だと、ここで働いている人たちとここで働いている人たちが同じ場所で働いている感覚が持てないから、中庭を一つにしてもらえないか」と頼んだというんですね。それで、中庭を一つにまとめる配置に変わっていく。さらに、当初は中庭に樹木を配そうとしていたのを、ルイス・バラガンのアドバイスを受けて、「空へのファサード」として残した。それが、結果的にカーンに中庭の意味を気づかせた印象を持ちました。つまり、何もない虚としての中庭を設けることによって、個々の研究室の様子が見えて、「あそこでまだあいつ研究しているな」とか、声をかければ窓を開けて顔を出すし、中庭でいろんな話し声が聞こえて、水が流れる音が聞こえる、そういう環境が生み出されたんです。研究室の内部は非常に簡素です。1階には、こういう回廊を作って、中庭を取り囲んでいる。でも、まだどこか図式的なんですね。こういうものを彼は次第に乗り越えていく。これが完全空調された共同の実験室で、中庭側の1階があったところに、個人の研究室がある。こういう環境を作り上げて、カーンが最終的に一番こだわったのは、この中庭のような、間の場所の意味ですね[Fig.41]。これもこだわって、コンクリート打放しの構造体がどういう構成によって組み立てられているかということを表示するために、継ぎ目のところをわざわざ三角形の出目地を作ることによって、なかなか苦労した方法を試みている。地下の倉庫の壁には、試験的にやってみた三角形の出目地の跡があり、そこに、カーンがこうやったら上手くいくとスケッチを残していて、それをアクリル板で蓋をして保存してあるんです。カーンも見えないところで、試行錯誤しながら自分の方法を見つけ出していっているというのが伺える。

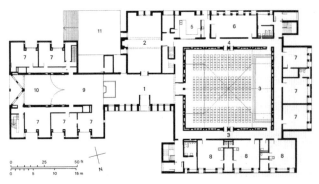

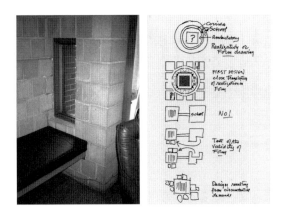

Fig.42　ユニタリアン・チャーチの平面図・ベンチと窓・スケッチ

「集い」の表現と「層構成」の気づき

　ソークで中庭に気がついた直後に、カーンはオランダの
オッテルローで開催された近代建築国際会議（CIAM）の
講演に招かれた時に、ル・コルビュジエのロンシャンに立
ち寄ったようですが、この時に先のローマで気がついた光
の在り方とは違う、光が室内に象徴性と時間性をもたらし
てくれることを掴んだと思われる印象的なロンシャンの内
部スケッチがあるんです。それで、ユニタリアン・チャー
チでそのことを実践します［Fig.42］。この時点で、窓に対
する考え方が進化するんですが、「窓は、他人といる時で
さえ、ひとりになりたいと望む生徒に適応するように個別
に作られるべきである。」という言葉を残している。真ん
中の聖堂の周りに幼稚園があって、その中の作り付けのベ
ンチの横に小さな窓が設けられる。この窓は、このベンチ
に座った子供が覗くためのもので、窓に進化がみられる。
（平面図を指しながら）これがその窓ですが、聖堂では、
構造と光の関係性を大事なテーマとして取り扱い始めてい
く。「人々は共通の精神に触れるために集まる。このこと
が表現されるべきだと私は考えた。」という言葉が残って
います。

　これが面白い一連のスケッチで、学校と礼拝堂が要求さ
れたんだけれど、別棟の配置だと学校に来た子供たちと礼
拝堂に集まる信者たちが同じ場所で何かを共有しているこ
とにはならない、ということで、最終的にこういう同心円
状の平面図に形が変わっていくんですね。実は、ここでも
まだ空間が小さ過ぎて、上手くできていない状態ですが、
スケッチが残されているのが、カーンが最後にたどり着い
た "ambulatory" という概念です。つまり、物と物との間
にある中間領域となる曖昧な空間こそ、実は人と人を結び
つけるために大事なんじゃないか、ということ、これは機
能主義的なモノの考え方に対する彼なりの乗り越えようと
する意識から発想されたんじゃないかと思うんです。「ア
ンビュラトリー（ambulatory）」とは、「礼拝堂へは決して
行かない人々のための空間、近くに居てしかも中に入らな
い人々のための空間、そして礼拝堂に入る人々のための空
間」、つまり何かを押し付けるような場所ではなくて、い
ろんな意味に解釈できるように物を併置させていく、そう
いうふうに彼が考えを進化させていっている。

「共同性」の象徴的表現

　続いて、ブリンモアカレッジ学生寮も面白くて、これは
津田梅子が出た名門の女子大学ですが、これは僕の勝手な
解釈ですけれど、トップライトがユニタリアン・チャーチ
とは逆で、外側がガラス面になっているんです。ですから、
学生たちが夕方に帰ってくると、このトップライトのとこ
ろにあかりが灯って、同じ屋根の下で暮らしている寮の象
徴みたいなものになっている。この設計プロセスが面白く
て、アン・ティンが「分子プラン」を提案するんですが、
これも同じ理屈になってくる。寮生が同じ一つ屋根の下で
暮らしている共同性を体感するためにはこのプランじゃ上
手く行かないということになって、こういう他の案も否定
して、この最終的な案が出てくるんです［Fig.43］。入口を
入ると玄関ホールがあって、その両側にダイニングとリビ
ングがあって、その周りに寮室が並んでいる。こうすれば、
寮生は、毎日、必ずこの三つの部屋、ダイニング・リビン
グ・玄関を行き来する。ということで、同じ場所を共有し
た形になるんです。

　こうしたヒントを見つけたのが、スコットランドの古城
だというのが面白い。女子寮なので城壁が必要なんですよ
ね。城壁の中に入ると、真ん中の吹抜の部分は城門の中の
広場として考えたことが分かるんです。玄関ホールとリビ
ング、ダイニングとキッチンですね（写真示しながら）。
こうやってカーンは、どんどん深く、人間と建築、空間と
構成の関係を考えていくんですね。

「アルカイックな始原性」の実現

　エクセター・アカデミー図書館も非常に象徴的な形で作

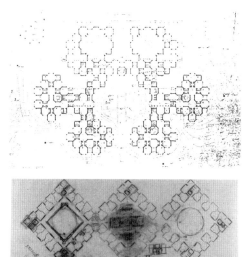

Fig.43 プリンモアカレッジ学生寮の平面スケッチ（上：アン・ティンの分子プラン）・ダイニング内観

Fig.44 エクセター・アカデミー図書館の窓辺

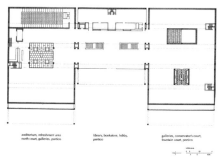

Fig.45 キンベル美術館の平面図・鳥瞰・講堂内観

られている。1階の周囲に回廊があって、この建物は入口が分からないという話をよくされるみたいですけれども。新居さんが言われたように、平面図で黒い濃く描いてある部分がコンクリート躯体になっていて、そしてその外側が煉瓦造になっている。かなり構造的には苦労して作られたと思うんですけどね。カーンは、レンガの構造体が作り出す秩序が本を読むのに相応しいと言っていて、こういう形になる訳です。この図書館を見て、ここまで窓というものを厳密に定義づけて形にできるんだ、という感じがしました。これは私立の高等学校だからできることですが、このデスク［Fig.44］はある生徒が一年間自分で独占できる。だから、自分の好きなもの、写真や絵などを貼りまくっている。そして、この個人用デスクの横に小さな木製の窓が設けてある。この窓は、ここに座っている学生一人のための窓なんですね。だから光を取り入れるための上部の大きな窓と、全然違う性格を持つ小さな窓がここにあるわけですね。

「ニュートラルな存在としての建築」の構築

キンベル美術館も、すごく大事なことをカーンが打ち出した印象があるんです［Fig.45］。これが敷地になった場所で、隣に並木のある公園の横に作られたんですが、面白いのは、いろんな形を生み出しているんですけれども、ここで「ストリート」という考え方を取り入れていくことですね。それが建物の真ん中をずーと通り抜けていく形になってい

る。これがまた同じようなことを言っているのですが、美術館が見守っていて、美術館の中に入ってもいいし、入らなくてもいい。通り過ぎてもいい、観に入ってもいい、完全に自由である、という。建築が中立的に風景の一つを構成していることに重心がある考え方を打ち出している。

これもよくできていて、平面のこの幅の狭いところに「中空の柱」があって、そこに設備のシャフトや階段室が全部入っていて、こういう形になっている。「サーバント」の空調設備類がここに全部収納されている。講堂ではトップライトが閉じられるようになっていて、カーンの居るこういう素敵な写真も残されている。そして、建設中の写真を見ると、カーンが何を考えて、どこで手を止めたら、建築の力、構築の力が作れるのか、やっぱり慎重に考えているなあと思うんです。コンクリート打放しの構造体を金属のプレートで覆って、ボールト状の銀色の躯体の部分は綺麗に残す、という使い分けがちゃんとしている。使い分けの仕方のアーティキュレーション、明瞭な分節が、すごく巧みにできている。こうして、少しも押し付けがましくなく、ただそこに在るだけ、でも、それは存在感のあるものとして、人々に語りかけてくれる、そのような建築の在り方を作り出しているわけです。

遺作となった大学キャンパスの造形

これがカーンの遺作となったインド経営大学です。現地

Fig.46　インド経営大学「カーン・プラザ」

Fig.47　瀬戸内海歴史民俗資料館　　Fig.48　バングラデシュ国会議事堂

に行くまでは、非常に幾何学的で厳格な平面で堅苦しそう
だと思っていたのに、行ってみてなんて豊かな空間なのか
という印象がありました。実は、この写真 [Fig.46] は私
の出した本の後に、同じ建築巡礼シリーズの続編として、
インドのプロジェクトで一冊やろうという話になって、慌
てて見に行った時のものです。結局、それを出すことなく、
このシリーズ自体が終わってしまいました。写真は入口で
して、学生達がこの中庭を「カーン・プラザ」と呼んでい
ましたね。これが図書館で、向こう側が教員室のある研究
室棟で、手前の影になっているところが教室棟です。

　教室棟の廊下は、非常に精緻にレンガを積んでいました。
そして、2階レベルのフロアがストリートとしてずーっと
抜けて行く。その抜けた先に小さな中庭が現れて、学生寮
が取り囲んでいる。街並みのような形ですね。これはすご
いなと思いました。でも最近、この学生寮がもう住めない
状態なので大学が取り壊す決断をした、というニュースが
飛び込んで来ました。どうなっていくのか心配です。

エピソード　ルイス・カーンと山本忠司

　カーンと日本とのつながりという意味で、とても驚いた
ことがあります。詳しくは『住宅建築』2017年4月号で特
集したので、それを見てほしいのですが、山本忠司という
香川県の建築技師で、丹下健三の香川県庁舎を手伝い、そ
の後、建築課長としてさまざまな建物を設計した建築家が
いました。その山本が、このインド経営大学の建設現場に
行くんです、ある公共建築の設計中に。行こうよと誘った

のがイサム・ノグチ、現地を案内したのがバルクリシュナ・
ドーシなんです。そのこと自体もすごいのですが、山本は
建設中の姿を見て何か感じたんですね。後に、インドの人
達がレンガを焼いて、それを一つ一つ積み上げているとい
う、本当にそこに作ることの喜びがあったと書き留めてい
る。インドから帰ってきて、設計を大幅に変更してできた
のが、瀬戸内海歴史民俗資料館です。岩盤が固いので爆破
した土中の石の破片を、イサム・ノグチの協働者の石工職
人の和泉正敏さんに積ませて、この石の外壁を作ることを
思いつく。そして、こういう建築が出来上がったのです
[Fig.47]。インド経営大学の現場を見た山本忠司が、この
建築を作る手がかりを得た、というつながりを知らなかっ
たので、遠い存在だと思っていたカーンが、香川の建築に
つながるんだ、という驚きがありました。

バングラデシュ国会議事堂 1974-83年

　これがバングラデシュ国会議事堂です [Fig.48]。面白
かったのが、『私のルイス・カーン』で工藤さんが担当さ
れた外灯照明を実際に見ることができたことです。本当に
巨大な施設で、この棟1つがエクセター・アカデミー図書
館ぐらいある。残念なことに内部の写真は撮らせてもらえ
ず、外観しかないのですが、外壁の補修作業をやっていた。
巨大な建物ですが、息子のナサニエルの作った『マイ・アー
キテクト／ルイス・カーンを探して』にも出てくるように、
この内部を見た時に初めて "Ambulatory" の意味が、この
スケールで初めて実現したんじゃないか、という印象を持

Fig.49　樹の下で語るカーン

Fig.50　フィラデルフィア建国200年記念博覧会の平面スケッチ（1972）

ちましたね。マイ・アーキテクトのラストの印象的なシーンでもこの空間が出てきますが、このぐらいのスケールによって、初めて彼が言っていた回廊的なものの意味が分かった気がしました。そして、この近くにある国立病院の待合室の回廊では、こういう場所の持っている意味みたいなものが伝わってくる。明らかに、ル・コルビュジエのチャンディガールを意識していたと思いますが、ル・コルビュジエが非常に彫刻的だとすれば、カーンはもう少し踏み込んだAmbulatoryという中間領域的な空間を求めていたんだと思いますね。

カーンの遺したもの

　カーンをすごいなと思うのは、「ルーム」とか「ストリート」とか、そういう言葉が建築の中の人間だけじゃなくて、誰もが共有できる大事な言葉として使えることですね。全ては建築がどういうものとして始まったのか、みたいなことを学校についても語っていて、その通りのカーンを囲む風景の写真も残っている［Fig.49］。カーンを見ていると、新居さんが言われたことにつながりますが、新しさというものは長い歳月にわたって存在し続けたものの中にいつもあるものなんだよ、ということをメッセージのように言っている。最終的に、彼がさっき新居さんの作品に影響を受けた、魚の骨と言っていたものと似ていると思うんですが、アルコーブ状のひだのある空間がつながっていく造形をここでやっていて、最終的に辿り着いたのはこういうものなのかなという気がするんです［Fig.50］。カーンの言葉として、『近代建築の証言』（TOTO出版,2001年）という小川次郎さんらが訳された興味深いインタビュー集があるんですが、その中に「各個人のスタイルは、生きていく上での真なる何かに役立つものでなければなりません。スタイル自体は自分なりに何かを表現する方法としてあっていいと思います。（中略）他人がそれを受け取り、広げていくことができないからです。（中略）私が斧を発明すれば、即座に森にとって必要なものとなるのです。（中略）私の個人的なスタイルは、斧のもち手部分のデザインの仕方のようなものです。私が意図するのは、自然の法則を見つめて、自分のつくる斧が他人のつくるものよりもより良くなるような方法を見つけることです。」という言葉があります。自分の普遍的な解を作り出すことが、みんなの使える斧になっていくと言っている。建築で、彼はそういうことを突き詰めようとした。

　新居さんと議論したいのは、カーンがなぜ今見えにくいのか、ということなんです。ポスト・モダニズムが嵐のように吹き荒れた時代が、何かを見えなくさせているという印象が僕には強くて、実は、この『成長の限界』や『建築の危機』というイギリス王立建築家協会にいたマルコム・マッキューインの書いた本を一緒に読まないと、ポスト・モダニズムが発生した社会状況が見えない、そのことが今回つくづく思ったことです。それで、今日のテーマでもありますが、カーンはモダニズム建築の出発点に共有されたものを、最後にバトンを渡されて、ひとつの精緻な形に組み上げたという印象がすごく強いんですね。

　ル・コルビュジエの理解もまだ本当は果たせてないと感じていますが、「人は私を革命家と決め付けます。ここで告白いたしますが、私は今まで唯一の師しか持ったことがないのです。過去という師です。そして唯一の教育しか受けたことがありません。過去から学び取るということです。」という言葉が重要です。自分を革命家と決めつけるかもしれないが、自分は過去という師がいる、歴史から学ぶことが、自分が建築でしたことだと言っている。レーモンドも、「私は日本からたくさんのことを学んだ。その中で最大のものは、生活の芸術であった。」と書き留めていた。つまり、日常の中に長年にわたって培われてきたものの中に建築を考えるヒントが全部あるんだ、ということを、同じようにみんなが言っている。そのことを僕たちはもう一度再検証しなきゃいけないんじゃないか。アアルトも「建築－その真の姿は、人がその中に立った時にはじめて理解されるものである。」と言っているし、前川國男も「近代建築の本道は、建築家の個性的な精神によって検証された

Fig.51　ル・コルビュジエのアトリエにて（1929）
中央に前川國男、右端にホセ・ルイ・セルト、
左端にノーマン・ライスが写る

Fig.52　ペンシルベニア大学が主催したアーバンデザイン総会にて（1956）
右から5人目にジェイン・ジェイコブス、左から5人目にルイス・カーンが写る

ところの、ひとつの『原型』としての建築を創造することであった。」と記していた。これもカーンの先程のローマに行く前後という経験に近いのかもしれない。前川國男もル・コルビュジエの最小限住宅案の作成で、とにかく削って削ってということをやっていたんだけれど、後年に「近代建築がその草創の時期にえせ古典建築を否定して、裸になれといったことは正しかったと思います。しかし裸になっただけで建築が誕生すると思うことも早合点にすぎました。」と言っているし、おそらくカーンも同じようなことを考えていたと思いますが、「建築を作り上げる素材及び構法はもっとも「平凡」なものが一番よいと考えます。そのような単純明快な素材および構法によって「非凡な結果」を得ることこそが大切だと考えます。」と考えていたのです。

　これは前川さんに聞きそびれてしまったことなんですが、この写真［Fig.51］はル・コルビュジエのアトリエで、左がノーマン・ライスだと思うんです。右がセルト、そして真ん中に前川さん。ライスがアトリエにいるときに、カーンがヨーロッパ旅行に来て会っている。なのでもしかすると、前川さんは無名時代のカーンに会っている可能性があるんです。もちろん1960年の世界デザイン会議でも会ったと言っていますし、NYの世界博の前後にPhiladelphiaまで行ったことも回想しているんですが、カーンと前川さんが接点を持っていたとしたら歴史の偶然として面白い。

カーンが向き合った社会状況

　僕がびっくりしたのが、2001年に出版された『Lois Kahn's Situated Modernism』というカーンの研究書を学生達と読む機会があったんですが、これを見るとルイス・カーンがスタディしていた時に、どういう人達と交流し、どういう社会状況と向き合っていたのかということが、カーンがオリジナルの建築の考え方を見つけるきっかけになったみたいなんです。ジェイコブスの『アメリカ大都市の死と生』とか、この本の発展的な本として最近出版された『ジェ

イコブス対モーゼス』では、モーゼスとジェイコブスの闘いが描かれていて、その帯文を槇文彦さんが書いているのが象徴的です。槇さんは1956年にハーバード大学でジェイコブスの講演を聞いていた一人で、槇さんの中にもジェイコブスの考え方が入っている。この本の中に、ジェイコブスは『アーキテクチュラル・フォーラム』の編集グループに入っていたと紹介されているんですが、ここに掲載された写真［Fig.52］に、ルイス・カーンとジェイコブスが一緒に写っているんです。ですから、こういう土壌の中で住宅問題とかコミュニティがうまく機能しなくなっている、どうしたらいいんだとみんなが議論している中に、カーンがいたことも大きかったし、このカーンの研究書には社会学者のリースマン、ホワイトとも交流があったと書かれている。それから著名なマンフォードとも交流があった。マンフォードもジェイコブスと交流していて、ジェイコブスのやり方に対して批判したり褒めたり、という文章を残しています。こういう人間関係の中で、カーンは建築に向き合っていたんだなと。もっと言えば、先ほど紹介されていましたが、バーナード・ルドフスキーの『建築家なしの建築』についても触れている。興味深いことに、村野藤吾の蔵書にも原著があったんです。その表紙に、村野さんが「建築家がいなくても建物は建つ」と手書きで書き込んでいる。村野さんも似たようなことを、無名の建築から学ぼうとしていた1人なんだと思いました。

　ルドフスキーは『人間のための街路』という本も出していて、彼が見ていた歴史的な大事さというのはこういうことにもつながる。「伝統的な建築の恩恵を見くびってはならない。建築家は、視覚的な面白さのためにお尻のことを忘れはしなかった。」と書いてあって、こういう様式建築の装飾的な基壇は否定される対象だったけれど、実はそうじゃなくて人間のいろんな動作を考えて作られているんだよ、ということですね。こういうものが果たして現代の建築家につくれるのか、と問いかけている。この本の中に出てくる風刺画に象徴されるように、人間のための街路と建築はどうなったのかですね。カーンを通して私達が見なけ

Fig.53　世田谷区民会館（1959）

Fig.54　日本聖公会京都復活教会（1935）

ればいけないのは、例えば、アンドレ・ケルテスが出版した『読む時間』いう写真集のように、街の中に本と読んでいる人達がどういうところで過ごし、その背景として建築がどういうふうにあるから、読書する行為が起きているのかという現象の意味を、カーンは良く見ていたんだと思いますね。

モダン・アーキテクチャーが目指したもの

　これが最後の話題です。カーンを高く評価していた一人に、北欧ノルウェーのシュルツという建築論の研究者がいます。彼が亡くなる 2000 年に、『principles of MODERN ARCHITECTURE』という本を出すんです。これは、実は 1985 年の『Roots of Modern Architecture』という本の改訂版で、その序文が面白くて、初版の 1985 年から 15 年が経って書き直したと書いてある。1985 年はポスト・モダニズムの嵐が吹き荒れていたので、「ルーツ」として、モダン・アーキテクチャーの大元にこんな大事なことがあったと書かざるを得なかった。けれども 15 年が経って、今はむしろ確信として、モダン・アーキテクチャーには「プリンシプル」「原理」というものがあると訂正したと。シュルツは繰り返し、ルイス・カーンは重要な建築家だと何冊かの本に書いていて、これはこの本の目次ですが、カーンが言っていたことの影響を受けた章もありますが、モダン・アーキテクチャーの共通目標は何だったのかという形で書いている。それは、「新しい世界」（The New World）、「フリー・プラン」（The Free Plan）、「オープン・フォーム」（The Open Form）、「ナチュラル・ハウス」（The Natural House）。それから、"Institution" という言葉をカーンはよく使っていたんですが、「民主主義を支える施設」（The Democratic Institution）、「健康な都市」（The Healthy City）、「新しい地域主義」（The New Regionalism）、さらに、"Monumentality" という概念もよく考えていたことで、「新しい記念碑性」（The New Monumentality）、そして、その最終的な目標は「新しい場所」（The New Place）を作り上

げることだとしたのです。このシュルツが言っていることが、カーンを考える一つの大きな手がかりじゃないかと思うんです。それは時代的にも重なっている気がしていて、前川國男の世田谷区民会館の中庭［Fig.53］、京都会館のピロティ、あるいはこじつけですけれど、紀伊国屋ビルディングの「ストリート」。こういうところにも通ずる何かなんです。

　カーンのことを考えるときに、僕たちが見ないといけないのは、素朴ですがこういう街の風景なんじゃないかと思います。僕はキリストの信者ではないですが、こういう教会が街角にあることで、僕たちが何を受け取っているのか、すごく神々しい風景に見えましたし、僕の自宅の近所にもヴォーリズの日本聖公会京都復活教会（1935 年）［Fig.54］があるんですが、こういうものの良さですね。これは別に、教会の中に入っても入らなくてもいい、というカーンの言葉じゃありませんが、こういうものに対する眼差しをカーンから教えられている感じがする。僕たちは、まだまだモダニズム、モダン・アーキテクチャーの始まりの時期に、どういうものを持って彼らがこういうことを始めたのか、カーンを含めてですね、まだ正確に理解できていない。ベンヤミンの言葉が象徴している気がしていて、カーンの建築を考えるときに、僕たちは今の時代にカーンの眼差しを借りて、建築が人間にとってどういう存在であれば、みんなの拠り所になるような場所を作れるのか、そのことを問い続けていかなければいけないと思うんです。カーンは、そのことを変わらずに語りかけてくれる存在だと思います。ありがとうございました。

金箱温春
KANEBAKO Yoshiharu

1953	長野県生まれ
1971~75	東京工業大学建築学科
1975~77	東京工業大学大学院建築学科
1977~92	横山建築構造設計事務所
1992~	金箱構造設計事務所
1997	『建築文化』にて「ルイス・カーン」を 寄稿
2005	JIA 建築視察団 「ルイス・カーンの名作を巡る旅」参加

LOUIS I. KAHN
LECTURE SERIES

ルイス・カーン研究連続講演会

講演日：2022 年 12 月 2 日
会場：東京工業大学
百年記念館フェライトホール

06

カーンの構造
Structure Designed by Louis I. Kahn

金箱温春
KANEBAKO Yoshiharu

講演会概要

　最終回となる第6回は金箱温春氏による講演と、1～6回の連続講演の総括の2部構成で行われた。

　第1部は構造家の金箱温春氏が登壇し、「カーンの構造」と題してルイス・カーンの作品における構造の特徴や、カーンと協働した構造家オーガスト・コマンダントとの関係について語っていただいた。金箱氏はカーンとコマンダントが協働した作品の構造形式から読み取れることを中心に、カーンの建築の構造解析や実際に建築を訪れた経験を交えて、考察をなされた。特に分析においては、カーンが実践した構造形式に対して、金箱氏が構造設計を担当した建築とが比較されることで、カーンの建築が相対化され、カーンのユニークな建築の捉え方やコマンダントとの協働関係がより的確に示されたといえる。

　また、構造の問題のみならず、カーンの設計時の葛藤やコマンダントとの関係性についてもエピソード的に触れられ、カーンの新しい側面を垣間見ることができた。最後には、建築家と構造家の関係、建築における意匠と構造の関係についても聴講者を含めた議論がなされ、本講演がまとめられた。

　第2部では各回の運営を担当してきた東京工業大学 環境・社会理工学院 建築学系の助教である平輝氏、香月歩氏、佐々木啓氏が登壇し、各回テーマの振り返りと回を横断する視点からの総括を行い、本連続講演会の主題である「いま語り継がれるカーンの霊気（Aura）」について考察を行った。総括の最後には、各回の登壇者から語られたカーンの霊気から私たちが学びとったことをまとめ、本連続講演会の締めくくりとした。

The final session consisted of two main parts: the lecture by Yoshiharu Kanebako and the summary of this lecture series. The former half part, titled "The Structure of Architecture by Kahn" was given by structural engineer Mr.Kanebako. He talked about the structure of Louis Kahn's works and his relationship with August Komendant, a structural engineer who collaborated with Kahn.

In his lecture, based on the latest structural analysis by Mr.Kanebako and his experience visiting the architecture, he showed the uniqueness of the structural systems and how Kahn realized the structure of architecture. He compared the structural systems designed by Kahn and Komendant with those designed by him. As a result, Kahn's architecture was relativized, and his unique architectural ideas and how to collaborate with Komendant were accurately shown to us.

In addition, He mentioned not only the structure but also Kahn's conflicts in designing and his relationship with Komendant, giving us a new aspect of Kahn's work. The lecture concluded with a discussion of the relationship between design and structure in architecture.

In the later half part, Ping Hui, Ayumi Katsuki, and Kei Sasaki, Assistant Professors from the architectural department of Tokyo Institute of Technology who have been in charge of organizing each session, gave the summary of this lecture series. They reviewed the themes of each session, summarized the lectures from a cross-sectional perspective, and discussed the theme of this lecture series "The Aura of Kahn as Revealed Now " At the end of this part, we concluded the lecture series by summarizing what we have learned from the spirituality of Kahn as expressed by the speakers of each lecture.

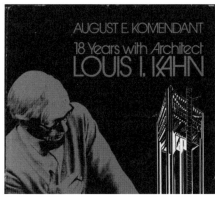

Fig.01 『18Years with Architect LOUIS I. KAHN』
(1975)

Fig.02 August E. Komendant
(1906-1992)

Fig.03 JIA 建築視察団「ルイス・カーンの名作を巡る旅」
(2005)

カーンとの関わり

今日はカーンの構造と題してお話をいたします。私は構造設計を専門としており、ルイス・カーンの研究者ではないのですが、彼の建築にさまざまな場面で触れたことがあり、カーンの建築における構造、そして建築と構造の関係について、色々と思うところがあります。今回は機会をいただきましたので、改めてルイス・カーンの建築を構造家の見地から分析し、自分の構造設計活動にどのような影響を与えたのかについて振り返りながら、お話いたします。

私は東京工業大学の大学院修了後、1977 年に横山建築構造設計事務所に入りました。当時、横山事務所と同じビルに前川國男の事務所も入っており、前川事務所には洋書や洋雑誌がたくさんありました。その中で『Architectual Record』という雑誌の書評を見ていた時に、『18 Years with Architect LOUIS I. KAHN』[註1] という本が紹介されていました [Fig.01]。当時私はルイス・カーンという建築家の名前は知っていましたが、作っている建築はほとんど知りませんでした。早々にこの本を購入し読んで初めて、カーンの建築とその構造を知ったということです。この本はカーンの死後、協働していた構造家のオーガスト・コマンダントが彼との 18 年間のやりとりを執筆した本です。そこでは建築家ルイス・カーンと構造家オーガスト・コマンダントのやりとりや葛藤、中には喧嘩に近いような状態のことも赤裸々に書かれていて、大変興味深く読みました。コマンダントは日本ではあまり知られていないと思いますが、プレキャストコンクリートのオーソリティです。カーンとは 1956 年から 72 年までともに建築を設計し、カーンの作品でプレキャスト技術を導入し施工を実現させた他、ペンシルベニア大学でカーンと一緒に教鞭をとっていた時期もあります。

偶然にも、今年(2022 年)コマンダントの作品集『Miracles in Concrete』[註2] が出版されました。この中にはカーンだけでなく他の建築家と協働した作品も載せられていて、「ハビタ 67（Habitat' 67）」というコンクリートの箱が自由に積まれたような建築の構造設計も行っています。

私の話に戻りますが、1997 年に『建築文化』から「モダン・ストラクチュアの冒険」という特集号が出版されました。この特集は近代建築における構造の果たした役割を検証するという趣旨で、コルビュジエ、ライト、ミースそしてカーンなどの著名な建築家の構造について分析がされました。私はその時にカーンについて是非書きたいと名乗り出て、多くの文献を調べて執筆しました。2005 年には JIA の建築視察団「ルイス・カーンの名作を巡る旅」が催され、これに参加しました。この旅では 10 日間でアメリカの東海岸を中心にシカゴから、ロチェスター、フォートウェイン、ボストン、ニューヘブン、マサチューセッツ、そして最後にフォートワースという順番でカーンの建築を見て回りました。ファースト・ユニタリアン・チャーチ（First Unitarian Church）から始まり、住宅を含めさまざまな建築を訪れました。この時、構造家の梅沢良三さんがご一緒されたので、行く先々のカーンの建物を 2 人で見ながら、構造について語り合う大変有意義な時間を過ごしました [Fig.03]。

建築家の言説にみる構造のイメージ

構造の捉え方は建築家によって違います。構造に関する発言を比較してみたいと思います。ルイス・カーンは構造（structure）について次のような言葉を発しています。

「構造は光の形成者です」

「構造は光によるデザインのことである」[註3]

これと対照的なのが、ミースの「Less is More」という言葉です。ミースは機能を追求するため装飾は排除してよいとして、基本的には柱梁のラーメン構造による均質な空間というものを追い求めた建築家です。一方、フランク・ロイド・ライトは「形態は構造の必然の結果である。形態なしに構造はなく、構造なしに形態はない」[註4] として、形態と構造の関係について言及しています。この 3 人の建築家について、第 5 回に登壇した松隈さんがとても的確に

Fig.04　講演の様子

Fig.05　イェール・アートギャラリー　外観（1953）

ミースとライトとカーンの関係を述べています。

「フランク・ロイド・ライトの建物が持っている様式建築的な「量塊性」を、ミースの＜構成的方法＞によって脱しながら、ミースが持つ「抽象性」をライトの守ろうとした＜素材への敬意＞によって乗り越えようとした。」註5)

つまりカーンは建築家として、ミースとライトの両方の影響を受けていたと捉えられます。また、構造的に明快で的確な言葉を残しているのはアントニオ・ガウディです。「美しい形は構造的に安定している。構造は自然から学ばなければならない」註6)

彼自身の建築を見てもわかるように、力学に基づいた建築を作っていると思います。カーンは構造を「光の形成者」「光によるデザイン」と表現し、「空間は、構造と自然光の性質によって性格づけられる」と位置付けています。そのためカーンが言う構造は、建物の躯体やその輪郭として捉えていたと思います。つまり、構造の合理性によって斬新な空間を作るのではなく、場合によっては過剰な構造もありえたのです。ここがミースとの大きな違いです。カーンは鉄骨造とは意図して距離を置いており、とにかくRC造の躯体の造形を自身の設計の中で重視していたと考えられます。

カーンとコマンダントの協働

コマンダントとカーンの協働は1956年のエリンコ・フェルミ・メモリアル（Enrico Fermi Memorial）というコンペの際に、カーンがコマンダントに声をかけたことが始まりです。カーンは最初にコマンダントに会った時に、ドイツ人だと思ったらしいのですが、コンペの打合せを進める中で2人ともエストニア出身だということが分かり、意気投合したそうです。提出まで時間がなくコマンダントは数日で案を作ったのですが、結局カーンの模型が間に合わず、コンペ案の提出ができなかったそうです。

イェール・アートギャラリーの構造

ここからは、カーンの5つの建築作品を取り上げて、その構造的な解釈をお話しします。まず、イェール・アートギャラリー（Yale Art Gallery）について見ていきましょう。この作品はコマンダントとの協働ではありませんが、カーンの構造を考えるという意味では特徴的な建築です。私が訪れた時は内部の改装工事をしており、工事中の写真しか撮れませんでした。それでも天井の3方向に伸びる、あたかも梁のようなコンクリートのボリューム、その質感は圧倒的なものが感じられました。

この天井はスペース・フレームへの関心から、カーンが考案したと言われております。工藤さんが第3回の講演で言及されていましたが、当時一緒に設計活動をしていたアン・ティンの影響が大きいそうです。また、バックミンスター・フラーの影響だと指摘されることもありますが、調べてみると、バックミンスター・フラーではなくて、コンラッド・ワックスマンの影響ではないかと思います。アン・ティンとワックスマンは、一緒に仕事をしたことがあります。ワックスマンは「ハンガープロジェクト」という飛行機の格納庫のプロジェクトで、スペース・フレームの考え方を導入したことで有名です。アン・ティンは小学校の計画案でスペース・トラスの模型を製作しており、これらの作品は写真で見ても非常に似た構造形式といえます。丁度この頃、鉄骨を立体的に組み上げるスペース・フレームという新しい構造が模索された時期だったのでしょう。

こうした3方向に配置された梁で作る空間は、例えば円形や六角形の平面であれば構造的な意味が出ます。しかしながらイェール・アートギャラリーは長方形の平面形状に3方向の格子梁を使っていて、両端の柱梁によるフレームの間にスラブを架け渡す形式です。そもそも長方形平面の場合、構造的には短辺方向に1方向に架けることが合理的です。格子梁を使うとするならば、エンジニアとしては斜め方向に均等に架け渡して両方向の梁が同じ力学的性質を持つように考えます[Fig.06]。イェール・アートギャラリー

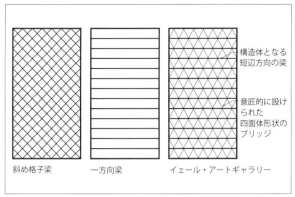

Fig.06　長方形平面における梁配置のあり方

構造体となる
短辺方向の梁

意匠的に設け
られた
四面体形状の
ブリッジ

斜め格子梁　　一方向梁　　イェール・アートギャラリー

Fig.07　イェール・アートギャラリー　内観（1953）

も実際は3方向に梁が設けられているのではなく、傾斜梁が短辺の1方向に架け渡されて、あとの2方向は意匠的に設けられた表現です。合理的な構造形式ではないですが、それを知っていても現地に行って見ると、このスペース・フレームは大変感動しますし、とても印象深かったです。

　この後、カーンはブリンモアカレッジ学生寮（Bryn Mawr College Dormitory）のロビーに2方向の格子梁を使っています［Fig.08］。これは正方形平面の2方向格子梁ですから、構造的にも理にかなった使い方です。カーンはこの形式を特に発展させなかったようですが、このようなコンクリートの表現は、多くの建築家に影響を与えたのではないかと思います。

　ここで、日本に目を向けてみましょう。前川國男は1976年に熊本県立美術館を設計しました［Fig.09］。このロビーには、コンクリートの質感がある格子梁が使われています。カーンの影響が感じられる建築です。また、私が構造設計を担当した弘前市斎場は前川國男の晩年の傑作と言われていますが、エントランスの勾配屋根に2方向の格子梁を架けることを私が提案しました［Fig.10］。設計していた時に前川國男さんに呼ばれて、「ここのところを説明してくれ」と言われたことが思い出として残っています。

Fig.08　ブリンモアカレッジ学生寮（1964）

Fig.09　熊本県立美術館（1976）

Fig.10　弘前市斎場（1983）

Fig.11 リチャーズ医学研究棟 外観（1964）

Fig.12 ピロティ部分 梁の様子

リチャーズ医学研究棟の構造

さて、ここからはカーンとコマンダントが協働した作品です。初めて協働した実施作品が リチャーズ医学研究棟（Rechards Medical Research and Biology Laboratories）です [Fig.11]。この作品は研究室の空間とその外側のタワーのボリュームが対比的に作られていることに特徴があります。さまざまな書籍に掲載されている写真や建築家の方々のお話では、意匠的にはこのタワーが重要な要素だと評価されています。一方、中央の研究室の部分を見ると、ボリュームの四隅に柱がない片持ち構造で、コーナーに大きな開口が設けられており、構造的な工夫がなされていることが分かります。こうした違いは構法にも現れていて、研究室の空間はプレキャストコンクリートを用いた合理的な構造で、外側のタワーは現場打ちコンクリートです。この構造の実現は、コマンダントの影響が非常に大きいと思います。コマンダントがプレキャストのオーソリティだったこともあり、このプロジェクトが始まる前にコマンダントはカーンと学生をプレキャスト工場に連れて行き、解説しています。その時からカーンはプレキャストに関心を持ち、リチャーズ医学研究棟で初めて導入しました。

構造形式は力学的に極めて明快で、外周部の辺の中央に柱が2本ずつ計8本あり、それにヒエラルキーが1番目の大梁が架かっています。外周に片持ち梁、中に格子梁の順に組立て行くと [Fig.13] のようになります。隅部は片持ち梁ですから、力が小さいので梁を細くしているように、あらゆる部分が力学合理でできています。また、梁を受けるための欠き込みを設ける工夫がされており、プレキャストの組合せを考慮してパーツが計画されています。

ところで、この建物の建設中にカーンがサーリネンを現場に連れて来たそうです。その時にサーリネンが、「この建築は意匠として成功したのか、構造として成功したのか」と質問したところ、カーンは「構造と建築はそもそも分離できるものではない」「互いに進化させていくものだ」と答えていました。

また、1階のピロティはフィーレンデールの梁が見えて非常に美しいのですが、部屋の中に入ると印象がかなり違います。フィーレンデールの梁は、ダクトを自由に通すために用いられましたが、設備配管はデザインされずダクトが縦横無尽に通っていたため、少し残念な印象を受けました。

1960年にリチャーズ研究棟ができた5年後に、2期工事としてゴダート研究所が増築されました。1期工事は非常に緻密なプレキャストコンクリートが用いられましたが、施工者側から複雑すぎて施工が難しいという話があったそうです。それもあってか、2期工事は架構を簡略化しており、例えば外周のフィーレンデールのパーツをやめて、内部も梁を少し抜いて大きなスラブで架け渡すように変更されています。1期工事では外周部の梁は、横に建つタワー部から設備を引き込むためにフィーレンデールの形状でした。しかし、2期工事はタワーがないため、梁の中央を開ける必要がなくなり、よりシンプルな構造で作られています [Fig.14]。

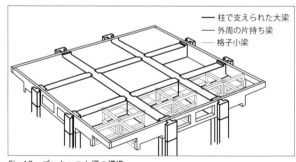

━━ 柱で支えられた大梁
━━ 外周の片持ち梁
━━ 格子小梁

Fig.13 プレキャスト梁の構造

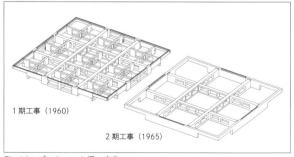

1期工事（1960）

2期工事（1965）

Fig.14 プレキャスト梁の変化

Fig.15 ソーク生物学研究所 外観（1965）

Fig.16 ソーク生物学研究所 施工時 内観（1965）

ソーク生物学研究所の構造

次はソーク生物学研究所（Salk Institute for Biological Studies）です。私はこの建築は残念ながら見ておりません。最も有名なシーンはこの階段室を挟んだ中庭で、この写真がさまざまな本や記事で出てきます［Fig.15］。『18 Years with Architect LOUIS I. KAHN』では、このソーク研究所のいきさつに最もページが割かれていて、コマンダントとカーンのやりとりや、コマンダントが、現場でコンクリート打設の指導をしたこと等が書かれています。この作品は、リチャーズ研究所の延長のような位置付けで、設備配管を天井内に隠蔽するような断面構成です。建築案はいくつかの段階がありますが、構造的には2つの段階があります。

初期案は2階建で、研究室の空間の上に設備スペースがあり、三角形の断面形状をした天井の案でした。実施案では3階建で、研究室の空間の上に設備スペースがあり、フィーレンデールトラスが用いられています。断面図だけ見ると梁の形が変わっただけのように思われますが、2案の間で構造形式には大きな変化が起きています。

初期案の構造はボックスガーダーとプレキャストの折板でできています。約12mのピッチでボックスフレームとして大きな柱と大きな梁が並んでいて、そこに12mのスパンのプレキャストの折板を架けていくことで設備スペースを計画しています［Fig.17］。ボックスフレームは変わった形のトラス構造のようになっていて、折板の部分はコマンダントが得意とするプレキャストを用いようとしていました。ところが、うまくいかない事情がでてきます。一旦は初期案の内容で施工者と契約ができたのですが、施工者が難しすぎると異議を唱えました。特にプレキャストと現場打ちが入り混じる施工法が難しすぎるので、全部現場打ちでやるような話も出たそうです。さらに、建築主であるソーク博士も機能的な観点から4棟構成で、中庭が3つという配置計画を2棟構成で中庭を1つに設計変更するような要求し始めます。この時点で残りの期間は施工を含めて2年間だったのですが、カーンはこれを受けてし

まいます。カーンがコマンダントと設備設計者にこの経緯を話したところ、この2人は「もう自分たちは付き合いきれない」と相談したそうです。結局、設備設計者はこのプロジェクトから降りてしまいました。ただ、カーンはその後コマンダントを呼び寄せて「何とか続けて欲しい」と言ったそうです。これは『18 Years with Architect LOUIS I. KAHN』に書いてあることなので、真偽のほどはわかりませんが、その時にコマンダントは2つの条件を出しました。1つは、初期案の設計分の費用を払うこと。もう1つは、変更案の構造については全部自分に任せて口出ししないことです。

コマンダントは大変強いエンジニアだと思います。そして、変更案を2週間で作ったそうです。実施案は初期案とは異なっていて、フィーレンデールのプレストレス梁が、約6mずつ均等に並んでいます。初期案は天井面が折板で続いていますが、ボックスガーダーで12mごとに切れてしまいます。つまり研究室が12mごとに仕切られるので、その構成が建築主に気に入られず、よりフレキシブルで一様な空間にするためにこの案に変更したそうです。変更後のフィーレンデールは下弦材を少し大きくして、プレストレスを用いて作られています［Fig.18］。

また、このソーク研究所については新居千秋さんが仰っていましたが、内部の写真はあまり残されていません。内観写真はコマンダントの作品集『Miracles in Concrete』に出ていました。私も外観写真ばかり取り上げられることを不思議に思っていましたが、建築の作品集の中に載るには意匠的な魅力がなかった可能性が考えられます。

さて、このようなプレキャスト、プレストレスの技術については構造的に魅力があり、私もプレストレスの技術を駆使した熱海リフレッシュセンターという建物を1989年に横内敏人さんと設計しました［Fig.19］。スパンが約26mの2層の客室をバーデハウスの上に架け渡す案です。トラスの上下弦材と斜材への合理的なプレストレスの与え方を考えましたが、この時はコマンダントのことを頭の片隅に置きながら、プロジェクトを成し遂げた思い出があります。

Fig.20　ファースト・ユニタリアン・チャーチ　外観（1968）

Fig.21　ファースト・ユニタリアン・チャーチ　内観（1968）

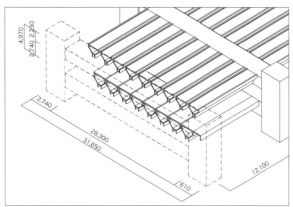

Fig.17　初期案　構造アイソメ図

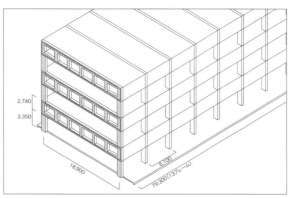

Fig.18　実施案　構造アイソメ図

Fig.19　熱海リフレッシュセンター（1989）

ファースト・ユニタリアン・チャーチの構造

　この作品は、カーンとコマンダントが設計を始める際に、「教会とは何か」というような議論をしながら設計、構造を考えたと言われています。教会というのは「光と静けさを追求すべきだ」という考えで、2人のイメージが一致したようです。内部空間はまさしくその通りで、天井は折板の打放し、光が四隅のハイサイドライトから入ってきます。カーンの言う「構造が光を作る」ことが、非常によく実現されている建築だと思いました［Fig.21］。志水さんは第1回で「アメリカは建築の模型を大切にする」というお話をしていました。この建物では会議室に建築の模型が置かれていて、私たちが行った時に見せてもらいました。

　平面構成としては中心に大きな拝堂があり、周りに諸室があります。カーンはこの平面の構成に行き着いてから四隅から光を入れることをまず考え、そのために中央に十字形に格子梁を設けるということを考えていたそうです。その時コマンダントが、大きな梁を作るとその梁が今にも落ちてきそうな印象を与えるので良くないと言い、折板として作る方がより良いという提案をしたそうです。平面的な大きさは、25m × 23m の正方形に近い長方形です。屋根のスラブ厚は150mmで、頂部は少し厚く227mmです。基本的には、折板が2方向から互いに貫入している仕組みになっています。

　貫入する折板構造の力学的な特徴を考えてみます。例えば、両方の折板が途切れずにそのまま貫通していれば、これはそれぞれが単純梁になります。だから、単に両端を支えれば成立します。ところが、この建物のようにそれぞれ削ぎ落とすような形で中央が谷になっている場合、断面的に中央の梁せいがゼロに近いわけです。これでは、両端で支持するだけでは成立しません。そのため、外周部からの片持ち梁として折板構造を作る必要があります。屋根の模式図を描きました［Fig.24 左］。外周部に壁があり、内側にそれぞれ3箇所ずつ計12本の柱があって、この壁と柱に支持されて折板の相貫した構造が成り立っています。

Fig.22　ファースト・ユニタリアン・チャーチ　内観（1968）

Fig.23　ファースト・ユニタリアン・チャーチ　柱部（1968）

『18 Years with Architect LOUIS I. KAHN』には、柱のデザインについてコマンダントが「9つの異なる支持方法を提案したと」書かれています。しかし、9つの案は提示されていなかったので、私がいくつか考えてみました。柱が多いから中柱だけにする案、外と内側と両方支えているので成立はします。逆に中柱をやめる案や、ハイサイドを設けて空いた吹抜の端部を支えに行く案。構造的には端部を支える案が最も屋根の負担が少ないものです。あとはハイサイドの脇をもっと固める案など、いろいろ考えてみましたが9つまでは思いつきませんでした。結果的にカーンが気に入った案は、9つあげた中でコマンダントが好きな案ではなかったようです。

"Kahn chose one which I did not like particularly, but he was the architect."

と書かれています。自分の好きな案ではないけれども、彼は建築家だと。"he was an architect"ではなく、"the architect"、この定冠詞と不定冠詞の違いの意味が非常に大きいことを前川事務所にいた横内さんに教わりました。この構造を有限要素法で解析してみました［Fig.25］。A で支えており、片持ち梁ですから引張力が矢印のように伝わります。少し山形になる B の部分は、圧縮力がかかるような応力状態です。エッジの部分から中央にかけてプレストレスのケーブルが入っています。そのため、谷の部分にリブ状の立ち上がりをつけていたことが施工中の写真から分かります。

さて、ご存知ない方が多いと思いますが、前川國男は晩年に国立音楽大学 SPC という建物を作っており、私が構造設計を担当しました。この建物はユニタリアン・チャーチによく似ています。竣工した 1985 年頃は、ちょうど松隈洋さんたちが前川事務所にいらした時期で、若いスタッフはルイス・カーンが好きで参考にしていたのかもしれません。この中に大アンサンブル室というホールがあり、折版の格子構造を用いた屋根の四隅から光を入れるという似た条件で設計されました。ただ、この建物は平面が 14.4m × 12m と小さいので、片持ち梁のような二重の支持構造にはできません。どうするか色々悩みましたが、梁の端部の低いところと高いところの2箇所を水平方向に拘束すると片持ち構造になります。四隅吹抜の部分を斜めに繋いでしまえば、梁の高い位置の点が水平方向に動こうとしても圧縮材で突っ張っているため、十分に固定されることになります［Fig.24 右］。これでユニタリアン・チャーチと同じ条件が整います。吹抜部分の斜めの部材が構造的には重要な部材です。設計していた時の構造計算書を、今回見直してみました。当時は有限要素法ができなかったので、線材モデルで計算をしていましたが、今回、有限要素法で計算し直して、ほぼ同じような結果が得られました。

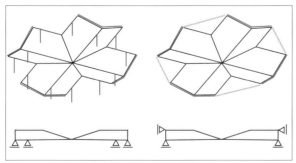

Fig.24　折板格子梁の構造モデル

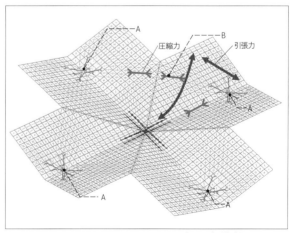

Fig.25　ファースト・ユニタリアン・チャーチ　有限要素法解析

Fig.26　キンベル美術館　外観（1972）

Fig.27　キンベル美術館　内観（1972）

キンベル美術館の構造

　最後の事例はキンベル美術館（Kimbell Art Museum）です。このプロジェクトもかなり揉めたプロジェクトのようです。設計案はヴォールト案でスタートしたものの、施工者が決まってからコスト削減による規模の縮小、フラット屋根に変更するなど、さまざまな要求がされ、一時期プロジェクトが行き詰まったようです。そもそもカーンとコマンダントが基本設計をやっていたのですが、カーンとローカルアーキテクトの関係がうまくいかず、金銭的な問題も考えられますが、実施設計の段階で構造設計はローカルアーキテクトが担当することになったそうです。そのため、コマンダントは1度プロジェクトから降ろされるのですが、最終的に建築主がコマンダントを設計に参加するよう説得し、完成まで見届けたと言われております。

　実際に見ると本当に感動する建物で、丸一日この建築で過ごしました。太陽の位置によって光の入り方が変わり、1番光る時はコンクリートの中を日の光が透けて輝いているのではないかと思うような雰囲気もありました。展示室やホール、2階の事務部分とか図書室といった部分もヴォールト状の空間で構成されています。屋根は隅の4か所で支えられていて、それを強調するような意味合いでヴォールト状の梁の下部にスリットが入った外観をしています。館内には施工時の写真が飾られており、屋根の上面に蓋をしながら生コンを打設していた様子が分かります。

　キンベル美術館は構造的にはヴォールト屋根の中央を分断して光を入れること、そのヴォールトがサイクロイド曲線の断面形状をしていること、端部のアーチの形状などがポイントです。このようなヴォールト屋根については網津小学校というプロジェクトで、坂本一成先生と一緒に設計をしたことがあります。その時、ヴォールト屋根の応力状態を有限要素法で解析しました［Fig.28］。応力図の中で白い線がその応力、つまり力がかかる方向を示しています。1つのヴォールトですが、下部の支え方によって右側と左側で力の流れの状況が違うことが分かります。同じ形のか

まぼこ型の屋根でも、長辺を線で支えるとショートシェルというアーチのような応力状態になり、隅部だけで支えると梁のようなロングシェルと呼ばれる状況になるので、シェルとしての性能が全く違います［Fig.29］。網津小学校の場合は教室の間に壁があったので、ショートシェルとロングシェルの2つの応力状態が入り交じる特殊な状況でした。キンベル美術館の場合は、長さが30m、幅が7mで四隅に柱があるだけですから、これはロングシェルで長辺方向に力が流れます。

　キンベル美術館の屋根の曲率には、サイクロイド曲線が用いられています。この曲線は車が1回転した時のある一点の軌跡ですが、力学的な意味はありません。力学的に意味があるのは懸垂線とか放物線で、サイクロイドは意匠的な理由で決められた曲線ということです。サイクロイドはヴォールトとしては成立するのですが、問題は屋根の中央に設けられたスリットです。ロングシェルにスリットがあるとしても全体には大きな影響はないだろうと思われますが、今回新たに分析してみると今までに気がつかなかったことが分かりました。中央にスリットがない時の応力状態は（p.179 コラム内 fig.11）、いわゆる単純梁ですから上

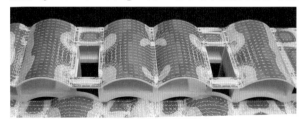

Fig.28　網津小学校　構造模型

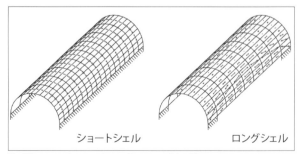

Fig.29　ショートシェルとロングシェルの応力の違い

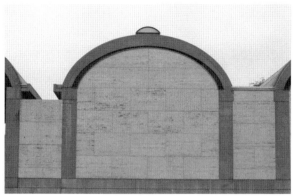
Fig.30　キンベル美術館　妻面のアーチ（1972）

Fig.31　講演の様子

に圧縮力が、下に引張力がかかります。この中央にスリットをあけると不思議なことに頂点の部分にも引張力が生じることが分かりました。これは左右がそれぞれ単独の梁として、内側に倒れこもうとする変形が働くので、こういう状況が生まれるのです。さらに面白いのは、ヴォールトではなく折板構造で同じようにスリットを設けた場合は、スリットを設けても応力状態は全く変わりません。これは上側も下側もそのまま下に変位が生じるので、内側に倒れ込む力が働かないことによるもので、これに対してヴォールトでは回転しようとする力が働くわけです。多分コマンダントは、このことが分かっていたんでしょう。キンベル美術館の屋根では、スリットの途中を何か所か繋いでいます。何か所か繋ぐと、スリットなしの状態にだんだん近づいていき、上に圧縮力が、下に引張力が働く、両方が同じように下に変形する状態になります。

　また、このキンベル美術館は長手方向が 33m スパンで、スラブ厚は 100mm でプレストレスのケーブルを応力状態に合わせて 3 次元的な配置で入れています。構造的にもよく考えられた建築と言えます。屋根の端部はこのように、アーチが見える表現がなされています [Fig.30]。このアーチは下部の縁が切られたところにすべり支承が入っているので、ピン接合になります。アーチの断面形状は足元に向けて徐々に小さく変化していて、これは構造的に合理な形状です。最初にこの建物を見た時、なぜ断面形状を変化させてスリットを設けているのか不思議だったのですが、これはコマンダントがアーチは絶対にこのような断面にするべきだと強く主張したと『18 Years with wrchitect LOUIS I. KAHN』に書いてあります。このためかもしれませんが、ガラスのスリットも梁の形状に合わせて端部と中央で違う幅をもつ造形をしています。

カーンとコマンダントの協働関係

　ここからは、カーンとコマンダントの協働関係について、振り返ろうと思います。まず、なぜコマンダントに構造設計を依頼したのでしょうか。やはりカーンは、建築に新しい考え方を取り入れたいと思ったのでしょう。とりわけプレキャストコンクリートへの興味が当時あったようです。ところが、コマンダントからカーンを捉えた際の印象はかなり辛辣です。

「カーンは工学的には全く無知である。」
「カーンは構造体とか材料に関する基本的な知識が欠如していて、いつも自分が大変だった」

　といった印象を持っていたようです。

　コマンダントには子供が 2 人いまして、この子ども達が『Miracles in Concrete』の中でインタビューに答えており、そこでは少し違った印象で書かれています。メリケ・コマンダントは娘で、建築家です。カーンの事務所で大学時代（1959~1960 年くらい）にドラフトマンとして働いていたこともあって、カーンのこともよく知っています。大学卒業後には他の建築事務所に入ってハビタ 67 のプロジェクトにも参加しています。彼女は「コマンダントとカーンはお互い尊敬し合っていた。本の中では色々ひどいこと書いているが、別にカーンの建築を批判しているわけではない。やり方とか、その時の自分の苛立ちを書いていた」と述べています。

　それから、ジョージ・ジュリ・コマンダントという息子もいて、こちらはエンジニアです。1967 年頃に一時期コマンダントと仕事をして、カーンとの面識があったようです。彼は、「カーンとコマンダントとは 2 人で、とにかくいつも建築の話をしていて、レストランで食事しながら討論して、ナプキンにスケッチを書いたりしたりしていた。そのナプキンのスケッチを自分は持っている」と話しています。

　カーンの建築作品のうちコマンダントと協働したプロジェクトと、他のプロジェクトとの間には明らかな違いがあります。カーンは構造を光の形成者と考えていますが、それは躯体によって空間を生み出すためであり、過剰な構造になることもある。また、カーンの建築は幾何学形状がよく取り入れられ、反復、反転、回転させたりする操作が

Fig.32　エクセター・アカデミー図書館　内観（1972）

Fig.33　ブリティッシュ・アート・センター　内観（1966）

多く、必ずしも構造的な合理と合致するわけではありません。しかし、コマンダントは力学的合理性を追求します。そこで過剰な躯体は排除したいと思うので、どうしてもそこでカーンとコマンダントの確執が生まれてしまったと思います。それからカーンは構造に新しい技術、特にプレキャストの技術を取り入れることを考えたのですが、どうもそれが意匠の表現との関係がうまくいかなかったと考えられます。

　解説したコマンダントとの協働作品のうち、リチャーズ医学研究棟とソーク生物学研究所は、構造的には合理的にできておりますが、意匠としてはあまり評価されていないようです。リチャーズの写真はいつも塔がメイン、ソークは中庭がメイン。最も構造的な合理でできているプレキャストの内部空間はなかなか評価されていない。一方で、ユニタリアン・チャーチとキンベル美術館は、ある意味カーンが我儘を言って、コマンダントはしぶしぶかもしれませんが、2人のやり取りがあったことで、ある程度意匠と構造が融合されていたのでしょう。カーンだけではないかもしれませんが、構造的合理性の追求のみでは、意図する建築が実現できないのが建築の宿命です。ちなみに、コマンダントと共同していない作品には他に、エクセター・アカデミー図書館（Phillips Exeter Academy Library）やブリティッシュ・アート・センター（Yale Center for British Art）などがあります［Fig.32, 33］。エクセターは丸くくり抜かれた構造体、アートセンターは格子状の梁が特徴的な印象、ボリューム感を持ちます。これは構造としての必要以上のボリュームですが、これらは圧倒的にこの建築空間の表現に寄与しているのです。

建築意匠と構造の関係

　ここまでお話ししたことについては、偉大な構造家たちが同じような言葉を残しています。

　エドワルド・トロハは「構造の誠実さは、必ずしも作品に不可欠の属性ではない」「美しくあるためには強度上の要求に最も合致した形態である必要はない。」註7) と言っています。坪井善勝は「真の美は合理の近傍にある。合理だけではない。」註8) また、私の第2の師匠である木村俊彦は、「構造は自然との対話によって成立する。自然はあくまでも厳正で圧倒的な高潔さと効率性を認めざるを得ない。」。このように構造の合理性を重視した上で、「本番ではプラスアルファ（虚の構造、抽象的対象）を表現するゆとりが必要である。そのゆとりが構造設計家を他の建築家や芸術家と結びつかせるであろう。」註9) という言葉を残しています。木村さんは、本日の講演会場である百年記念館の構造設計者でもあります。

　まとめますと、構造の合理性をある意味抑制することがより良い建築となる場合もある、ということです。そもそも構造の合理性だけを追求すると、普遍化、均一化する方向に向かいます。1960年代の構造表現が盛んな頃には、例えば折板構造を坪井さんが担当して設計すると、さまざまな建築家が折板構造の建築を作っても何となく同じような建築になってしまったとか、そうした傾向がありました。したがって、建築と構造の関係を考える際には、普遍性や構造の合理性をベースとして、それを展開させて個別性を引き出すことが重要だと思います。カーンの建築と構造から考え始めたのですが、最後は建築意匠と構造の関係について、再認識をするところに至りました。

　以上で、私の話を終わりにいたします。

註
1) August E. Komendant 著, 出版：Aloray, 1975.1.1
2) Carl-Dag Lige 著, 出版：Birkhäuser, 2022.9.30
3) 「Silence and Light」におけるカーンの発言の和訳
4) フランク・ロイド・ライトの思想をめぐる言葉たち、https://fllw-tribute.jp/world_topics/433/
5) 松隈洋『ルイス・カーン　構築への意志』、丸善株式会社, 1997.11.30
6) アントニ・ガウディの名言20選 | 心に響く言葉、https://live-the-way.com/great-man/history/antoni-gaudi/ 註7) エドワルド・トロハ『現代の構造設計』、彰国社、1960.10.10
8) 青木繁『坪井先生の生涯と業績』、空間構造第1巻、坪井善勝記念講演会、1993.51.12
9) 木村俊彦『構造設計とは』、鹿島出版会、1991.12.25

カーンとコマンダントの協働関係

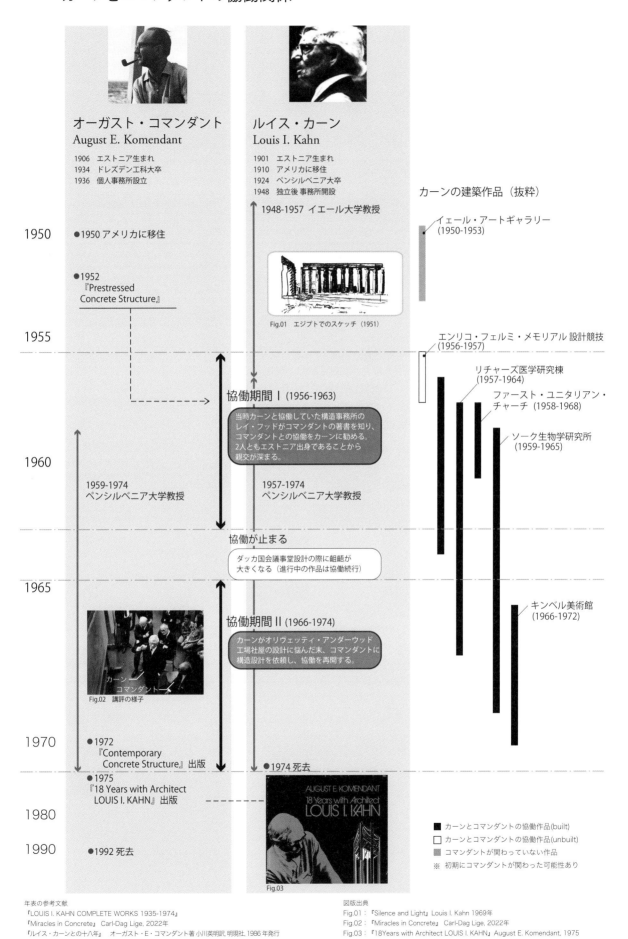

オーガスト・コマンダント
August E. Komendant

1906　エストニア生まれ
1934　ドレズデン工科大卒
1936　個人事務所設立

ルイス・カーン
Louis I. Kahn

1901　エストニア生まれ
1910　アメリカに移住
1924　ペンシルベニア大卒
1948　独立後 事務所開設

1948-1957 イエール大学教授

カーンの建築作品（抜粋）

イェール・アートギャラリー
(1950-1953)

1950　　●1950 アメリカに移住

　　　　●1952
　　　　『Prestressed
　　　　Concrete Structure』

Fig.01　エジプトでのスケッチ（1951）

1955

エンリコ・フェルミ・メモリアル 設計競技
(1956-1957)

リチャーズ医学研究棟
(1957-1964)

協働期間 I (1956-1963)

当時カーンと協働していた構造事務所の
レイ・フッドがコマンダントの著書を知り、
コマンダントとの協働をカーンに勧める。
2人ともエストニア出身であることから
親交が深まる。

ファースト・ユニタリアン・
チャーチ (1958-1968)

ソーク生物学研究所
(1959-1965)

1960

1959-1974
ペンシルベニア大学教授

1957-1974
ペンシルベニア大学教授

協働が止まる

ダッカ国会議事堂設計の際に齟齬が
大きくなる（進行中の作品は協働続行）

1965

キンベル美術館
(1966-1972)

協働期間 II (1966-1974)

カーンがオリヴェッティ・アンダーウッド
工場社屋の設計に悩んだ末、コマンダントに
構造設計を依頼し、協働を再開する。

カーン
コマンダント
Fig.02　講評の様子

1970　　●1972
　　　　『Contemporary
　　　　Concrete Structure』出版

●1974 死去

　　　　●1975
　　　　『18 Years with Architect
　　　　LOUIS I. KAHN』出版

1980

1990　　●1992 死去

Fig.03

■ カーンとコマンダントの協働作品(built)
□ カーンとコマンダントの協働作品(unbuilt)
▨ コマンダントが関わっていない作品
※ 初期にコマンダントが関わった可能性あり

年表の参考文献
『LOUIS I. KAHN COMPLETE WORKS 1935-1974』
『Miracles in Concrete』Carl-Dag Lige、2022年
『ルイス・カーンとの十八年』 オーガスト・E・コマンダント著 小川英明訳、明現社、1986年発行

図版出典
Fig.01：『Silence and Light』Louis I. Kahn 1969年
Fig.02：『Miracles in Concrete』Carl-Dag Lige、2022年
Fig.03：『18Years with Architect LOUIS I. KAHN』August E. Komendant, 1975

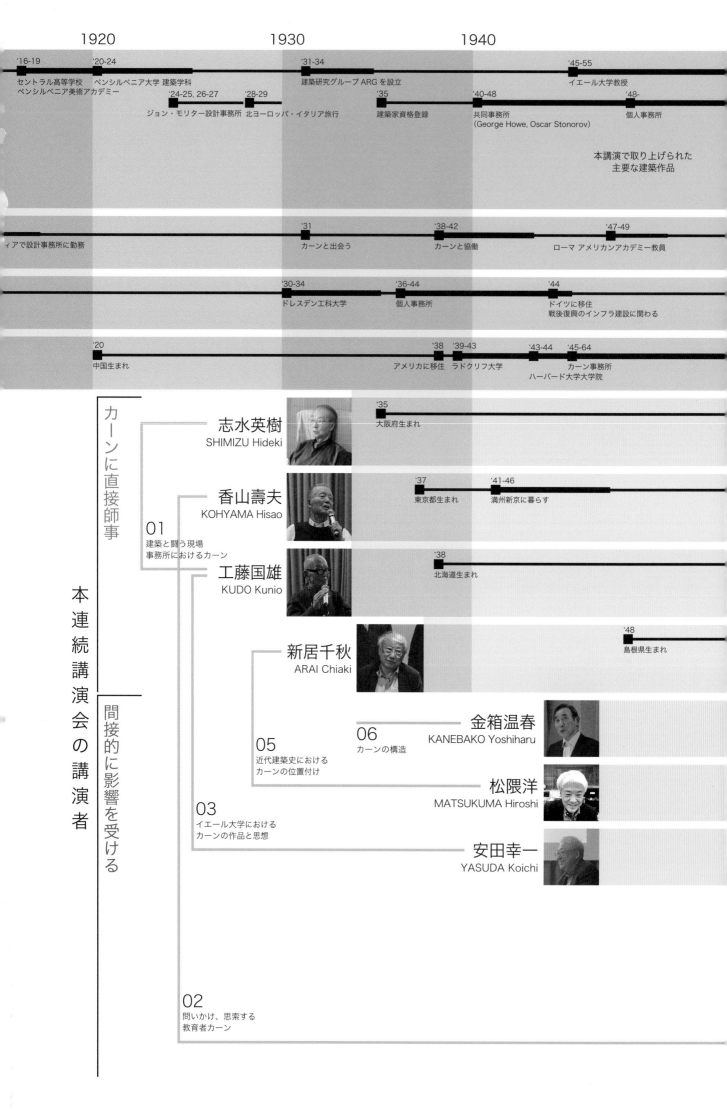

1920　　　　　　　　　　1930　　　　　　　　　　1940

'16-19
セントラル高等学校
ペンシルベニア美術アカデミー

'20-24
ペンシルベニア大学 建築学科

'24-25, 26-27
ジョン・モリター設計事務所

'28-29
北ヨーロッパ・イタリア旅行

'31-34
建築研究グループ ARG を設立

'35
建築家資格登録

'40-48
共同事務所
(George Howe, Oscar Stonorov)

'45-55
イエール大学教授

'48-
個人事務所

本講演で取り上げられた
主要な建築作品

ィアで設計事務所に勤務

'31
カーンと出会う

'38-42
カーンと協働

'47-49
ローマ アメリカンアカデミー教員

'30-34
ドレスデン工科大学

'36-44
個人事務所

'44
ドイツに移住
戦後復興のインフラ建設に関わる

'20
中国生まれ

'38
アメリカに移住

'39-43
ラドクリフ大学

'43-44
ハーバード大学大学院

'45-64
カーン事務所

カーンに直接師事

本連続講演会の講演者

間接的に影響を受ける

志水英樹
SHIMIZU Hideki

'35
大阪府生まれ

香山壽夫
KOHYAMA Hisao

'37
東京都生まれ

'41-46
満州新京に暮らす

01
建築と闘う現場
事務所におけるカーン

工藤国雄
KUDO Kunio

'38
北海道生まれ

新居千秋
ARAI Chiaki

'48
島根県生まれ

金箱温春
KANEBAKO Yoshiharu

05
近代建築史における
カーンの位置付け

06
カーンの構造

松隈洋
MATSUKUMA Hiroshi

03
イエール大学における
カーンの作品と思想

安田幸一
YASUDA Koichi

02
問いかけ、思索する
教育者カーン

Louis I. Kahn
1901-1974

'01
エストニア生まれ
サーレマー島 クレッサーレに生まれる

'10
アメリカに移住

主な協働者

George Howe
1886-1955

1886
アメリカ生まれ

'08-12
エコール・デ・ボザールで学ぶ

'13-16
フィラデル▢

August E. Komendant
1906-1992

'06
エストニア生まれ

Anne Tyng
1920-2011

Yale Art Gallery

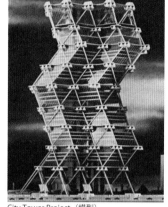

City Tower Project（模型）

Rechards Medical Research and Biology Laboratories

Jewish Community Center - Trenton

First Unitarian Church

Kimbell Art Museum

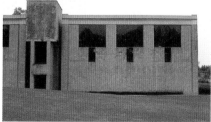

Tribune Review Press

Phillips Exeter Academy Library

Bryn Mawr College Dormitory

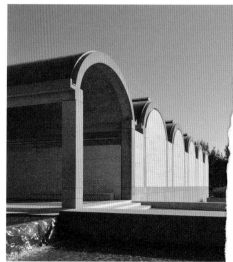

Kimbell Art Museum

構造システムごとのカーンの作品

長方形平面における格子梁

イェール・アートギャラリー

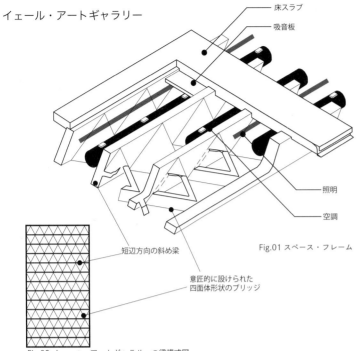

- 床スラブ
- 吸音板
- 照明
- 空調

Fig.01 スペース・フレーム

- 短辺方向の斜め梁
- 意匠的に設けられた四面体形状のブリッジ

Fig.02 イェール・アートギャラリーの梁模式図

イェール・アートギャラリー　内観

ブリンモアカレッジ学生寮　内観

荷重を支える短辺方向の斜め梁と、意匠的に設けられた四面体ブリッジによって、スペース・フレームが構成されている。現場打ちコンクリートでこれを実現するため、吸音板を床スラブの型枠として用いるように、施工方法も工夫がなされた。そのためイェール・アートーギャラリーは一方向梁による構造形式であるが、意匠的な部材を加えることで視覚的に格子梁やスペース・フレームを表現していたと考えられる。

格子梁はブリンモアカレッジ学生寮等の作品で実現されており、矩形の平面形状に合わせた合理的な梁の配置がなされている。

イェール・アートギャラリーで実践した構造体の現しによる天井面の表現は、他の作品にも見られることが分かる。

フィーレンデールトラス

ソーク生物学研究所（実施案）←- - - - - - - - - - - - -

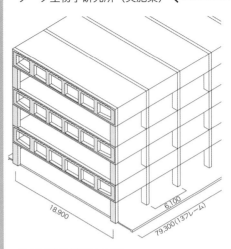

Fig.03 実施案 構造アイソメ図
3 階建
フィーレンデール（プレキャスト）
現場打ちコンクリート

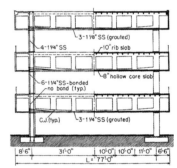

Fig.05 実施案 断面図

リチャーズ医学研究棟の格子梁はプレキャスト技術や正方形平面の形状に合わせたシステムを導入するなど、コマンダントによって構造的な合理性が優先された計画が実現している。

1 期工事は小梁の部材数も多く刷新的な試みのため工費がかさんだが、2 期工事（増築）ではその反省を活かしてよりシンプルな構造システムが用いられた。

オーガスト・コマンダントが構造設計を担当した作品

リチャーズ医学研究棟

Fig.06 プレキャスト梁　　1期工事(1960)

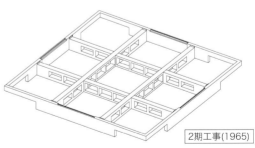

2期工事(1965)

金箱温春が構造設計を担当した作品

弘前市斎場(1983) 前川國男設計

熱海リフレッシュセンター(1989) 横内敏人設計

図版出典　Fig.01, 02, 03, 04, 06, 10：運営委員作成による図面描き起こし（長沼徹、石田秀斗）　　Fig.05：『18 Years with Architect LOUIS I. KAHN』August E. Komendant, 1975

178

06 カーンの構造

折板構造

----------ソーク生物学研究所（初期案）

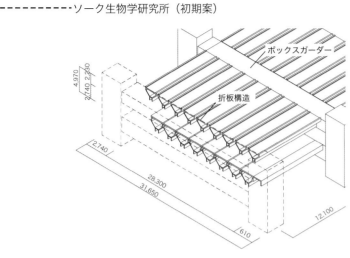

Fig.04 初期案 構造アイソメ図
2 階建
ボックスガーダーと折板の組合せ
プレキャスト、設備計画との融合

ヴォールト屋根

キンベル美術館

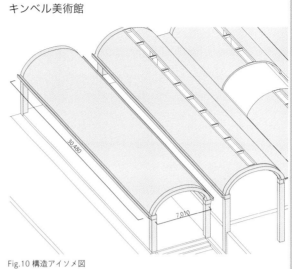

Fig.10 構造アイソメ図

ファースト・ユニタリアン・チャーチ

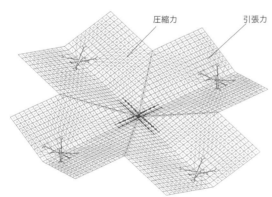

Fig.07 FEM解析 軸力図

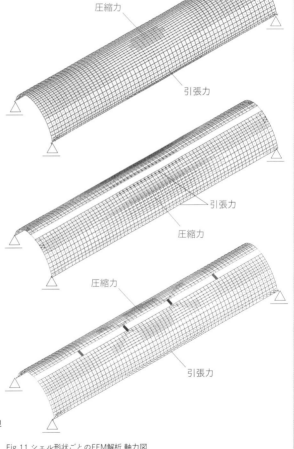

Fig.11 シェル形状ごとのFEM解析 軸力図

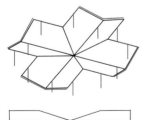

Fig.08 折半格子梁の力学モデル

ファースト・ユニタリアン・チャーチ 内観

Fig.09 折半格子梁の力学モデル

国立音楽大学SPC (1985) 前川國男設計

網津小学校 (2011) 坂本一成設計

Fig.07, 08, 09, 11,その他写真：金箱温春　提供

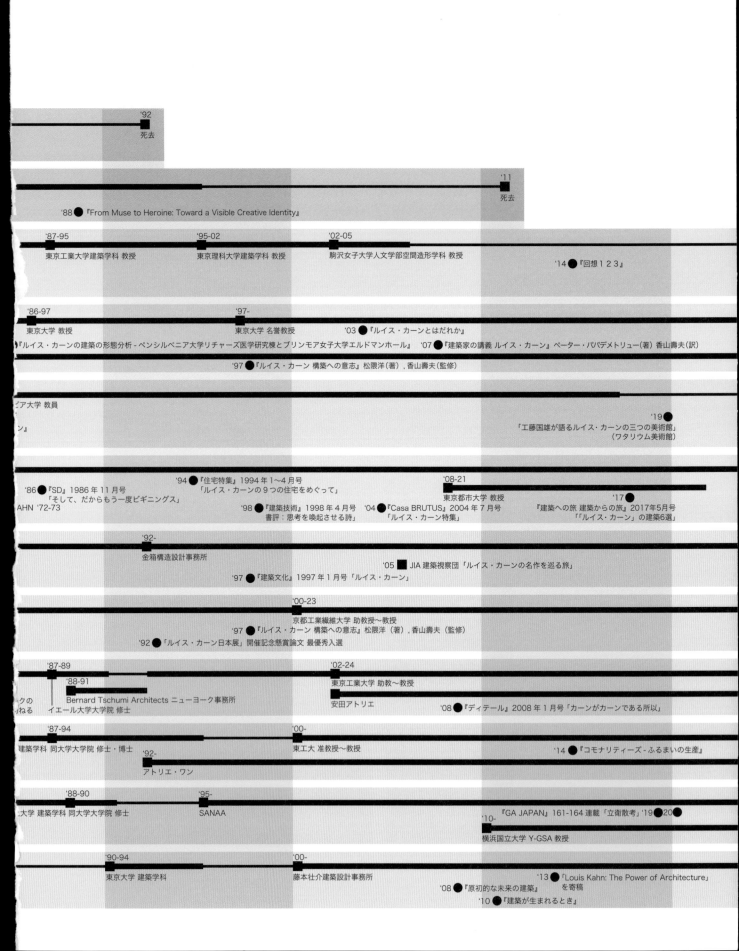

1990   2000   2010   2020

'92
死去

'11
死去
'88 ● 『From Muse to Heroine: Toward a Visible Creative Identity』

'87-95   '95-02   '02-05
東京工業大学建築学科 教授   東京理科大学建築学科 教授   駒沢女子大学人文学部空間造形学科 教授
                                                        '14 ●『回想123』

'86-97   '97-
東京大学 教授   東京大学 名誉教授   '03 ●『ルイス・カーンとはだれか』
『ルイス・カーンの建築の形態分析 - ペンシルベニア大学リチャーズ医学研究棟とブリンモア女子大学エルドマンホール』 '07 ●『建築家の講義 ルイス・カーン』ペーター・パパデメトリュー（著）香山壽夫（訳）
                    '97 ●『ルイス・カーン 構築への意志』松隈洋（著），香山壽夫（監修）

ニア大学 教員
ン』
                                                        '19 ●
                                                        「工藤国雄が語るルイス・カーンの三つの美術館」
                                                        （ワタリウム美術館）

                    '94 ●『住宅特集』1994年1〜4月号
                          「ルイス・カーンの9つの住宅をめぐって」   '08-21
'86 ●『SD』1986年11月号   東京都市大学 教授   '17 ●
    「そして、だからもう一度ビギニングス」   『建築への旅 建築からの旅』2017年5月号
AHN '72-73   '98 ●『建築技術』1998年4月号   '04 ●『Casa BRUTUS』2004年7月号   「ルイス・カーン」の建築6選
                          書評：思考を喚起させる詩」   「ルイス・カーン特集」

            '92-
            金箱構造設計事務所
                                            '05 ■ JIA 建築視察団「ルイス・カーンの名作を巡る旅」
                    '97 ●『建築文化』1997年1月号「ルイス・カーン」

            '00-23
            京都工業繊維大学 助教授〜教授
                    '97 ●『ルイス・カーン 構築への意志』松隈洋（著），香山壽夫（監修）
            '92 「ルイス・カーン日本展」開催記念懸賞論文 最優秀入選

'87-89   '02-24
    '88-91   東京工業大学 助教〜教授
クの   Bernard Tschumi Architects ニューヨーク事務所
ねる イエール大学大学院 修士   安田アトリエ
                                            '08 ●『ディテール』2008年1月号「カーンがカーンである所以」

'87-94   '00-
建築学科 同大学大学院 修士・博士   東工大 准教授〜教授   '14 ●『コモナリティーズ - ふるまいの生産』
            '92-
            アトリエ・ワン

'88-90   '95-
大学 建築学科 同大学大学院 修士   SANAA
                                            『GA JAPAN』161-164 連載「立衛散考」'19 ● 20 ●
                                    '10-
                                    横浜国立大学 Y-GSA 教授

'90-94   '00-
東京大学 建築学科   藤本壮介建築設計事務所
                                            '13 ●『Louis Kahn: The Power of Architecture』
                            '08 ●『原初的な未来の建築』   を寄稿
                                    '10 ●『建築が生まれるとき』

1950　　　　　1960　　　　　1970　　　　　1980

'55-74
ペンシルバニア大学教授

'74
死去

'50
イタリア・エジプト・ギリシャ旅行

'59
フランス旅行

'66-70 Stern House（unbuilt）

'50-53 Yale Art Gallery

'58-68First Unitarian Church

'69-74 Yale Center for British Art and Studies

'52-57 City Tower Project（unbuilt）

'57-64Rechards Medical Research

'65-71 Phillips Exeter Academy Library

'59-65 Salk Research Institute

'66-72 Kimbell Art Museum

'54-59 Jewish Community Center - Trenton

'60-64Bryn Mawr College Dormitory

'66-69 Olovtti-Underwood Factory

一部の建築を抜粋

'50-54
イエール大学学科長

'55
死去

'50
アメリカに移住

'59-75
ペンシルベニア大学教授

'56-63
カーンと協働①

'66-74
カーンと協働②

'75
●『18Years with Architect Louis I. Kahn』

'53-55
ローマ滞在（カーンと手紙をやりとりする）

'67-94
ペンシルベニア大学教員

■'54 娘を出産

'69 ●『Urban Space Systems as Living Form』

'54-58
東京工業大学 建築学科

'58-62
大成建設

'62-64
ペンシルバニア大学 修士

'64-67
カーン事務所

'67-87
神奈川大学建築学科 助教〜教授

'67 ●『国際建築』
「ルイス・カーン - 原点の探求」

'73 ●『a+u』1973 年 1 月号「人間ルイス・カーン」

'74 ●『a+u』1974 年 5 月号「ルイス・カーンを想う」

■'61 シアトル大噴水国際競技設計
一次当選（共同設計：松下一之）

'69 ●『建築文化』「ルイス・カーン - 様式の否定」

'56-60
東京大学 建築学科

'60-64
同大学修士・博士

'64-65
ペンシルバニア大学 修士課程
カーン事務所 所属（冬季休暇中）

'65-67 頃

'68-71
ノレン・アンド・スインバーン事務所

'71-86
九州工芸大学 助教授　東京大学 助教授

'85

'61 ■ RAS 設計同人
共同設立

'71-
香山アトリエ（現 香山建築研究所）

'59-63
東京工業大学 建築学科

'63-69
同大学修士・博士

'69-70
カーン事務所

'70-71
ペンシルベニア大学

'72-81
名古屋工業大学 助教授

'82
ニューヨークに移

'84-

'68 ●『計画論』

'72 ●『方法の美学』

'75 ●『私のルイス・カーン』

'80 ●『ルイス・カーン論』

'81 ●『講座 ルイス・カ

コロン

'67-71
武蔵工業大学

'71

'72

'73

'74-76
イギリスで活動
（G.L.C）

'77-79
創和設計に復帰

'80-
新居千秋都市建築事務所

カーン事務所 '73-74
MASTER OF ARCHITECTURE IN ADVANCED COURSE WITH LOUIS.

ペンシルベニア大学大学院（創和設計から出向留学）'71-72

'53
長野県生まれ

'71-75
東京工業大学 建築学科
同大学大学院

'75-77
横山建築構造設計事務所

'77-92

'57
兵庫県生まれ

'76-80
京都大学 建築学科

'80-00
前川國男建築設計事務所

'58
神奈川県生まれ

'77-81
東京工業大学 建築学科
同大学大学院

'81-83

'83-02
日建設計

'83 ■ ニューヨ
工藤氏を

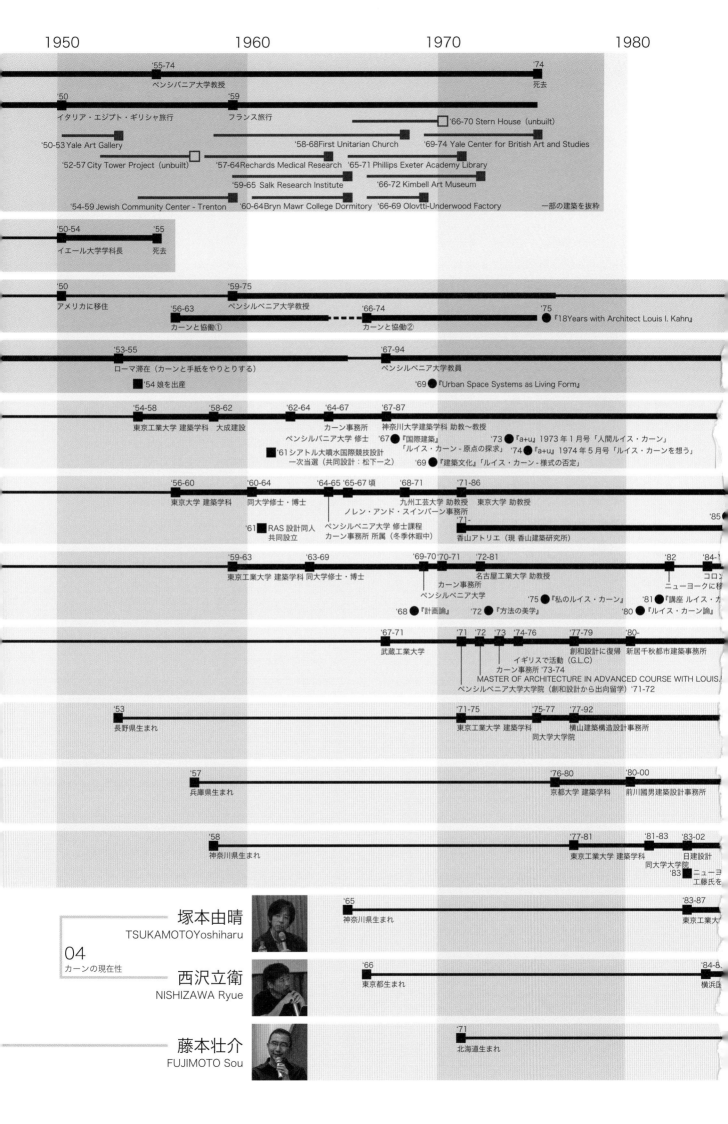

塚本由晴
TSUKAMOTOYoshiharu

'65
神奈川県生まれ

'83-87
東京工業大

04
カーンの現在性

西沢立衛
NISHIZAWA Ryue

'66
東京都生まれ

'84-8
横浜国

藤本壮介
FUJIMOTO Sou

'71
北海道生まれ

カーンの「霊気」について

平 輝（ピン・フィ）東京工業大学助教

講演会のコンセプト

東京工業大学 建築学系助教の平輝[注1] です。私と、同じく助教の佐々木啓さん、香月歩さんの3人でルイス・カーン研究連続講演会について総括をさせていただきます。まず、今回のルイス・カーン研究連続講演会のコンセプトを2つのキーワードから振り返ります。

1つ目のキーワードは「連続」講演会です。2022年9月から12月にわたり10名の方に講演をいただきました。カーンの事務所で勤務またはペンシルベニア大でカーンのスタジオを受講し、カーンと直接対話した志水英樹先生、香山壽夫先生、工藤国雄先生、新居千秋先生、また間接的にカーンの作品や言説から影響を受けた金箱温春先生、松隈洋先生、安田幸一先生、塚本由晴先生、西沢立衞先生、藤本壮介先生にご登壇いただきました。それぞれカーンとの関わり方や立場が異なり、建築家や建築史家、構造家からのさまざまな視点が与えられ、カーンを建築家や教育者、あるいは1人の人間として、多角的に捉えてきました。講演の中では作品や言説、ドローイングの分析だけではなく、登壇者ご自身の建築活動をオーバーラップさせてカーンの特徴を考察した講演もありました。

2つ目のキーワードは、本連続講演会をルイス・カーン「研究」として位置付けていることです。登壇者による一方向的な講演ではなく、普段はオーディエンスである学生も運営に参加し、総括を担う助教と合わせて2022年4月から各回で研究会を実施してきました。そのため、学生、教員がともに、カーンの作品分析の他、登壇者とカーンの関わりについても勉強し、登壇者と打合せを重ねることで

各回の講演テーマを具体的に決めていきました。また、登壇者とカーンの年表等の会場配布資料や模型、図面を作成することで、カーンがその当時設計した建築のプロセスを振り返る形で成果としてまとめました。

総括では、講演会タイトルである「いま語り継がれるカーンの霊気」を3つのテーマに分けて、各回の内容を横断してお話しさせていただきます。

カーンの「霊気」について

私からは連続講演会のタイトル「いま語り継がれるカーンの霊気」のうち、「カーンの霊気」についてお話しさせていただきます。

まず、「霊気」という言葉を用いた経緯をご説明いたします。きっかけは第1回登壇の志水英樹先生にインタビューを実施した際に、志水先生からご指摘がありました。志水先生は『ビギニングス』の第1章の最後に、アウラ（aura）＝霊気という言葉が用いられており、それはカーンがフォームやオーダー、デザインという発想の過程の外にある普遍的なものとして、「霊気」という言葉を用いたと捉えられていました。

その後調べたところ、志水先生が紹介した『ビギニングス』は、カーンの娘であるアレクサンドラが書いた文章で、当該のアウラはカーンによる表現ではありませんでした。そこで、カーンが用いたアウラの表現について調べてみました。全てではないですが、用いられた文献を時間順に並べました [Fig.01]。

前半の2つは1960〜61年の発言で、その他の多くは68年〜73年と、晩年によく使われた言葉であることが分かりました。さらに他の概念との関連も含め、カーンによるアウラの具体的な使い方について、代表的な文献（a,b,c）からご説明いたします。

a. *"In the same way a building has to start in the unmeasurable aura and go through the measurable to be accomplished."* [註2]

1960	In the same way a building has to start in the unmeasurable aura and go through the measurable to be accomplished.
1961	I recall the beginning as Belief. ……One feels the work of another in transcendence — in an aura of commonness and in the Belief.
1968	In the aura of Silence and Light, the desire to be, to make, to express, recognizes the laws that confirm the possible.
1971	You in the room with its dimensions, its structure, its light respond to its character, its spiritual aura, recognizing that whatever the human purposes and makes bocomes a life.
1971	Material, nonconscious, moving to desire; desire to express, conscious, moving to light meet at an aura threshold where the will senses the possible.
1972	Each one of us has a threshold at which the meeting of light and silence lodges. And this threshold, this point of meeting, is the position (or the aura) of inspirations.
1972	Your first feeling is that of beauty — (not the beautiful nor the very beautiful) just beauty itself. It is the moment, or you might say the aura, of perfect harmony, And from this aura of beauty - on its heels - comes wonder
1973	And somehow, when I thought that art was a kind of oracle , a kind of aura, …… I began to realize that art cannot be art unless it is a work, and not something absolutely there that is in the blue somewhere.
1973	I sense/ Silence as the aura of the 'desire to be to express' / Light as the aura ' to be to be' / Material as 'Spent Light'.
晩年	The aura is silence, voiceless, wordless, but still a kind of voice you hear when you pass the Pyramids.

Fig.01　カーンが「アウラ（Aura）」を用いた表現一覧

まず、aはアウラが初めて使われた文献です。この"unmeasurable aura"について山本学治は「計り得ないもの」、香山先生は「計り得ない世界」と翻訳していて、「霊気」とは訳されていません。前田忠直は書籍『ルイスカーン研究』にてアウラを、サイキ、インスピレーション、SPIRIT、ソウルという言葉と共通して、その根本は測り得るものとして解釈しています。

これは私の個人的な理解ですが、aのアウラの概念には、モダニズムがカバーできない領域の価値の再発見として、モダニズムで単純化された計り得るものに対して、計り得ないものを考え始めたというカーンの思想が現れていると考えられます。こうした単純化されないものや、生命的で豊かさを持っているものについては、各回の登壇者のお話の中でもよく出てきました。例えば松隈先生は機能として定義されていない回廊、「間」の空間、金箱先生は構造的合理性を超えたもの、工藤先生は物質と生命の結界として捉えられていました。

b. *To begin is the time of belief in form. ...*
I recall the beginning as Belief ...
One feels the work of another in transcendence - in an aura of commonness and in Belief. [註3]

次に、bはカーンの最初の作品集において使われた言葉です。このアウラは「超越(transcendence)」や「元初(belief = beginning)」という言葉と並列関係のように使われています。ここではカーンは、明日を予測しようとするモダニズムが向かう方向を見直して、再び創造の根源となる歴史の方向に目を向けていました。それに関連して第4回の西沢先生の話の中では原初として What と How の関係、What と How の分野の先にあるものについて、塚本先生はJoy は創造の本質、力であると指摘されました。また、歴史を否定したモダニズムの思想について、西沢さんは第0巻は第1巻の前のものではなくて、収束するように向かっていく究極の構図であるという指摘も記憶に新しいです。

c. *I sense Silence as the aura of the 'desire to be to express'*
Light as the aura 'to be to be'
Material as 'Spent Light'... [註4]

c は、カーンの晩年の言説です。この頃は、沈黙と光を表現したスケッチを交えて[Fig.02]、沈黙と光の関係に言する際にアウラを使っています。ここでは、アウラは沈黙の光の交差の閾として、関係性の中で生まれるものとして捉えられています。aのように計り得ないもの(unmeasurable)を指すだけではなく、計り得るものと、計り得ないものを結ぶためにアウラが使われています。計り得ないものに留まるのではなく、計り得ないものが持っているアウラという性質をどのように計り得るものの中でも作れるか。その両者をどう結びつけるかが、一番の目的であったと言えます。

このようにカーンがアウラを用いた言説と、登壇者のお話を照らし合わせてその意味を確認してきました。aやbのアウラの使い方は、ポストモダン以降の議論と共通している点が多く、さらに計り得るものに結びつくための関係性を持つようなcのアウラの使い方は、建築設計を学ぶ私達にとってより示唆に富む視点ではないかと思います。

註
1) 2023 年 4 月から華南理工大学 准教授
2) Structure and Form (Form and Design), Voice of America, Louis I. Kahn, 1960
3) The Notebooks and Drawings of Louis I. Kahn, Richard Saul Wurman and Eugene Feldman, eds., Falcon Press, 1962
4) 『沈黙と光の素描 C』Louis I. Kahn, 1973.
参考文献
『ビギニングス：ルイスカーンの人と建築』香山壽夫, 小林克弘共訳, 丸善, 1986 年, p.28
『現代建築 12 章：構造と形』ルイス・カーン著, 山本学治訳, 鹿島出版会, 1965 年, p.116
『ルイス・カーン研究』前田忠直, 鹿島出版会, 1994 年, p.75
『The Notebook and Drawings of Louis I. Kahn』Richard Saul Wurman and Eugene Feldman, The Falcon Press, 1962 年
『沈黙と光の素描 C』Louis I. Kahn, 1973 年

Fig.02 カーンによる沈黙と光のスケッチ

Fig.03 平氏の講演の様子

カーンをめぐる「いま」

香月 歩　東京工業大学助教

┃カーンの言葉の複層的な解釈

What was has always been,
what is has always been,
What will be has always been.

　この連続研究会では、カーンの残した数々の言葉にフォーカスが当てられ、その意味やエピソードが登壇者の各観点から語られました。カーンの言葉は抽象的で謎めいたものがありますが、それゆえ登壇者それぞれの解釈があり、いまだ吟味されるべき内容を孕んでいると考えます。そのなかで "What was has always been, what is has always been, what will be has always been." という言葉が特に印象に残ったので、ここで取り上げたいと思います。

　この言葉は連続研究会では香山氏、工藤氏、新居氏、松隈氏が取り上げられました。それぞれの講演から、この言葉の解釈として2つの視点が提示されたように思います。

　1つは、人間や建築の歴史とのつながりとしての "What … has always been"。これは香山氏から示されたペン大のボザール教育にも連なる古典建築の理解、また工藤氏から示されたヨーロッパ旅行を通した歴史建築の見聞など、伝統や古典への洞察から建築を考えるカーンの姿勢を示すものといえます。

　もう1つは、都市空間との共時的な繋がりの中での "What …… has always been"。これは新居氏と松隈氏の講演のなかで提示された、フィラデルフィアの街並みや街角の教会といった、身のまわりにある都市空間のなかに建築の根幹的なものを考えるという意味の解釈です。

　"has always been" という現在完了形は、日本語的には理解しづらい言い回しであり、私自身その意味をよく理解できていなかったのですが、各登壇者の講演を聞くなかで、"以前からそこにあった" "いまもここにある" という2つの時間感覚を表す言葉として理解でき、さらにそうした複層的な重なりのなかにカーンの建築の実践を捉えられるのではないかと気付かされました。

　以下では登壇者から提示されたカーンのバックグラウンドを手がかりに、これら2つの観点からカーンの建築的思考と実践の意味を考えてみます。

┃歴史とのつながりとしての "What …… has always been"

　この研究会とは別の機会で、アメリカでイェール大学をはじめとしたアイビーリーグの大学キャンパスを見ることがあり、そこでアメリカの建築の歴史的な複層性を体感しました。例えば、イェール大学では、イェール・アートギャラリー本館(1928)やスターリング記念図書館(1930)など、キャンパスの中心を彩る古典様式の建築がありますが、それらは実は竣工から100年も経っていないものです。そしてその僅か20年後には、カーンのアートギャラリー増築（1953）や、サーリネンのインガルス・ホッケーリンク（1958）など、近代建築の名作が建設されています。

　このようにアメリカン・ボザールが建築デザインのリアリティを有していた1920年代にカーンは、ペンシルベニア大学で建築を学びました。そして、それから約20年の間に状況は一変し、そのなかでカーンは自らの建築のありようを模索していたことが想像されます。

　工藤氏の講演で、イェール・アートギャラリーの設計を経てカーンの創作が劇的な変貌を遂げ、さらに "Order" "Form" "Silence and Light" といった建築概念の探求が展開されたことが示されましたが、そうしたことを踏まえると、カーンの建築概念にみられる抽象性は、カーンのなかにあった古典建築や歴史建築に対する憧憬や葛藤を、"What … has always been" というリアリティとして建築の創造へと展開する試行の痕跡と捉えられるのではないでしょうか。

共時的な都市とのつながりとしての "What …… has always been"

新居氏のレクチャーでは、カーンがJ・ジェイコブスやL・マンフォードといった同時代に活躍した都市論者たちへの関心や交流があった可能性を指摘しています。さらに、R・ヴェンチューリを特集した『a + u』で、ヴェンチューリの論じる複合性と対立性に関する理解として、志水氏が次のように書いています。

「…即ち都市にとって、複合性と対立性の問題はあまりにも本質的問題であって、ここでそれが新しい武器として登場してくるというよりは、彼の建築に対する基本的姿勢を作り出したのが、実はこの都市に対する姿勢であったということである。　…すなわち既存の建物をできるだけ保存し、歴史的な連続性を確保していくことが、ひいては既存のコミュニティの持つ社会的連続性を保存することになるという考え方に基づくものである。従来の建築史にない建築物の存在意義がこのような側面からとらえなおされる必要性が、この複合性と対立性の論理を必要としたのではないだろうか?」(『a + u』1971年10月号 p.127)

ここで指摘されている都市の現実から捉え直された建築物の存在意義とは、カーンが "What …… has always been" で示したものと同義であると思われます。松隈氏が語ったように、アメリカの都市が急速に変貌し人間性を失いゆくさまを眼前にして、自らが育ったフィラデルフィアの都市空間に "What …… has always been" というリアリティをカーンが見出したことは想像に難くないと思います。

いま、カーンから学ぶこと

ここでは、"What was has always been, what is has always been, what will be has always been." の意味と背景を頼りに、カーンの建築の意味、カーンの「いま」を考察してきました。

カーンは "Room" "Ambulatory" "Availability" といった言葉を手がかりに、人間の精神性や居場所のようなものを思考しています。例えば、西沢氏が提示したカーンの "Room" のスケッチにみられるように、人間を包む、ある

いは人間がいられる建築とは何かといった建築の存在性について、古典建築やアメリカの都市空間といった自らの建築的リアリティから思考していた、上記の言葉はその思考のなかで紡がれたものといえます。

カーンの「いま」に思いを馳せると、新居氏が「いまの都市の建物はつるつるしていて誰もいられない」と語ったように、建築における存在性、あるいは人間がいられる建築とは何かについて、いまでも私たちは建築的に言語化できていないように思われます。さらに西沢氏が「物質賛美」と称したように、カーンの言葉やその変遷からは、人間の心と物質としての建築とを繋げようとする創作者としての格闘が見いだせます。そうしたカーンの「いま」におけるリアリティや格闘のなかに、いま私達が建築の創作を展開する出発点がひそんでいるのではないでしょうか。

Fig.04　香月氏の講演の様子

総括

「語り」にみるカーンへの眼差し

佐々木 啓 東京工業大学助教

回想のなかにある順序

私は「語り」から、この度の連続講演会の意義を考えてみたいと思います。

まず、志水氏、香山氏、工藤氏、新居氏という、カーンに直接向き合われた方々のお話を通して、在りし日のカーンに触れることができました。何よりここに確かな意義があります。カーンとの出会いの衝撃、直接目にした姿や耳にした言葉など、カーンの傍らにいらした経験をまるで昨日のことのように語られる講演に触れ、貴重な経験を羨ましく思うと同時に、生きたカーンを私たちに追体験させていただいたように思います。

追体験としての回想を振り返るなかで印象深いのは、回想のなかにある順序のことです。回想とは単に過去を思い出すことですが、語りには始まりと終わりがあります。回想の語りは、出来事の順序を講演の順序に重ねることで、聞く者に過去のエッセンスを追体験させる。過去の何を取り出し、回想のなかにある順序に重ねるかには、話し手のカーンへの眼差しが反映されているようにも思います。

例えば志水氏の語りは、ご自身の過ごした経験の時系列に沿ったものでした。渡米時のペンシルベニア大学の様子、カーン事務所の状況、特に担当作のエグゼター図書館の設計プロセスなど、見聞きしたことがありのままに語られることで、当事者としての経験が再現される。これは他の三氏の回想に共通することですが、香山氏は、カーンから聞いた言葉を "Light is…"、"Room is…"、"Wants to be…"、そして "What was has always been…（後略）" という順にまとめて語られました。ここで現実の時系列は弱められ、各々のエピソードが内容によって近づけられています。香山氏は、回想に重ねてカーンの思索の順を辿るように語られたとも言えます。他方で工藤氏は、多数のご著書で捉えられたカーンの思索を踏まえつつも、この度の講演では、アン・ティンらとの協働やスペースフレーム誕生を巡る、カーンの執念のようなものを殊更強調されました。それは現実の時系列を追うだけでは割り切れない何かであって、むしろ順序によらない、エピソード群の背後に迫ろうとするものです。

回想のなかにある順序を追ってみると、話し手のカーンへの眼差しが見え隠れする。連続講演のもうひとつの意義は、こうした複数の眼差しが集まることで、カーンを多面的に知ることができたことではないでしょうか。

順序と過程

第3回の安田氏の語りは、イェール・アートギャラリーにおけるスペースフレーム出現を準備した協働者や、設計案の変遷の詳細を調べ、むしろその出現の実情がよくわからないことで、建築家カーンの「誕生」を捉えています。スペースフレームを取り巻くエピソードの群によって、工藤氏が「宇宙」と称するカーンの人間的側面が浮上する。第6回の金箱氏は、カーンの構造をコマンダントとの協働を軸に、建てられた作品分析を通して示されていますが、ここでは作品の群を語ることが「構造と意匠」という普遍的テーマを浮上させています。

他方で、第5回の松隈氏も作品群を語られていますが、ここではその前後関係、作品の順を問題にするものでした。安田氏が詳細を示されたスペースフレーム出現を起点に、ある作品の気づきを次の作品へと展開していくカーンの試行錯誤の道筋が語られています。併走して捉えられる「オーダー」や「ストリート」、「アンビュラトリー」の展開は、作品の前後を入れ替えては見えにくくなってしまうものです。各作品の検討が開始されたタイミングや設計期間の順は、必ずしも竣工年の順に対応したものではありません。

しかしながら、1950年頃から20年ほどの間に凝縮して傑作群を生み出したカーンの創作の原点に、生涯の大半を過ごしたフィラデルフィアの街にすでにある要素を再解釈していく「構築への意志」がある。このことは順を追うことで始めて見えてくるものであって、こうした思索の道筋と物としての建築の一致に、カーンの固有性を捉えようとされています。

　同じくカーンの思索にフォーカスしたのは、第4回の西沢氏でした。建築を心の問題から考え、howではなくwhat、建築の存在論を展開したカーンの言葉を、ひとつずつ順を追って論じています。「元初／beginnings」をstartと対比して思考の原動力を捉え、あらゆる物を「測り得ないもの／測り得るもの」の対比に振り分ける二元論を展開しながら、物の賛美がそのまま人間精神の賛美につなげるカーン特有の思索を指摘されています。そしてカーンの二元論が、物の在り方を規定する自然の摂理としての「光」と、物に先行し、物を在らしめようとする人間精神としての「沈黙」の往還に収斂していく過程が語られています。西沢氏は、カーンが実際にどう考えたかは全然わからない、単に「僕がそう考えたというだけ」だと言われています。ここでの眼差しは、過去のカーンの発言を対象化して外から眺めるというよりはむしろ、カーンが考えたであろう道筋に自らが入っていく、思索の実践のほうに向けられています。これこそ、当時のカーン建築を固有のものたらしめた何かであると同時に、今日の私たちにも開かれた建築の方法であると、自らが語ることで示していただいたように感じます。一回限りの板書を組み合わせた西沢氏の語りは、過程の固有性に建築をみた、カーンへのオマージュとなっているようにも思われます。

君たちの問い

　「語り」の順序から、この度の連続講演を振り返るとき、思索の実践という今日にも開かれたカーンの教えが見えてきます。この教えと響き合う、いくつかの鍵語を振り返ってみたいと思います。

　1つ目は「生命体」。工藤氏は第1回にて、カーンの建築は生命体である、カーンを分解して理解してはいけない！という主旨で発言されました。講演のなかで最も語気を強められた印象的な場面でした。生命は、部品の組合せで駆動する機械ではありません。カーンの思索や建築は、あらかじめ用意された部分の組合せでは決して捉えられないという警鐘であり、私たち銘々がいま在る固有の現場に向き合うことから、建築が組み立てられるのだというメッセージであったと思います。

　2つ目は「間違い」。カーンはある種の間違いを乗り越えていった、カーンは失敗を隠さず正直に生きた。連続講演のなかで何度か言及されたことです。リチャーズ医学研究棟は使用者からの評判が芳しくなかったと言われています。それは、カーンが思索を根拠に建築を模索した結果と、当代の社会に共有された使用価値とのミスマッチの場面です。現実の使用価値を軽視してよいということでは決してないと思います。ただ、カーンは自動車や設備といった現実の新たな要素を受け入れつつも、そのことのみを根拠に建築を組み立てようとはしなかった。新居氏は、カーンに直接向き合われた経験を回想しながら、近現代の建築家と影響関係の詳細な考察を絡めて、膨大なカーンの教えを示してくださいました。その結語は、今日の都市環境とカーンの模索した人間の居場所との乖離への強い危惧でした。カーン、そしてハイデガーによる存在論への問いと、現代の暮らしを条件づけている建築や都市との交差を論じた塚本氏の語りにも、カーンの今日的意義が示されています。

　最後に、「君たちの問い」です。What is your question?君たちの心の中にある問題は何か、今日はカーンにこの問いを返したい。香山氏の語りはこのように始まりました。カーンに学んだその人が、カーンの思索のうちに自分を見出すように語られたこと、このことが今日の私たちにカーンの思索を開いていく、何よりの教えであったと思います。以上です。ありがとうございました。

Fig.05　佐々木氏の講演の様子

各講演企画運営・図版出典

巻頭

p.002　イェール・アートギャラリー外観
　　　　安田幸一提供
　　　　イェール・アートギャラリー外観
　　　　是永美樹提供
p.003　リチャーズ医学研究棟外観・内観
　　　　安田幸一提供
p.004　ソーク生物学研究所外観
　　　　安田幸一提供
p.005　ファースト・ユニタリアン・チャーチ
　　　　金箱温春提供
p.006　エクセター・アカデミー図書館外観
　　　　安田幸一提供
p.007　エクセター・アカデミー図書館内観（吹抜）
　　　　鈴木信弘提供
　　　　エクセター・アカデミー図書館内観（キャレル）
　　　　香山壽夫提供
p.008　キンベル美術館外観・内観
　　　　安田幸一提供
p.009　ブリティッシュ・アート・ミュージアム外観
　　　　安田幸一提供

第 1 回

講演日：2022 年 9 月 16 日

企画運営メンバー：
平輝，阿江苑子，小倉宏志郎，加藤雄也，渡邊修

Fig.01　シアトル万博大噴水国際設計競技一等当選案
　　　　『国際建築』1961 年 4 月号
Fig.02　ペンシルベニア大学時代にカーンスタジオで描いた断面図を志水氏が思い出しながら描いた図面
　　　　志水英樹提供
Fig.03　カーンの事務所（4 階，5 階）
　　　　志水英樹提供
Fig.04　図面を検討しているカーン
　　　　志水英樹提供
Fig.05　カーンとコマンダントとの打合せ
　　　　志水英樹氏提供
Fig.06　フィラデフィア美術大学　一次案の模型
　　　　志水英樹氏提供
Fig.07　フィラデルフィア美術大学　二次案の模型
　　　　志水英樹氏提供（撮影：ジョージボーン）
Fig.08　MoMA 展覧会でのフィラデルフィア美術大学案模型写真
　　　　『MoMA.org』
Fig.09　エクセター・アカデミー図書館のダイゴナルな十字梁がつくる採光
　　　　志水英樹提供
Fig.10　エクセター・アカデミー図書館　平面図
　　　　運営委員会作成
Fig.11　志水氏が考えるカーンの霊気のベルト（外壁部分）
　　　　鈴木信弘提供
Fig.12　志水氏が作成に携わったエグゼター図書館の模型
　　　　鈴木信弘提供
Fig.13　シビック・プラツァ・シャンデリアのデザイン過程
　　　　工藤国雄提供
Fig.14　Temple Beth El のスケッチ
　　　　工藤国雄提供
Fig.15　スターン邸南面立面図
　　　　工藤国雄提供
Fig.16　国際建築第 3 4 第 1 号ルイスカーン特集号（表紙）
　　　　『国際建築』1967 年 1 月号
Fig.17　霊気について解説する志水氏
　　　　運営委員会撮影
Fig.18　工藤氏が執筆した書籍（表紙）
　　　　『私のルイスカーン』
　　　　『ルイスカーン論　建築の実在と方法』
Fig.19　フィッシャー邸での記念撮影
　　　　是永美樹提供
Fig.20　質疑応答の様子
　　　　運営委員会撮影
Fig.21　『回想 1 2 3』表紙
　　　　志水英樹提供
Fig.22　『回想 1 2 3』裏表紙
　　　　志水英樹提供

第 2 回

講演日：2022 年 10 月 6 日

企画運営メンバー：
香月歩，藤田悠，井本葵，櫻井千尋，北口滉大
講演協力：下川太一（香山建築研究所）
誌面編集協力：藤田悠

Fig.01　講演における 1 枚目のスライド "What is your question?"
　　　　『What will be has always been: The Words of Louis. I. Kahn』
　　　　Richard Saul Wurman, ACCESS Press. Ltd., 1986
Fig.02　リチャーズ医学研究棟
　　　　香山壽夫提供
Fig.03　ユニテリアン教会　立面スタディ
　　　　香山壽夫提供
Fig.04　プエブロの集落
　　　　香山壽夫提供
Fig.05　プエブロの日干し煉瓦の家（水彩，1964 年）
　　　　香山壽夫提供
Fig.06　リチャーズ医学研究棟（左）とカレッジの学生寮（右）
　　　　香山壽夫提供
Fig.07　ファーネス・ビルディング
　　　　香山壽夫提供
Fig.08　カーンのスタジオ授業風景
　　　　『What will be has always been: The Words of Louis. I. Kahn』
　　　　Richard Saul Wurman, ACCESS Press. Ltd., 1986
Fig.09　カーンのスタジオ講評会 1965 年
　　　　香山壽夫提供

Fig.10　アテネのパルテノン神殿内部のスケッチ
　　　　ルイス・カーン，1951 年
　　　　『Louis Kahn: The Importance of a Drawing』
　　　　Michael Merill, Lars Muller, 2021
Fig.11　「光を与える要素」のスケッチ，ダッカ国会議事堂計画
　　　　ルイス・カーン，1964 年頃
　　　　『The Development by Louis I. Kahn of the Design for the Second Capital of Pakistan at Dacca』
　　　　Student Publication, School of Design, University of North Carolina, 1964
Fig.12　「光を作る要素」のスケッチ，ミクヴェ・ユダヤ教会計画
　　　　ルイス・カーン，1961 年頃
　　　　『The Work of Louis I. Kahn』
　　　　La Jolla Museum of Art. 1965
Fig.13　ミクヴェ・ユダヤ教会 内部スケッチ
　　　　ルイス・カーン，1964 年頃
　　　　『Perspecta 9/10』Yale Univ.
　　　　Architectural Journal, 1965
Fig.14　エシェリック邸 正面
　　　　香山壽夫提供
Fig.15　エシェリック邸，暖炉の窓から見える夕日
　　　　香山壽夫提供
Fig.16　ルワンダ・アメリカ領事館計画案 模型
　　　　『Louis I. Kahn: Makers of Contemporary Architecture』
　　　　Vincent Scully Jr., George Braziller, 1962
Fig.17　講演の様子
　　　　運営委員会撮影
Fig.18　日除け壁についてのスタディ・スケッチ
　　　　ルイス・カーン，1960 年
　　　　『Beginnings: Louis I. Kahn's Philosophy of Architecture』
　　　　Alexandra Tyng, John Wiley & Sons, 1983
Fig.19　エクセター・アカデミー図書館 閲覧室の窓辺
　　　　香山壽夫提供
Fig.20　「部屋について」カーンの考えのスケッチ，ルイス・カーン，1971 年
　　　　『Louis Kahn: The Importance of a Drawing』
　　　　Michael Merill, Lars Muller, 2021
Fig.21　ロチェスターのユニテリアン教会 平面スケッチ
　　　　『Beginnings: Louis I. Kahn's Philosophy of Architecture』
　　　　Alexandra Tyng, John Wiley & Sons, 1983
Fig.22　F.L. ライトのユニテリアン教会 平面図，1906 年，オーク・パーク
　　　　『Beginnings: Louis I. Kahn's Philosophy of Architecture』
　　　　Alexandra Tyng, John Wiley & Sons, 1983
Fig.23　ロチェスターのユニテリアン教会 平面スケッチ
　　　　『Louis I. Kahn: Makers of Contemporary Architecture』
　　　　Vincent Scully Jr., George Braziller, 1962
Fig.24　トレントン・バスハウス 計画案の模型
　　　　『Louis I. Kahn: Makers of Contemporary Architecture』
　　　　Vincent Scully Jr., George Braziller, 1962
Fig.25　ブリンモアカレッジ学生寮 平面図
　　　　『Beginnings: Louis I. Kahn's Philosophy of Architecture』
　　　　Alexandra Tyng, John Wiley & Sons, 1983
Fig.26　ブリンモアカレッジ学生寮 初期案のスケッチ
　　　　『Louis Kahn: The Importance of a Drawing』
　　　　Michael Merill, Lars Muller, 2021
Fig.27　ブリンモアカレッジ学生寮 中央ホール 工事中写真
　　　　香山壽夫提供
Fig.28　ブリンモアカレッジ学生寮 居室内部
　　　　香山壽夫提供
Fig.29　ドミニコ会女子修道院 平面スタディ・スケッチ
　　　　ルイス・カーン，1968 年 4 月頃
　　　　『ルイス・カーン 建築の世界』
　　　　デイヴィッド・ブラウンリー編，東京大学香山研究室訳，デルファイ研究所，1992
Fig.30　ペン大カーン・スタジオの学生（John North）の作品
　　　　香山壽夫提供
Fig.31　インド経営大学 煉瓦の壁の開口部
　　　　香山壽夫提供
Fig.32　エクセター・アカデミー図書館の開口部
　　　　香山壽夫提供
Fig.33　レヴィ記念公園計画案 模型
　　　　『The Work of Louis I. Kahn』
　　　　La Jolla Museum of Art. 1965
Fig.34　Karel Mikolas 宛の手紙の下書き
　　　　ルイス・カーン，1973 年 11 月
　　　　『What will be has always been: The Words of Louis. I. Kahn』
　　　　Richard Saul Wurman, ACCESS Press. Ltd., 1986
Fig.35　ファーネス・ビルディング 1 階の図書館
　　　　香山壽夫提供
Fig.36　ビラネージの「ローマの復元想像大地図」の前でピラネージの図面集を見ている香山氏
　　　　香山壽夫提供
Fig.37　ネプチューン神殿 正面復元図，アンリ・ラブルースト，1828 年
　　　　『ボザール建築図集』求龍堂グラフィックス，1987 年
Fig.38　アポロン神殿 正面部分復元図，アルベール・トマ，1875 年
　　　　『ボザール建築図集』求龍堂グラフィックス，1987 年
Fig.39　「マルケリウス神殿 ローマ」の細部詳細図
　　　　『The Study of Architectural Design』
　　　　John F. Harbeson, The Pencil Points Press, 1927
Fig.40　「庭園の壁面の主要モティーフ」
　　　　エコール・デ・ボザール学生作品，1920 年頃
　　　　『The Study of Architectural Design』
　　　　John F. Harbeson, The Pencil Points Press, 1927
Fig.41　「パリの部館」ジャン・ルイ・バスカル
　　　　エコール・デ・ボザール卒業設計賞 1860 年受賞作品
　　　　『ボザール建築図集』求龍堂グラフィックス，1987 年
Fig.42　ローマ賞関学金による作品，ジャック・カルルゥ，1919 年
　　　　『The Study of Architectural Design』
　　　　John F. Harbeson, The Pencil Points Press, 1927
Fig.43　「エトルリアの都市」ジャック・カルルゥ，1919 年
　　　　『The Study of Architectural Design』
　　　　John F. Harbeson, The Pencil Points Press, 1927
Fig.44　アクロポリスの丘のスケッチ
　　　　『The Travel Sketches of Louis I. Kahn』
　　　　Pensylvania Academy of Fine Arts, 1978
Fig.45　事務所でスケッチを描くカーン
　　　　『What will be has always been: The Words of Louis. I. Kahn』
　　　　Richard Saul Wurman, ACCESS Press. Ltd., 1986

第 3 回

講演日：2022 年 10 月 20 日

企画運営メンバー：
香月歩，加藤千佳，高小涵，尾花日向我，木村亘，中山典子

Fig.01　ニュー・ヘブンの地図
　　　　安田幸一提供
Fig.02　イェール・アートギャラリー 外観
　　　　安田幸一提供
Fig.03　アート & アーキテクチャ・ビルディング（ポール・ルドルフ，1963 年）を垂直方向に 2 倍にしたもの
　　　　安田幸一提供
Fig.04　ロイズ・オブ・ロンドン（リチャード・ロジャース，1984 年）提供
Fig.05　カーンとスペース・フレーム
　　　　『Louis I. Kahn Collection』
　　　　University of Pennsylvania and the Pennsylvania Historical and Museum Commission
Fig.06　Carver Court ルイス・カーンとジョージ・ハウの共同設計
　　　　『Louis I. Kahn: Makers of Contemporary Architecture』
　　　　Vincent Scully Jr., George Braziller, 1962
Fig.07　平面図，1951 年 4 月 9 日
　　　　Yale University Art Gallery
Fig.08　チャペルストリート側の外観パース，1951 年 4 月頃
　　　　Yale University Art Gallery
Fig.09　断面図，1951 年 5 月 8 日
　　　　『Louis I. Kahn Collection』
　　　　University of Pennsylvania and the Pennsylvania Historical and Museum Commission
Fig.10　平面図，1951 年 9 月 25 日
　　　　Yale University Art Gallery
Fig.11　中庭側の外観パース，1951 年 9 月頃
　　　　Yale University Art Gallery
Fig.12　内観パース，1952 年 2 月頃
　　　　『Louis I. Kahn Collection』
　　　　University of Pennsylvania and the Pennsylvania Historical and Museum Commission
Fig.13　スペース・フレーム詳細図，1952 年 4 月 18 日
　　　　『Louis I. Kahn Collection』
　　　　University of Pennsylvania and the Pennsylvania Historical and Museum Commission
Fig.14　小学校のプロジェクト 模型，アン・ティン，1949-51
　　　　『Louis Kahn and Anne Tyng: The Rome Letters 1953-1954』, Anne Griswold Tyng, Rizzoli, 1997
Fig.15　イェール・アートギャラリー 模型 1951-53 年頃製作
　　　　『Louis I. Kahn Collection』
　　　　University of Pennsylvania and the Pennsylvania Historical and Museum Commission
Fig.16　アン・ティンの手紙に描かれたスケッチ 1954 年 3 月
　　　　『Louis Kahn and Anne Tyng: The Rome Letters 1953-1954』
　　　　Anne Griswold Tyng, Rizzoli, 1997
Fig.17　フィラデルフィア・シティ・タワー 断面図
　　　　『Perspecta 4』
　　　　Yale Univ. Architectural Journal, 1957
Fig.18　スペース・フレーム 模型
　　　　運営委員会作成・撮影
Fig.19　スペース・フレーム内のダクトの納まり
　　　　運営委員会作成・撮影
Fig.20　竣工当初設けられていたスチール・パーティション
　　　　Progressive Architecture 38(5), 1954
Fig.21　中庭からみたイェール・アートギャラリー
　　　　『Louis I. Kahn: Makers of Contemporary Architecture』
　　　　Vincent Scully Jr., George Braziller, 1962
Fig.22　イェール大学 安藤スタジオにおける安田氏の提出作品
　　　　安田幸一提供
Fig.23　安藤スタジオの講評会
　　　　安田幸一提供
Fig.24　カーンの宇宙観を表すスケッチ
　　　　『Beginnings: Louis I. Kahn's Philosophy of Architecture』
　　　　Alexandra Tyng, John Wiley & Sons, 1983
Fig.25　"Silence to Light, Light to Silence"
　　　　『Beginnings: Louis I. Kahn's Philosophy of Architecture』
　　　　Alexandra Tyng, John Wiley & Sons, 1983
Fig.26　カーンから工藤氏への手紙
　　　　工藤国雄提供
Fig.27　工藤氏によるカーンの建築概念の図解
　　　　工藤国雄提供
Fig.28　カーンによる "Form" の概念図
　　　　『Beginnings: Louis I. Kahn's Philosophy of Architecture』
　　　　Alexandra Tyng, John Wiley & Sons, 1983
Fig.29　工藤氏による "Form" の図解
　　　　工藤国雄提供
Fig.30　イェール・アートギャラリー 計画段階の外観パース（1951 年）
　　　　Yale University Art Gallery
Fig.31　サーレマー島，エストニア
　　　　工藤国雄提供
Fig.32　幼少期のカーン（右）
　　　　『Beginnings: Louis I. Kahn's Philosophy of Architecture』
　　　　Alexandra Tyng, John Wiley & Sons, 1983
Fig.33　クレッサーレ城，エストニア
　　　　『Louis I. Kahn』Robert McCarter, Phaidon, 2005
Fig.34　学友と一緒に（中央がカーン）
　　　　『Beginnings: Louis I. Kahn's Philosophy of Architecture』
　　　　Alexandra Tyng, John Wiley & Sons, 1983
Fig.35　1951 年ヨーロッパ旅行の経路
　　　　工藤国雄提供
Fig.36　エジプトでのスケッチ，1951 年
　　　　『The Paintings and Sketches of Louis I. Kahn』
　　　　Jan Hochstim, Rizzoli, 1991
Fig.37　フィラデルフィア・シティ・タワー 模型
　　　　『Louis Kahn and Anne Tyng: The Rome Letters 1953-1954』
　　　　Anne Griswold Tyng, Rizzoli, 1997
Fig.38　講演の様子（工藤氏）
　　　　運営委員会撮影
Fig.39　対談の様子（工藤氏）
　　　　運営委員会撮影
Fig.40　アン・ティンに宛てたカーンの手紙
　　　　『Louis Kahn and Anne Tyng: The Rome Letters 1953-1954』
　　　　Anne Griswold Tyng, Rizzoli, 1997
Fig.41　対談の様子
　　　　運営委員会撮影
Fig.42　イェール・アートギャラリーの模型をはさんで対談する工藤氏（左）と安田氏（右）
　　　　運営委員会撮影

第 4 回

講演日：2022 年 11 月 3 日

企画運営メンバー：
佐々木啓，平尾しえな，伊藤暁，岩下昂平，鈴木真
図面制作：
伊藤暁，鈴木真，岩下昂平

Fig.01 講演冒頭の西沢氏
運営委員会撮影
Fig.02 「測り得ないもの」と「測り得るもの」を分けて板書する西沢氏
運営委員会撮影
Fig.03 「測り得ないもの／測り得るもの」
『ルイス・カーン建築論集』，鹿島出版会，1992
Fig.04 講演を通して書き分けられた「測り得ないもの」と「測り得るもの」
運営委員会撮影
Fig.05 クルックシャンクの点描画
『ルイス・カーン建築論集』，鹿島出版会，1992
Fig.06 「ユダヤ六百万追悼記念碑」スケッチ
『ルイス・カーン建築論集』，鹿島出版会，1992
Fig.07 Silence to Light / Light to Silence
『ルイス・カーン建築論集』，鹿島出版会，1992
Fig.08 The Room
『Louis Kahn: The Importance of a Drawing』
Fig.09 カーン・ハイデガーによる概念との関わり
塚本由晴提供
Fig.10 フィッシャー邸の窓
『Louis I. Kahn: Light and Spaces』, Birkhauser, 1993
Fig.11 コモナリティーズ・コペンハーゲンの橋
塚本由晴提供
Fig.12 カナル・スイマーズ・クラブ（左）
ファイヤー・フーディーズ・クラブ（中）
レイクサイド・ダンサーズ・クラブ（右）
塚本由晴提供
Fig.13 里山再生活動と道具
塚本由晴提供

第 5 回

講演日：2022 年 11 月 17 日

企画運営メンバー：
佐々木啓，杉崎広空，新倉梨加，曽根巽，福原拓未
講演および誌面編集協力：
上田晃平（新居千秋都市建築設計）

Fig.01 講演時に配布された新居氏の建築作品
新居千秋提供
Fig.02 カーンが授業でよく言っていた言葉
新居千秋提供
Fig.03 カーンの指導を受ける新居氏
『THE BOOK OF THE SCHOOL: 100YEARS』 The Graduate
School of Fine Arts of the University of Pennsylvania
Fig.04 新居氏が参加したカーンの授業風景
（上）『Louis.I.KAHN THE NORDIC LATITUDES』
Per Olaf Fjeld and Emily Randall Fjeld, 2019
（下）『Beginnings: Louis I. Kahn's Philosophy of Architecture』
Alexandra Tyng, John Wiley & Sons, 1983
Fig.05 ファーネス・ビルディングとトニー・アトキンス教授のコメント
新居千秋提供
Fig.06 新居氏がカーンを知るきっかけとなった日本で取り組んだコンペ案
新居千秋提供
Fig.07 ペンシルベニア大学での課題（上）新建築コンペ 1971 優秀賞（下）
新居千秋提供
Fig.08 ジェラード・カレッジ = Fish・・・Fish Bone
新居千秋提供
Fig.09 フィラデルフィア・マーケットイースト
新居千秋提供
Fig.10 シャンク賞作品とカリフォルニアの図書館
新居千秋提供
Fig.11 ペンシルベニア大学在学中のノートより
新居千秋提供
Fig.12 第 1 世代
新居千秋提供
Fig.13 第 2 世代
新居千秋提供
Fig.14 カーンが出現した世代
新居千秋提供
Fig.15 カーンが出現した時代の著作や文化
新居千秋提供
Fig.16 ホワイトアンドグレイ・ポストモダン・レイトモダン・ヨーロッパの動き
新居千秋提供
Fig.17 モダニズムにおける土地や都市へのアプローチ
新居千秋提供
Fig.18 アバスアバダ計画
新居千秋提供
Fig.19 カーンのベッドの下の本
新居千秋提供
Fig.20 アン・ティンとガボアー
新居千秋提供
Fig.21 カーンの作品年表
新居千秋提供
Fig.22 ユダヤ・コミュニティセンター／アメリカン・フェデレーション・オブ・レイバー・メディカル・サービス・ビルディング／ペンシルベニア大学リチャーズ医学研究棟／ソーク生物研究所
新居千秋提供
Fig.23 イェール大学アートギャラリー／オリベッティアンダーウッド工場
新居千秋提供
Fig.24 フィリップ・エクセター・アカデミー図書館／キンベル図書館
新居千秋提供
Fig.25 イェール大学英国美術センター（ポール・メロン）
新居千秋提供
Fig.26 グラデュエート・セオロジカル・ユニオン・ライブラリー
新居千秋提供

Fig.27 ファーストユニタリアン教会とダッカのアンビュラトリー
新居千秋提供
Fig.28 カーンのドローイングと Room
新居千秋提供
Fig.29 "I love Beginnings" の訳出
新居千秋提供
Fig.30 松隈氏が出会ったインド経営大学の写真
『a+u』臨時増刊 ルイス・カーン その全貌
Fig.31 「ルイス・カーン展」群馬県立近代美術館（1992）
『at』1992 年 9 月号
Fig.32 『ルイス・カーン 構築への意志』（1997）
『ルイス・カーン 構築への意志』松隈洋，丸善，1997
Fig.33 フィラデルフィアの街：ペンによる計画図（1682）と煉瓦造りのアパートメント
（左）『ルイス・カーン 構築への意志』松隈洋，丸善，1997
（右）『ルイス・カーン 構築への意志』松隈洋，丸善，1997
Fig.34 カーンによるイラスト
『ルイス・カーン 構築への意志』松隈洋，丸善，1997
Fig.35 イェール・アートギャラリー「呼吸する天井」
松隈洋提供
Fig.36 フィラデルフィアの交通スタディ
『ルイス・カーン 構築への意志』松隈洋，丸善，1997
Fig.37 バスハウス
『Louis I. Kahn : complete work』1935-1974, Heinz Ronner,
Sharad Jhaveri, Birkhäuser Verlag , 1987
Fig.38 リチャーズ医学研究棟
『Louis I. Kahn』, Vincent Scully, G. Braziller, 1962
Fig.39 エシェリック邸の窓
松隈洋提供
Fig.40 ソーク生物学研究所の断面図
『ルイス・カーン 構築への意志』松隈洋，丸善，1997
Fig.41 ソーク生物学研究所の中庭
松隈洋提供
Fig.42 ユニタリアン・チャーチの平面図・ベンチと窓・スケッチ
（左）松隈洋提供
（右・上）『ルイス・カーン 構築への意志』松隈洋，丸善，1997
Fig.43 ブリンモアカレッジ学生寮の平面スケッチ（上：アン・ティンの分子プラン）・ダイニング内観
（上）『ルイス・カーン 構築への意志』松隈洋，丸善，1997
（下）The Museum of Modern Art, New York
（右）松隈洋提供
Fig.44 エクセター・アカデミー図書館の窓辺
松隈洋提供
Fig.45 キンベル美術館の平面図・鳥瞰・講堂内観
（左・中）『ルイス・カーン 構築への意志』松隈洋，丸善，1997
（右）『LOUIS KAHN THE POWER OF ARCHITECTURE』Vitra
Design Museum, 2013
Fig.46 インド経営大学「カーン・プラザ」
松隈洋提供
Fig.47 瀬戸内海歴史民俗資料館
松隈洋提供
Fig.48 バングラデシュ国会議事堂
『ルイス・カーン 建築の世界』，デルファイ研究所，1997
（左）『ルイス・カーン 建築の世界』，デルファイ研究所，1997
（右）松隈洋提供
Fig.49 樹の下で語るカーン
『Louis Kahn: Conversations with Students』, Princeton
Architectural Press; 1998
Fig.50 フィラデルフィア建国 200 年記念博覧会の平面スケッチ（1972）
『ルイス・カーン 構築への意志』松隈洋，丸善，1997
Fig.51 ル・コルビュジエのアトリエにて（1929）
前川國男建築設計事務所蔵
Fig.52 ペンシルベニア大学が主催したアーバンデザイン総会にて（1956）
『ジェイコブス対モーゼス』，鹿島出版会，2011
Fig.53 世田谷区民会館（1959）
松隈洋提供
Fig.54 日本聖公会京都復活教会（1935）
松隈洋提供

第 6 回

講演日：2022 年 12 月 2 日

企画運営メンバー：
平輝，長沼徹，石田秀斗，小林由佳，中谷司
講演協力：
内田亘樹，南大成（金箱構造設計事務所）

Fig.01 『18Years with Architect LOUIS I. KAHN』表紙
『18Years with Architect LOUIS I. KAHN』
August E. Komendant, 1975
Fig.02 August E. Komendant
『Miracles in Concrete』
Birkhauser Architecture, 2022
Fig.03 JIA 建築視察団『ルイス・カーンの名作を巡る旅』
金箱温春提供
Fig.04 講演の様子
運営委員会撮影
Fig.05 イェール・アートギャラリー外観
金箱温春提供
Fig.06 長方形平面における梁配置のあり方
運営委員会作成
Fig.07 イェール・アートギャラリー内観
金箱温春提供
Fig.08 プリンモアカレッジ学生寮
金箱温春提供
Fig.09 熊本県立美術館
金箱温春提供
Fig.10 弘前市斎場
金箱温春提供
Fig.11 リチャーズ医学研究棟外観
金箱温春提供
Fig.12 ピロティ部分 梁の様子
金箱温春提供
Fig.13 プレキャスト梁の構造
運営委員会作成
Fig.14 プレキャスト梁の変化
運営委員会作成
Fig.15 ソーク生物学研究所外観
『Miracles in Concrete』
Birkhauser Architecture, 2022
Fig.16 ソーク生物学研究所 施工時内観（1965）
『Miracles in Concrete』
Birkhauser Architecture, 2022
Fig.17 初期案 構造アイソメ図
運営委員会作成
Fig.18 実施案 構造アイソメ図
運営委員会作成
Fig.19 熱海リフレッシュセンター
金箱温春提供
Fig.20 ファースト・ユニタリアン・チャーチ外観
金箱温春提供
Fig.21 ファースト・ユニタリアン・チャーチ内観
金箱温春提供
Fig.22 ファースト・ユニタリアン・チャーチ内観
金箱温春提供
Fig.23 ファースト・ユニタリアン・チャーチ柱部
金箱温春提供
Fig.24 折板格子梁の構造モデル
金箱温春提供
Fig.25 ファースト・ユニタリアン・チャーチ有限要素法解析
金箱温春提供
Fig.26 キンベル美術館 外観
金箱温春提供
Fig.27 キンベル美術館 内観
金箱温春提供
Fig.28 網津小学校 構造模型
金箱温春提供
Fig.29 ショートシェルとロングシェルの応力の違い
金箱温春提供
Fig.30 キンベル美術館 妻面のアーチ
金箱温春提供
Fig.31 講演の様子
運営委員会撮影
Fig.32 エクセター・アカデミー図書館内観
金箱温春提供
Fig.33 ブリティッシュ・アート・センター内観
金箱温春提供

p.177-178
Fig.01,02,03,04,06,10 運営委員会作成
Fig.05 『18Years with Architect LOUIS I. KAHN』
August E. Komendant, 1975
Fig.07,08,09,11 金箱温春提供

191

いま語り継がれるカーンの霊気

ルイス・カーン研究連続講演会活動記録

いま語り継がれるカーンの霊気

発行 ──────── 2024 年 4 月 11 日
編者 ──────── 東京工業大学 TIT 建築設計教育研究会議運営委員会

安田幸一 + 平輝 + 香月歩 + 佐々木啓 + 長沼徹
発行者 ──────── 橋戸幹彦
発行所 ──────── 株式会社建築技術

〒 101-0061　東京都千代田区神田三崎町 3-10-4　千代田ビル
TEL03-3222-5951　FAX03-3222-5957
http://www.k-gijutsu.co.jp
振替口座 00100-7-72417
造本デザイン ── 春井裕（ペーパー・スタジオ）
印刷・製本 ──── 三報社印刷株式会社

ISBN978-4-7677-0185-1